男はなぜ孤独死するのか

男たちの成功の代償

Thomas Joiner
トーマス・ジョイナー
宮家あゆみ［訳］

LONELY AT THE TOP

晶文社

装丁｜岩瀬聡

装画｜fran_kie / Shutterstock.com

男はなぜ孤独死するのか

目次

謝辞

アトランタで過ごした幼少時代、仲間たちと飲み歩いていた青春時代、フロリダ州立大学の心理学教授時代、そしてその後も、僕にはたくさんの友人がいてラッキーだと言いたいところだが、本書で述べるように僕は運が良かったのではない。むしろそれは、僕が心から喜びを感じ、感謝を捧げ、心の支えにもしている、僕自身の積極的な仕事によるものだ。

仕事と感謝について言えば、フロリダ州立大学の心理学科は、僕が仲間として参加させてもらっていることを誇りにしている圧倒的な存在である。「圧倒的な存在」という主張が疑わしいと思う人は、さまざまな雑誌に掲載されている、いいかげんな予想ランキングではなく、全米研究評議会（National Research Council）がまとめた、助成金や引用や出版に関するデータを確認してほしい。この成功は、過去から現在に至るまで目覚ましい活躍をしている博士課程学生の手によるものだ。この原稿を書いている時点では、僕の生徒であるティモンズ、アネスティス、ベンダー、セルビー、フィンク、スミス、リベイロ、ボーデル、ヘイムズ、シルバたちである。さらに僕のかつての生徒である多くの博士号取得者と、何十人もの未来の学生についてては言うまでもない（僕はそう願っている）。

フロリダ州立大学心理学科には、すばらしい教授陣が揃っており、その研究の幅広さと深淵さからは、日々、刺激をもらっている。本書のアイデアは、特に廊下を挟んだ向かい側にオフィスがあり、自宅も近所であるロイ・バウマイスターの仕事と見解から得たものだ。

妻のグラシエラ、息子のマラキとゼキーは、本書に登場するだけでなく、僕に努力を続ける理由を与え、僕を社会と結びつけてくれている。

ジェン・ヘイムズの熱心な編集協力に感謝している。また、編集者のラバ・オスタシェフスキーの丁寧な指導と同様に、アンナ・ゴーシュの洞察やアイデアは、本書を非常により良いものにしてくれた。

（　）は原著者による注釈、〔　〕は訳者による注釈

第1部

問題点

第1章 孤独な性

孤独は、すべてを手にしていることから始まる

1991年、10月の太陽がオークランドとバークレーの丘に昇る頃、消防士たちは引き続き警戒をしていたが、前日の火災はうまくコントロールできたと自信をもっていた。しかし、特に風が強く、気温も高く、複数の火種がいまだくすぶっているような状況では、一見、収まったかのように見える炎が轟音を立てて復活することがあるのも、よく理解していた。気温が華氏90度（摂氏約32度）を超える中、消防士たちが火種を消しながら汗だくになって働いていた時、一陣の風が吹き荒れた。一本の赤熱した燃えさしが風に乗り、たまたま、元の火災区域の外へとさまよっていった。そして、その燃えさしは、漂いながら一本の木に舞い降りた。

その瞬間、現場は混乱し、致命的な状況に陥った。木は突然、瞬く間に炎に包まれて燃え広がり、火災は収拾がつかなくなり、消防士たちの任務は、元の火災の火種の消火活動から、自分たちの生き残りを賭けた戦いに変わった。この火災によって、消防士や警察官など25人の命が奪われることとなる。

他の人々もまた、日常生活から生死を賭けた戦いへの劇的な変化を経験していた。火災は数分以内に住宅街に及び、最も激しい時には11秒に一軒の割合で燃え広がり、家の所有者たちは、

命からがら家から逃げ出すことを余儀なくされた。家を出るまでの絶望的なわずかな時間の中で、もう彼らが二度と見ることのない家——多くの場合、美術品や希少本、金《きん》、宝石、そして現金が保管されていた家、少なくとも一軒には著者の執筆中の本の唯一の原稿があった家——から逃げ出す時、人々は選択に直面した。もちろん、愛する人やペットを救う、あるいは救おうとする人もいた。だが、自分たちやペット以外に、家を出るときに何を持ち出せば良いのだろうか。

美術品や宝石を手にする人は、ほとんどいなかったが、多くの人が写真——愛する人々の写真を救い出していた。

もし、この物語がそこで終わりなら、ある人には心温まる物語となり、また、ある人にはありふれた物語となるだろう。どちらにせよ、僕たち人間はお互いを必要としているという、不完全ながらも基本的な真実が明らかになったということだ。僕たち霊長類は群生する動物であり、細胞や魂の中には、所属し、つながりたいという切実な欲求が埋め込まれている。それゆえオークランドの丘陵地帯で、人々は宝石やお金ではなく、友人や家族の写真に必死に手を伸ばした。ここで物語を終わらせれば、「人を周囲に集めれば、あなたの人生は豊かなものとなる」という説教にもなるだろう。

しかしこれは、そんな単純な話ではない。もしそうであれば、何百万人もの孤独な人々が存在することもなく、毎年、世界全体で百万人もの人々が自殺をすることもなく、また、本書の必要もない。

人間の本質の多くは、お互いがお互いを必要としているという真理の文脈に基づいて理解することができる。多くとはいえ、すべてではない。オークランドの丘で起きた火災から数週間から数ヵ月が過ぎると、あの時、反射的に物欲を拒絶し、ただ愛する人の写真を選んだ人々は、お互いに敵対し合い、もはや物欲を拒絶することはなかった。

2000年に出版された『オールモースト・ホーム（Almost Home）』という本の中で、著者デイビッド・カープ〔カリフォルニア大学バークレー校、ゴールドマン公共政策大学院教授〕は、自宅が損壊した人々の中のひとりの言葉を引用している。「火災の体験が世俗的な財産を切り離し、自分の意志を清らかにしようと促しているまさにその時、保険をめぐる現実的な政治が始まり、プライドや欲、罪悪感、その他、思いつく限りの不穏な感情に煽り立てられるのだ」*1。その家主のアドバイスのほとんどは、禅の精神には関係のないものだった。つまりは「高値を勝ち取れ」ということだ。

火災の後、近隣住民が互いに支え合い、擁護し合う緊密なグループが生まれた。しかし、デイビッド・カープはこう述べている。「保険金を受け取ると、ほとんどの住民は自治会に参加しなくなった。保険グループのリーダー的存在であった家主の中には、和解の条件をグループ内の誰にも明かさないという裏取引をしていた人もいた」*2。

この本には、自宅が損壊し、その後再建した別の住人のことも引用されている。新居について住人はこう語った。「360度の景観を与えてくれたのは神様です」*3。この発言は「火災が発生し、多くの家屋を破壊し、何十人もの人を傷つけ、25人の命を奪うことは、神が定めたこと」という論理を暗示している。また、この発言では、新しい家の窓が上向きに設計されていたため、火事の影響やほかの人の家を見ずに済むという事実が語られていなかった。要は建築によって意図的に作られた絶縁空間だったのだ。

オークランドとバークレーの丘陵地帯で起きた火災は、絶望的ながらも人間的優しさが生みだされた瞬間であり、数週間にわたる励まし合いとともに、その後の貪欲さと卑劣さと対立という気の遠くなるような試練をもたらした。このことは、写真を優先して貴重品を放置して逃げる家主のイメージよりも、人間の本質の全体像をよく表している。彼らは写真を救い出した一方で、互いに敵対もした。この姿は男女を問わず、一般の人々にも当てはまる。しかし、このような人間の相反する側面と闘い、争いや欲などに負けずに持続的で満足のいく絆を作り出すことにおいては、一方の性は比較的うまくやれるのに、もう一方は「孤独な性」となっている。

40代真っただ中の僕は、つい先日、ひとりでテレビのチャンネルを進めたり戻したりしている自分に気づいた。チャンネルを変えていると、地元の建売住宅のコマーシャルが出てきて、僕は「もっと大きな家を買った方がいいかなぁ」と考えた。経済的に可能なのだから買えばいいのではないかと。そして、その理由を自問してみたら、その答えは恐ろしく、恥ずかしいものだった。つまり広い家ならば、妻や息子たち（一部、自己弁護させてもらえれば、息子たちはドアの外で叫んでいた）と距離を置くことができるだろうと。僕が考えたのは、お金で自分の家族との距離をもっと買うということだった。

そんな思いは、僕の青春時代にはないものだった。男の子は女の子よりあまり寂しくないが、大人の男性は女性よりもずっと寂しいのだ。

本書の目的は、この基本的な真実を説明し、なぜ、そしてどのように男性が、最初からではなく次第に孤独な性になっていくのかを探ることにある。男性が年齢とともに孤独になる理由と、その経緯を示し、男性の孤独が深まった結果（場合によっては破滅的な結果）を導き出し、それに対する実現可能な解決策を提示していくことにある。

もしも孤独になることをレースに例えるなら、初めは公平で、男女は同じ割合でいるはずだ。男はまさにピュロス〔古代ギリシアおよびマケドニアの王〕のように、孤独との戦いに「勝利」していく。勝者は、アルコール問題、うつ病、離婚、そして死という戦利品を手にすることになる。「ああ、孤独な人生に孤独な死」[*4]。本書は、メルヴィルの小説『白鯨』のエイハブ船長が発したこの言葉が、特に男性の感情を捉えていることについて論じていく。

一見、無駄と思うかもしれないが、孤独についてよく考えてみて欲しい。誰もが息苦しさがどういうものかを知っているように、誰もが孤独とは何かを知っている。ならば、本当に考える必要があるのだろうか。ある意味では必要ないかもしれない。確かに、すべての人は本能的に孤独の感覚をもっている。僕たちのような群生する種族が、そうでないわけがない。さらに、この本の後半にあるように、孤独について考えすぎるあまりに、ありえないことに、そして僕の意見では危険とも思える、孤独を「自分探し」などのロマンチックな機会としてみなす学派もある（それ自体について僕は懐疑的だ。なぜならそれは、独我論やそれに類似した自己陶酔のための理由づけであることが多いからだ）。

しかしながら、正確で有益な定義をするには、簡略化とニュアンスの両方を考慮することが必要だ。孤独は「ひとりぼっちだと感じること」というような漠然とした説明では、同語反復であるばかりでなく、多くのことが抜け落ちてしまう。孤独について、その個々の構成要素や、健康状態などとの関連性とともに詳しく理解することを、僕は本書全体を通じて論じていくが、最初に考えるべき定義は、「無相関」であり、それは心の出会いや仲間意識の反対に位置するものだ。孤独とは、むしろ心の断絶であり、人が誰もいないような感覚だ。これは人ごみの中でも、深い孤立の中でも起こりうることで、これから見ていくように、特に男性という集団は、孤独感を測るセンサーが時間とともに鈍りやすいため、自覚のないまま、徐々に孤独が進んでいく。

男たちは多くの金を稼ぎ、それに伴うすべての特権と権力を手にしている。これは何千年も前からのことだ。いくつか例を挙げると、次の各項目で男性が占める比率が非常に高くなっている。例えば、年収10万ドル以上の人、フォーチュン５００社の最高経営責任者（ＣＥＯ）、米国の大統領、州知事、上院議員などだ。僕の知る限り、平等に関してさまざまな指標で国をランク付けする調査では、常に同じ結果が返ってくる。女性が男性よりも優れた地位にある国の数はいくつあるだろうか。答えはゼロだ。

男には活力があり、精力的だからだと思う人もいるだろう。しかし、その考えは間違っている。12の主要な死因のすべてにおいて、男性の死亡率は女性よりも高い。2007年の報告書では、「受胎から老齢に至るまでのすべてのライフステージにおいて、男性は女性よりも死亡率が高い」と記されている[*5]。女の子100人に対して、125人が男の子として受胎する。死亡率の性差は生まれる前から始まり、女の子100人に対して、男の子は受胎した125人のうち105人しか生まれてこない。男性の約2割は出産まで至らないのだ。そして、産まれてきた男の子は、女の子に比べ、超低出生体重児や、成長障害症候群がより多く見受けられている。

祖先の時代(そして現在も世界の多くの地域で)、生殖活動が一般的とされる思春期初期から20代までの年齢層において、男性の数が女性を上回っていることは注目に値する(死亡率の差がすでに男児や男の子に影響を与え始めているにもかかわらずだ)。この真実は、例えば出産によって女性が若くして亡くなるということではない。むしろ男性の脆弱性と長期的なリスクテイクに関係している。これは、男性にとっては女性を奪い合う一種の「椅子取りゲーム」のような状況を意味する。つまり女性の敗者がいないシナリオにおいて男性の敗者が必要となる、(時には文字通りの)まさに命を賭けた真剣勝負だ。

30代半ばまでには、女性の数は男性よりも多くなる。この傾向は、第二次世界大戦のように、犠牲者が圧倒的に男性であった破滅的な戦争の後では特に顕著だ。終戦から15年後の1960年には、ドイツ人男性100人に対して、ドイツ人女性は126人だった。100歳までには、女性の数は男性の４倍になる。１１５年以上生きたと記録されている10人の人のうち、ひとりを除いて全員が女性だ。

このように、男性の多さが女性に有利になる年代では、男性の方が、人数が多くなっている（生殖の椅子取りゲームだ）。ある意味、男には負けが見えている。これと同様のパターンは、動物界の多くで観察することができる。例えば、ハチやアリでは、オスの群れは数匹のメスに授精させるために競争する。交尾は文字通りオスを殺す。そして結局、メスは種を存続させるために残される。オスのアリやハチの運命は、自然界がオスをある意味で消耗品とみなしていることを物語っている。個々としてのオスバチは特に重要ではなく、群れの中の一匹に過ぎない。

男たちには、寿命が尽きるまで鐘が鳴り続けている。これは男性が消耗品であるために、あるいは肉体的な脆弱性から早死にする例からも明らかだ。ドナー隊の遭難事件を考えてみよう。１８４６～47年の冬、カリフォルニアを目指した開拓民の一行は、シエラネバダの高地で雪に閉ざされ、生き残るために人肉嗜食に走る者もいた。概して男性が先に亡くなり、次に子どもが亡くなり、女の子よりも男の子の方がはるかに多く亡くなった。多くの女性や少女が生き残った。ドナー隊で起きたことは、いきさつは大きく違うが、タイタニック号にも当てはまっていた。男性は救命ボートの座席を女性に譲ったが、多くの場合、見知らぬ女性に席を譲った。見知らぬ人を助けようとするこの傾向は、本書の後半で再び考察するが、これはおそらく、意外にも女性よりも男性に多く見られる傾向だ。社会経済的な階級に大きな差があっても、運命の船の上でこのパターンを打ち消すことはできなかった。最貧困層の女性が生存する確率は約

50％だったのに対し、富裕層の男性が生存する確率は3人にひとりだった（死亡した最貧困層の男性については、もちろん言うまでもない）。そして、タイタニック号やドナー隊で当てはまったことは、救急治療室でも当てはまる。ショック状態に陥った重傷者のうち、同じレベルの外傷を負った場合でも、女性は男性よりも約14％生存率が高いという。これらの残酷な話は、すべて男性の死亡率という共通の物語を語っている。

こうした傾向は、特に「孤独な」男性に高い。１９９６年、研究者たちは、50歳以上の男性のうち、人との交流が多い男性の死亡率がかなり低いことを報告した。一方で、孤独な男性は、より脆弱だという。人生の間に遭遇する大きな困難は、一度は乗り越えられても、二度以上経験すると、死亡率は顕著に上昇する[*6]。男性の孤独はまさに死活問題であり、本書の最後で焦点を当てるその解決策は、文字通り命を救うものだ。

次にあげる病気や出来事は、男性の方が女性よりも死亡率が高いか、死亡時期が早い（あるいはその両方）ものだ。冠動脈疾患、脳卒中、慢性閉塞性肺疾患、インフルエンザおよび肺炎、糖尿病、ＨＩＶ、自動車事故、殺人、自殺、外傷、肝疾患などがこれに当たる。また、肺がん、大腸がん、咽頭がん、胃がん、膵臓がん、膀胱がん、非ホジキンリンパ腫、白血病など、がんの発生率は女性よりも男性の方が約50％高くなっている[*7]。２０１０年の『ハーバード・メンズ・ヘルス・ウオッチ』（ハーバード大学医学部が発行する月刊のニュースレター）に「男性――（医学的に）弱い性 Men-The (Medically) Weaker Sex」と題する記事が掲載されたのは、このためだ[*8]。労働災害は、女性よりも男性の方にはるかに多く、労働災害による死亡者の90％以上が男性だ。冒頭で紹介した1991年のオークランド・バークレー大火災では、消防署長と警察官、二人の男性が職務中に死亡した。このようなパターンは、単に男女の伝統的な仕事の種類と関係していると言う人もいるかもしれないが、それでは、そもそもなぜこのような違いが存在するのかという本質的な問題から遠ざかってしまう。

男性の死亡率は、常に職場においてこのように高くなっている。狩猟採集社会では、おそらく最も危険で致命的な活動は大型動物の狩猟だっただろう。著書『火の賜物(Catching Fire)』〔邦訳NTT出版〕の中で、リチャード・ランガム〔ハーバード大学生物人類学教授〕は、「近代社会の99・3%において、大型動物の狩猟は主に男性的な活動だった」と解説している[*9]。男性の死亡率については、驚くほど多様な文脈で語られている。2009年の記事では、ロシアにおける全般的な死亡率は数十年の間にかなりの変動があったが、最近になって非常に心配な数字が出てきたと報じられている。ロシアの平均寿命は1964年よりも2006年の方が短くなっている。予想通り、これは特に男性に当てはまり、記事は「ロシア人男性の状況は特に悲惨だ」と指摘している[*10]。歴史学者のトニー・ジャットは、著書『ヨーロッパ戦後史(Postwar)』〔邦訳みすず書房〕の中で次のように述べている。「共産主義国の出生率は西側諸国よりも早く低下し、60年代半ばからは死亡率(特に男性)が着実に上昇し、出生率を上回るようになった」[*11]

男の受精卵、男の赤ちゃん、男の子、男性は、生殖の椅子取りゲームに始まり、流産、事故、がん、自殺、その他の多くの死因に至るまで、一種の障害物コースを走っている。これは一般的に言えることだが、いくつかの死因については特にあてはまる。女性より男性の方が圧倒的に多い死因とは何だろうか。経済的・社会的な特権があることから、影響力は大きいがストレスの高い仕事によって引き起こされる心筋梗塞や脳梗塞、高価だが不健康な食品を好むことなど、富や権力の闇の側面と関係したものだろうか。

そうではない。それは自殺だ。

2005年には、3万2637人のアメリカ人が自殺で亡くなっている。そのうち2万5907人（約80％）が男性だった[*12]。この割合は、高収入層や、権力や地位のある専門職における男性の割合と同程度となる膨大な高さだ。富と権力における男性の不公平なシェアには、注目が集まる。しかし、男性に不釣り合いに割り当てられている不幸には、あまり注意が払われていない。その指標の一つが自殺率となる。

権力と成功は自殺を防ぐものであり、権力者と自殺志願者は相いれないグループではないかという質問もあるだろう。自殺による死者の多くが男性であることから判断すると、その答えは明らかに「ノー」だ。ここで質問は「なぜ」に変わる。なぜ男性という同じグループの人々が、高収入の人や権力者に、そして自殺による死者にも、数多く存在するのだろうか。

僕の答えは、ひとことで言えば、孤独感だ。

孤独が原因で死ぬなんて大げさだと言われないように、男の自殺について、もう少し詳しく考えてみよう。男性、特に高齢男性の自殺は、他のグループを凌ぐ割合で起こっている。これは、少なくとも自殺に関する信頼できる統計が取られていた期間、そしておそらくそれよりもずっと長い間、真実だったはずだ。

自殺は、軍隊で働く男女にも影響を与えている。米国防総省が何百万ドルも資金を投じている「軍人の自殺に関する研究コンソーシアム Military Suicide Research Consortium」のディレクターとして、僕はこの悲劇を間近に見ている。僕たちの知る限り、人類史上唯一、初めて、戦争中の国（米国）が、1ヵ月間に戦闘よりも自殺で多くの軍人を失った（これは2009年初頭に起きた）。これは非常に懸念すべき事実であり、軍と僕たちコンソーシアムはこの状況を改善するために何かしなければならないと考えている。僕たちの仕事はまだ初期段階だが、僕たちの作業仮説は、軍隊で自殺行動を引き起こす要因は、一般の集団で自殺行動を引き起こす要因と類似しているというものだ（例えば、一般的に、あるいは自分の部隊から疎外感を感じることなど）。もちろん、軍隊には男性が多く、軍隊内での自殺による死者は圧倒的に男性が多くなっている。最近の報告書では、21世紀の最初の10年ほどで、特に中年男性の自殺率が増加していると指摘されている。報告書には、「1979年から2005年までの中年層の自殺率を分析した結果、50~59歳の男性の自殺が大幅に増加していることがわかった」と記されていた*13。

このように自殺は、本書のテーマである男性ジェンダーとの関連だけでなく、男性ジェンダーと加齢の組み合わせとの関連も指摘されており、本書の主張と二重の意味で一致している。自殺による死の最も強い要因の一つは（ある研究者によれば、遺伝子や分子から社会・文化に至るまで、あらゆる変数の中で最も強い要因とされているのは）、孤独感だ。

男性のもつ主たる問題点とは、自己嫌悪感や愚かさや強欲さなど、人から非難されるような数多くの事柄ではない。問題はむしろ孤独感にあり、男性は年齢とともに友人や家族との接点が徐々に失われていき、ここが重要なのだが、それを補充することができないのだ。女性はこのような喪失感をあまり経験しない。なぜなら女性は、男性の孤独感を加速させる原因となる、他人から極端に自立しようとする態度（後の章で説明する）を取らない傾向があるからだ。

もしも男性にそうした傾向があるならば、50歳の男性は20歳の男性よりも明らかに幸福感が低くなるはずだ。この傾向は、学術文献だけでなく、さまざまな資料でも明らかにされている。例えば、『エスクァイア』誌の「アメリカ人男性に関する調査」（2010年10月）によると、20歳の61%が「おおむね幸福である」と答えたのに対し、50歳では49%だった。同じ調査で、「今の生活の楽しさを1（楽しくない）から5（非常に楽しい）までの数字で評価してもらったところ、50歳男性の69%が1〜3の値を選んだのに対し、20歳男性では52%だった。「今日はこの国の歴史上、男として最高の時だ」という発言に対して、50歳の男性の17%が「強くそう思わない」と答えたのに対し、20歳の男性では10%しか同じような反応を示さなかった。そして国の将来に対する楽観度が、どの程度、幸福と幸福感を意味するかについて、次の質問に対する両グループの回答を考えてみよう。「2050年、アメリカは今と同じように強くなっていると思いますか」。20歳では31%が「はい」と答えたのに対し、50歳ではわずか18%だった。この調査には女性は含まれていないが、後ほど紹介するように、50歳の女性は、この国の将来について男性よりも楽観的な見方を示した可能性が非常に高いと思われる。

男性は年齢を重ねると、ぼんやりしたり、衰えたりする傾向があり、そうしたうちに健康に向けた改善を避けるようになる。２００８年の調査では、女性よりも男性の方が、医療従事者を含む他人を信頼したり、助けを求めたりすることが苦手であることが明らかになった*14。自殺した60代の男性の検視報告書には、「彼には友人がいなかった……彼は他の男性との付き合いを快く思っていなかった……彼は医者を信用せず、自分が助けを必要としていることを自覚していたにもかかわらず、助けを求めようとしなかった」と記されていた*15。

人間は年齢が上がるにつれ、若年層に比べ、恥の意識を感じて精神療法を中断する可能性が高くなり、これは特に男性において顕著で、その差は早くから生じている。男の子は女の子に比べて、精神療法サービスに関して恥の意識をより強く感じている。

男性は自分の健康に気を配る代わりに、短期的には解決策のように感じても、長期的には男性の孤独の問題を悪化させるだけの「バンドエイド」的な答えに頼りがちだ。このような代用的な解決策には、不倫、離婚、アルコール、銃、ＮＡＳＣＡＲ〔主に北米大陸で行われるカーレース〕、ゴルフなどがある。これらは一見、無作為なリストのように見えるが、本書の後半で明らかにするように、まったく無作為ではない。

それに関連して、おそらく30歳の男性には有効な戦略であった、男性の「自治の自由を踏みにじるな」というアメリカ人の自立心の高さを象徴する言葉にもみられる。自分自身と自分の身体への強い信頼は、50歳の男性ではやや弱まり、65歳の男性ではさらに弱くなる。言うまでもなく、男女を問わず身体は老化の影響を受けるが、平均的に女性の方が男性よりも老化をうまく乗り越えている。僕は高校の同窓会に毎回出席しているが（30回目が2013年だった）、そこではこの現象が顕著に見られる。僕たちのクラスには、高校時代よりも40代の方が身体的に魅力的な女性がいるが、同じようなことが言える男性は、クラスには一人もいない。

男性の同様の問題として、人々の自分の身体に対する満足感が挙げられる。最近、僕と同僚が証明したことだが、女性の自分の身体への強いこだわりと不満が、40代になると（20代、30代に比べて）薄れ始めるなか、男性のこだわりは、20代、30代は満足度が高いのに、40代以降は不快感や不満が増すという全く逆の傾向があることが明らかになった[*16]。事実、女性の自分の身体に対する満足感が増していくのは、身体に対する優先順位を下げていくからだ[*17]。見た目を気にしなくなったのではなく、大切な人、特に子どもへの配慮やキャリアへの配慮が、それ以外のほとんどのことを些細なことにしてしまうのだ。一方、男性の身体が衰え始める40代後半以降は、まさに孤独が深まる時期だ。『メンズ・ヘルス』誌の世論調査では、回答した男性のほぼ半数が、永久に100ポンド（約45キロ）体重が増えるより、むしろ「腕を失う」ことを望んでいることが明らかになった[*18]。この調査には女性は含まれていないが、もしも同じ質問をしたら、おそらく多くの人が同じような回答をしただろう。本書の最終章で詳しく述べるが、本書に記されている多くのプロセスは、男女を問わず起こるが、男性の場合は、これから説明するように、これらのプロセスはより危険をはらむもので、したがって悪質なものとなる。

問題解決の秘訣は、「自治の自由を踏みにじるな」、言い換えれば、「俺の邪魔をするな」という態度から、「僕は愛する人とつながり、お互いに助け合いたい」という態度に移行することだ。この移行は、女性よりも男性にとって悩ましいものだ。というのも、女性は平均して、「邪魔をするな」というスタンスを極端に奨励されることはないので、大して移行の必要がないからだ。

2008年に始まった経済不況〔いわゆるリーマンショック〕は、男性にとって悪い状態をさらに悪化させる傾向がある。雷雨にせよ、経済的な嵐にせよ、ひどい嵐に見舞われたときには、シェルターが必要だ。経済的苦境に陥らないための大切な防波堤となるのは、他者とのつながりだ。人とのつながりは、打撃を和らげ、僕たちを支え、家族や友人からのアドバイスや物質的なサポートや、仕事の機会が得られるなど、実用的な機能を備えている。それは人間関係は経済的な嵐を避けるためのシェルターとなる。それは表面的、一面的な関係ではなく、純粋で持続的な関係だ。経済的なストレスによって、男たちが性行為を含む手っ取り早い気晴らしに頼るようになるという証拠が、少なくともいくつかある。不況時に『プレイボーイ』誌や『ペントハウス』誌の見開きページのモデルのバストサイズが3％上昇するのは、この観点からすると偶然ではないだろう*19。

過去の経済不況では、高齢者よりも若年層の労働者の方が大きな打撃を受けた。これは、高齢者の熟達した技術と総合的な経験が彼らを守ってきたと考えれば、道理にかなっている。しかし、この最近の不況は、これまでとはちがう。55歳以上の失業率がこれほど高い水準に達したのは、大恐慌以来だ*20。さらに、55歳以上の人のうち、女性よりも男性の方が現在の景気悪化の影響を受けている。ノースカロライナ州雇用保障委員会の経済専門家は、「職を失う人は、ますます男性が多くなり、ますます高齢になっている」と述べている。これは不況の影響が、建設業、製造業、金融業など男性が多い分野に偏っていることが主な原因だ。ジョージア州の労働委員は、この不況は男性全般、特に高齢男性を直撃する新たなものであると強調し、この不況下で職業訓練を求める人の三分の二は男性であり、不況前に観察されたパターンと正反対であると指摘した。委員は、「これは男性を襲う不景気だ」と述べた。本書で概説されているプロセスは、不況であろうとなかろうと、高齢男性にとって最も深刻で悪質なものだ。不況もまた、この同じ高齢男性たちに打撃を与えることは、大きな懸念である。

最悪の景気後退は、当然ながら、多くの雇用喪失と住宅喪失を引き起こす。2010年の見出しには、「男女の賃金格差が過去最小に」と書かれていた[21]。良いニュースだ。しかし、見出しは、「不景気で最も影響を受けたのは男性の仕事だった」と続いた。男女の賃金格差を縮小しようとする考え方は、男性の給与を下げるのではなく、女性の給与を上げて実現させるものだ。一般に不況下ではこのようなことは起こらない。そのため、この状況はあまり良いニュースとは言えないことになる。この記事は、今回の本の出発点である「アルコール依存症、自殺、ホームレス、暴力、犯罪において、男性がリードを保っている」という事実も示している。

フロリダ州立大学（FSU）ビジネス学部の教授陣による最近の研究では、近年の不況がキャリアと対人関係のバランスに関する、男女の意識に与えた影響について調査した。調査は、100人以上の正規雇用の労働者を対象に行われた。当然ながら、調査結果の書き手たちは、この結果に楽観的な傾向を見出したかったようだ。例えば、ある調査結果は、「48％が不況によって『家族への感謝』が高まったと回答した」（『』は彼らによる強調）とまとめている。しかしこれは、半数以上の回答では家族への感謝が高まっていないことになる。また、「49%が、不況が『物よりも人』の価値を認識するのに役立ったと認めた」というのも重要な結果だ（同様に『』は彼らによる強調）。この「人」と「物」の区別については、後ほど改めて説明しよう。ここでも、残念ながら半数以上の人が「物」より「人」の評価を高めてはいない。三つ目の結果は、さすがに陰鬱さを隠せなかったようだが、「不況により、家庭や娯楽を犠牲にしてまで『仕事に打ち込みすぎている』ことの自覚が高まったと答えた人が23%いた」というもので、ここでもまた、強調は彼らによるものだ。僕が紹介した三つの例では、どれもあるフレーズが強調されており、明らかにこの不況から何か良いことが生まれたと示そうとしているかのようだ。つまり、少なくとも、仕事よりも家族や他人を大切にすることや、仕事への過度なコミットメントの危険性などについて意識が高まっている人がいるということだ。また、この研究結果から見て、一部の人々の意識が高まったことは事実だ。だが、意識を変えた人の少なさには、いささか物足りなさを感じる。不況がそのような変化を及ぼすのであれば、一部の人が世界大恐慌に次ぐ深刻さだと感じている、今回のような不況だと思うのではないだろうか。今回の不況で9%以上の失業率がしばらく続いたのは、明らかに第二次世界大戦後、最悪だ。（しかし、物事を冷静に考えてみよう。先日見た記事では、「1800年以降、このような不況が40回ほどあったが、今回のようなひどい不況も6回ほどあった。僕たちは、1800年以降、この2世紀の間に、控えめに見ても国民一人当たりのGDP（国内総生産）が、約2000%上昇しているという動向に対する、堅実な信頼を獲得しているはずである」と指摘されていた）＊22。

フロリダ州立大学ビジネス学部の調査結果では、「70％以上の従業員が、仕事をしているほとんどの日が『永遠に終わらない一日のように思える』と認識している」という、より悲観的な評価も報告されている。この研究の参加者の一人で、長年勤めていた会社から解雇された48歳の生産工場長は、「この会社のために腰を痛め、子どもの成長も見逃した。何のためだ？一体、何のためだ！」と語った。本書の総括的なテーマと一致するこの言葉を発したのは、男性だった。実際、この調査の主要となる結論は、不況に関連する心配事が男性と女性で大きく異なるということだった。男性は職場に焦点を当て、仕事の不安や競争心、さらには職場における敵対心などを懸念していた。男性が（競争相手や敵対する他人を除いて）他人を気にすることがないことに注目してほしい。一方、女性からは、仕事と家庭の両立を心配する声や、仕事の負担が増えることによる家庭への負担が気になるという声が聞かれた。

すべての不況が当てはまるわけではないが、ほとんどの場合、不況ではこのような懸念が生まれる。すべての不況が自殺の増加のような個人の破滅につながるわけではない。しかし、家庭やキャリアを奪われるような不況は、常に自殺の増加に拍車をかけるものであり、犠牲者となるのは圧倒的に男性だ＊23。2008年から2009年にかけて、経済界の著名な自殺者が何人か報道されたが、いずれも50歳以上の男性だった（例えば、バーニー・マドフ〔米国の相場師・投資家。詐欺事件で有罪〕の投資家だったルネ＝ティエリ・マゴン・ド・ラ・ビーユウシェットなどだ）。

近年の年間自殺率に関する体系的なデータはまだないが、この不況が深刻な打撃を与えている兆候は他にもある。2010年の記事では、ある女性臨床心理士が自身の診療所についてこう語っているのを引用している。「不況による不安や憂鬱感から、診察を希望する人で溢れている」[*24]。僕の実体験として、精神科医がよく言うのは、「仕事が少ない」というものであり、彼らが仕事が多すぎると言うのは、実に注目に値することだ。

したがって苦難の時代には、男の孤独の問題がより一層、深刻になる可能性があり、そのため男性とその周囲の人々にとって、より一層の関心事となり、解決策もより一層、必要とされる。さらに、この問題は長引く可能性がある。大恐慌のときは、自殺のピークは失業率が25%のピークに達してからまる1年後だった。

今回の問題は、さらに長期化する可能性がある。経済動向を悪化させる可能性のある、人々の性格傾向の変化もある。ミシガン大学の研究者は2010年に、大学生の共感力が過去20年ほどの間に40%も低下していることを報告した。2010年の20歳は、1990年の20歳に比べて、平均して他者への配慮が少なく、利己的になっている。共感性の裏返しである自己中心性は、急上昇している。先日行われたフロリダ州立大学のフットボールの試合で、テレビのコマーシャル中にジャンボトロンの大画面に地元の歯科医の広告が映し出されたとき、僕はそれに気付いていた。この広告の仕掛けは「スマイルカム」というもので、カメラが群衆の中の何人かに向けられ、「もしあなたがカメラに映ったら、笑顔を見せてあなたの『本当の』スター性を見せてください」というアナウンスが流れるのだ。

これが暗示するのは、誰もが特別な存在ではあるが、それは努力や功績によるものではなく、カメラマンによっておおよそ無作為に選ばれたものであるということだ。あなたが単にユニークであると言うだけならば、それはそれで疑わしいものの、少なくとも筋が通り、正当化できるが、スターだと言うのだ。さらにこの広告は、選ばれた人のうち、本当の意味での「スター」になる人は、実際にはほとんどいないという当たり前の事実を、「本当の」という言葉を強調することで、その人のスター性は、まだ認識されていないだけでその人の中に存在しているのだと暗示している。これは、「アメリカンアイドル」のような番組の前提や、時にはその結果とまさに一致する視点だ。この陳腐な「スマイルカム」の広告に、誰も眉をひそめないことは、僕たちがまさにナルシシズムの時代に突入した可能性があることを示している。もしも、つい最近と言える35年前にこの広告が流れていたら、少なくとも一部の観客からは鼻で笑われただろう。しかし、今現在、誰もがスターであり、少なくともスターになる資格がある（実際、「権利がある」と言った方が適切かもしれない）と主張するのは、ごく自然なことのように思われる。もしもルイス・キャロルがこのゲームに参加していたら、きっと鼻で笑っただろう。そして僕と同じように、『不思議の国のアリス』の中のドードーのセリフの一つを思い出しただろう。「みーんな勝ったんだよ、だから全員が賞品をもらわなきゃ」。ナルシシズムの時代は、さらに孤独な時代の到来を予感させるため、厄介である。

トニー・ジャットもキャロルと一緒になって笑っていたかもしれない。彼の著書『記憶の山荘　私の戦後史（The Memory Chalet）』〔邦訳みすず書房〕には、こう書かれている。「なぜすべてが『僕』についてでなければならないのだろう。僕のこだわりは、社会にとって重要なのだろうか。僕の特別なニーズは、より大きな関心事につながるのだろうか。『個人的なことが政治的なものとなる』というのは、一体どういうことなのだろう」*25。この言葉を書いたとき、著者は筋萎縮性側索硬化症（ALS）を患っていて、まもなく命を落とすことがわかっていた。したがって、彼には自己に「固着」する理由があったが、彼の名誉のためにも言うと、死んでもそれを正当化できないことを理解していた。

広告やメディアで「誰もがスターである」という考え方を探し始めると、いたるところで見ることができる。ナショナル・フットボール・リーグ（NFL）のジャージを購入し、背中に名前やニックネームをプリントしてパーソナライズすることを勧める広告では、「あなたほど特別な人はいない」と断言している。本当にそうだろうか。そのジャージを本当に着ている選手、世界のエリート・アスリートたちはどうだろう。彼らはかなり特別な存在に見える。

NPR〔National Public Radio〕に、多くの大学で人文科学系の科目が廃止されているという記事が掲載された*26。この科目削減の影響を受けた学生は、「私の夢は世界で一番大切なものなのです」と抗議した。この発言は、例えばこの科目削減によって解雇された教職員のことなど、より多方面への影響を考えずに、無意識に発せられたものだ。この発言のポイントは、その生徒の夢が何か、また、夢が彼女にとってかなり大きな意味を持つということでもなく、むしろ、「世界の何にもまして」の方に大きな意味があるのだと言っているところにある。この発言は、前の世代はもちろん、「わがままな80年代」の大学生でも口にすることはなかったと主張するのは、僕が時代遅れだからだろうか。自己中心性の上昇を実証的に示す研究結果は、この問いに対する答えが「ノー」であることを示唆している。

従って現在20代の男性は、より自己中心的になり、友人関係を築き、維持するという努力を怠りがちだ。前の世代の男性たちと同様に、このような生き方は、数年ならともかく、長期的には持続不可能であり、破滅的な結末を迎える可能性をはらんでいる。

特に経済的に困難な時代には、男性は不利であり、そして時代に関係なく、年齢が上がるにつれ、ますます不利になると主張する僕は、男に甘すぎるのだろうか。結局のところ僕も彼らの一員なので、偏見があると非難されるかもしれない。しかし、僕は男に甘いとはまったく思っていない。それには三つの理由があり、本書の残りの部分でそれを明らかにしている。まず第一に、冷厳な数字が僕の論文を裏付けていると考える。第二に、僕はここで男の美徳を褒め称えているわけではなく、むしろ弱点を指摘していることを忘れないでほしい。僕は、弱点の存在自体も過小評価されていると思うし、その原因も、僕の知る限りでは、少なくともここで提案したような方法では全く検討されていない。第三に、僕の説明は「男はある意味、甘やかされている」という仮説に基づくもので、むしろそこから出発している。「男は大変だ」という主張と、「少年や青年は楽だ」という主張は、僕の考えでは矛盾しない。それどころか、これらはそれぞれ、男性の一生涯にわたる発達の物語を語るリアルな事実であり、それは利点から始まっている。しかし、こうした利点は、それまで獲得してこなかった新たなスキルが必要となった時、不利なものに変わっていく。信託基金の所有者にとって、ある時点でそれが負債に変わってしまうようなものだ。

女性の自分に対する満足度は年齢とともに上昇し、その主な要因は、例えば母親であることなど、人生の主要な役割に対する満足度が高まることにある。男性も父親としての役割から恩恵を受けることができるが、しかし、平均して女性よりもその機会は少なく、成功率も低い。そのため、多くの男性は孤独で、社会的資源に乏しく、本当のつながりを求めている。彼らは、酒やゴルフ場や、銃や車の音から、わずかなつながりを得ているにすぎない。

なぜ、このようなプロセスが男に起こるのだろうか。7歳、12歳、17歳、22歳では、友だちづき合いは事実上、避けられない。作家オーガステン・バロウズは、回顧録『Dry（ドライ）』の中で、大人になってからリハビリプログラムで新しい友人を作ったことについて紹介している。「6歳か7歳なら、こうした友情は簡単に築くことができる。その子にブランコを譲れば、突然、親友になる。数学が嫌いなことも、一緒に嫌いになれるから、突然、気にならなくなる。そして、放課後は一緒に遊びたくなる。君は決して疑問を持たない。『彼と一緒にいる時間が長すぎるかな』『僕は何か間違った態度をとってしまったかな』などと自問することもない」＊27。大人になってからリハビリによってこうしたことが起きることとは、深まる男の孤独という問題を解決する、希望と課題の両方を示している。希望とは、適切な条況下では、子ども時代の新しい、即時の友情を、大人になっても作ることができることだ。そして課題とは、もちろん、これが重要だが、適切な条況を作り出し、それを実行することだ。誰もがリハビリプログラムに通うわけではない。

子どもの頃や思春期の頃は、友人関係はあたりまえに作り出せるもので、これは男性も含めてほとんどすべての人に言えることだ。そのため、男の子は女の子と比べてあまり寂しくない。毎日、毎日、同じ年齢の子どもたちと一緒に過ごす学校という日課（授業、休み時間、昼食など）は、子どもたちに社会性を「強要」する。僕の二人の息子は、小学校に上がると、毎年、少なくとも一人は新しい親友ができた。彼らが低学年の頃、僕はよくこう言って彼らを驚かせたり、楽しませたりした。「オーケー、待って、知ってると思うけれど僕にはテレパシーがあって、信号を受け取っているんだ……この新しい友だちが、わかった、わかった、彼は君のクラスにいる子だね！」と。言われた息子は、「わぁ、お父さん、なんで知ってるんだ」と言うだろう。「待って、もっとあるんじゃないか、そうだ、信号が来ている、来ているぞ、彼の机は君の近くだろう！」。彼らは3年生になる頃までには、近接性の法則を単純に「テレパシー」と言い換えていた僕のトリックに気づいていた。

確かに人づき合いの良い子どもがいるのは事実だが、それは問題ではない。重要なのは、人生の他のどの時期よりも、社交と友人関係の形成が学校によって「制度化」され、少年少女を問わずすべての人に（多かれ少なかれ）影響を及ぼしているということだ。別の言い方をすれば、近接性の法則は、そうした環境にいるすべての人に影響を与える（実際、この本の後半で論じるように、それが機能する機会が「与えられている限り」、それはすべての人に影響を与える）。アメリカの小学校の教室では、内気な子や問題を抱えた子でも、友だちのいない子を見つけるのは難しい。しかし、これは永遠に続くものではなく、一種の社会的な信託基金に相当するもので、すぐに使い果たされてしまうことを半分の人々は知っている。もう半分の人々、つまり男たちは、どうもこの教訓を理解していないようだ。

もし、僕がここで主張していることが本当なら、説得力のある研究が存在するはずだ。つまり、（1）幼少期以降のある時点で男性の方が寂しいということがわかる、男女の寂しさの違いを立証し、（2）10代、あるいは遅くとも20代くらいまでの間となる、この性差が生まれた最初の時期を特定するものだ。実際、まさにこうしたパターンの調査結果は得られており、いくつかの研究では、予想された性差の影響を発見し、その出現時期を思春期と特定している[*28]。そのうちの一つがメタ分析（過去の個別研究の結果の定量的な集積）であり、これによって思春期における男性の性別と孤独感との関連性は高く、非常に強固なものであることが調査研究の大部分にはっきりと現れていた。

この一連の研究は、僕の「孤独な性」と題した論文から導かれた正確な予測を裏付ける結果をもたらしただけでなく、孤独を否定したり、気に留めなかったりする男性の傾向にもかかわらず結果が得られたという点で、興味深いものだ。実際、孤独を認めることは、女性よりも男性の方が、より恥の意識を感じるという実証的な証拠がある[*29]。したがって、文献上、「強い」とされる、孤独感に対する男性の性差効果は、男性の無頓着さという問題を考慮すると、さらに強くなる可能性がある。男性の孤独を理解するには、「孤独だが気に留めない」状態という、この無頓着さが重要となる。なぜなら、それは男性の孤独の三つの顕著な形態のうちの一つであり、残りの二つは、「群衆の中の孤独」と「本当の孤独」である。

「孤独だが気に留めない」状態は、特に孤独へと向かう道筋の初期段階の中で男性に多く現れる。その後、男性も含む誰もがその状態に気づき始める。しかし、「群衆の中の孤独」、つまりひとりでない時に孤独を感じることは、実際には孤独ではないのに孤独と感じている点で厄介であり、また、そして時には破滅的なことに、他の人々が、その人は他の人たちと一緒にいるから孤独を感じてないと間違って思い込んでしまう点で認識されにくい。自殺者の多くはこのタイプで、愛情やサポートを与えてくれる人が近くにいるのに、内心では強い孤独を感じている人たちだ。男たちは誰にも告げず、その死で皆を呆然とさせる。彼らの死は、亡くなった男たち以外の人々には、突然、訪れる。もちろん、絶望的に孤独を感じ、実際にもひとりぼっちの「本当に孤独」な人もいて、こうした特徴を持つ自殺者も多くいる。

小説家ジャック・ロンドンの人生と死は、この三つの条件のうちの二つを物語っている。10代、20代のロンドンは、社交的で冒険好きな青年で、例えば、アザラシ狩りの船で何ヵ月も海に出ていた。このような環境では、友人はある程度、あたりまえに作り出せるものだ。こうした船では、近接性が豊富にある。しかし、ロンドンの思春期の孤独に関する文献を見ると、彼には孤独感が芽生え始めていた可能性が高いといえる。20代には、「孤独だが気に留めない」状態になり始めていたかもしれない。彼の人生の物語は、著者の自伝的物語『ジョン・バーリコーン』の章のタイトルから読み取ることができる。初期の章のタイトル「スーパーマン」と「月に吠える」は、ロンドンの小説を適切に表現しており、また、強さを示しながらも他人に関わらない点で、「孤独だが気に留めない」というテーマにも合致している[*30]。最後の章は、ロンドンの孤独な衰弱と自殺について記録したもので、「鼻のない者」というタイトルがつけられている。

その頃には、もはや自分は孤独だが気に留めない状態どころか、本当に孤独になっていた。ロンドンが25年以内に友人もなく自殺することなど、20歳の頃のロンドンならきっとそうしたように、船員仲間は笑い飛ばしただろう。冒険心旺盛で活発な若者には、ばかげたことに思えただろうが、実際にそうなってしまった。年々、仲間が減っていき、入れ替わりはなかった。若さと活力が失われ、最も友人を必要とする時期に、ロンドンを気遣ってくれる人はほとんどいなかった。

男性は往々にして、幼少期の制度化された環境の中であたりまえに作り出せる友情から、成人期に獲得する、努力の結晶である友情への重要な移行に失敗している。その失敗は、自殺率、離婚率、そして友人の少なさに表れている。なぜ彼らが失敗するのか。それには、いくつか相互に関係したプロセスがある。

男たちは、小学3年生の幸せな頃のように、友人関係は常にわずかな努力で用意されると思い込んでいるようだ。これは現実的な意味で、彼らを甘やかしている。この現象は、男性が優先的に利用できる機会や待遇にめぐまれ、別の意味で甘やかされていることによって助長される。すべての有意義な関係と同様に、友人関係も、築き上げ、維持するためには努力が必要だ。小学生以下は別として、受け身で甘ったれた態度では、いずれ確実に友人を失うことになる。思春期や大学時代に築いた友情は、しばらくは惰性で続くため、友人を失うことは段階的なプロセスになる。35歳のジャック・ロンドンは、わずか15年後の自分に待ち受けている悲惨な結末を、まだ知らないでいただろう。最後には、彼は破滅を認識したが、その時はもう手遅れだった。このエピソードは一般的に言えるもので、50代になると男性の社会的な交際が失われていくことは、本人でさえもそれを認識するようになるが、さらによく見ると、もっと早く、20代後半から30代にかけての時期から見られることがわかる。そういう意味では、抜け毛と少し似ている。

このアイデアを女性の同僚に相談したところ、「そうそう」とうなずいてくれて嬉しくなった。僕は彼女が、彼女の知り合いの男性で、この物語によく当てはまる人物を思い浮かべるだろうと期待した。彼女の反応は、僕が思っていたのとは違う方向に進みながらも、「これはいい線いっていると思うわ」と、僕の論文の裏付けをとってくれた。「女の子は友情に努力が必要ないとは『決して』思わないわよ。女の子にとってはすべてが『努力なのよ』。いろいろな派閥について、誰がどうその派閥に属しているのか、誰が誰の友だちなのか、知っていなくちゃならないのよ」。僕は考えただけでも疲れてしまい、ましてや実践することなど想像もつかなかった。しかし、女の子たちはそれを実践しているのだ。後述するように、僕の同僚が主張したことをまさに裏付ける調査結果がある。そして、その生き方は、ある種のコストを伴うが、結果的には、まさに将来への賢明な投資となる。うつ病に関する回顧録の著者エリック・ウィルソンは、「成熟した人々は、少数派だが……僕たちを人間たらしめているのは、本当は僕たちの不完全さであることを知っており、人生の不測の事態の中で共同して泥まみれになるような、『人間同士の』つながりを作り出すという、やりがいのある仕事に取りかかるのだ」と書いている[*31]。この著者は、この一文に多くの叡智を詰め込んでいる。「仕事」「泥まみれ」という言葉では、人間関係維持のためのブルーカラー的な側面を伝えている。また、「共同」「やりがい」などの言葉では、仕事に打ち込むための重要な理由を捉えている。

著者は、この「成熟した少数派」が女性に偏っていることもつけ加えたかもしれない。女性は、「友人関係を築き、維持するためには努力が必要であること」を知っているだけでなく、「どのようにすればよいか」を知っている。この二つの知識を持っていることは、女性が男性よりも優れている点だろう。この強みは、女性の幼年期と青年期という試練の中で苦労して勝ち得たものであり、人と関わることを自らに強い、極端な形の独立性を抑え、お金や地位だけではなく人間関係を重視する姿勢に見返りを与えるものだ。

また、男性が、甘やかされただけでなく、子どもの頃の気楽な友人関係から、大人になってからの、苦労して維持する必要がある友人関係への移行でつまずく第二の理由がある。20代、30代の男性は、当然ながら、お金や地位を重視し、仕事やキャリアというレンズを通してそれを実現しているようだ。もちろん女性もそうだが、男性に限って言えば、お金や地位のことばかりを気にして、友人関係を維持したり、新しい友人を求めたりすることがないようだ。お金や地位にこだわると、人間関係が悪くなる。どんな状況でもそうだが、あるもの（例えば富）に注意を払えば払うほど、他のもの（例えば新しい友人）に注意を払わなくなってしまうからだ。さらに、心理学者のティム・カッサーは、２００２年に出版した『物質主義の高い代償（The High Price of Materialism）』において、富と物質的財産の蓄積を重視すると、全体的な幸福度が低下し、そして僕の主張にとって重要なことだが、人間関係における親密さや満足度が低下するなど、さまざまな悪影響がもたらされるという説得力のある説明をしている。物質主義がもたらすこのような逆効果は、年齢や収入に関係なく作用する。このように、成人期の初期には、女性よりも男性の方が多くのジレンマに直面する。それは、その先20年間はあまり意識しないジレンマだ。つまり、彼らはお金や地位にこだわることで幸せな未来が手に入ると信じているのだ。これは物質主義文化に後押しされた信念だが、実際には、この信念が彼らを40代以降の孤独な時代に突入させることになる。幸運なことに、昔からの友人関係でやっていける人もいる。しかし、多くの人はそうすることができず、やがて男性は友人関係から遠ざかりながら、同時にお金や地位を獲得していく。この状況に彼らは、実際、戸惑ってしまう。何年もかけてお金や地位を、やっとの思いで手に入れたのに、孤独や空しさを感じてしまうのだ。頂上の孤独。こんなはずじゃなかった。孤独な性にとっての悩みとは「そういうこと」だ。

僕は男の孤独が加速していくことを説明し、その起源をたどり、その結果を図式化し、解決策を提案したい。この本では、僕自身や他の科学者の研究など、最先端の科学的研究が盛り込まれているが、経験談やケーススタディも重視し、科学的な内容をより面白いものにし、人間味あふれるものにしている。なぜなら、僕自身が歳をとりつつある人間で、特に、この本の中で説明するプロセスは、56歳で自殺した僕の父を死に至らしめた原因だと信じているからだ。

ある日、父が出勤の支度をしている時、5歳の子どもだった僕が両親の寝室に立っていたことを思い出す。父は、ある有名スポーツ選手と一緒にビジネスを成功させ、彼ととても親しくしていた。父は富と地位にこだわり、すでにそれを手に入れていたが、彼の人生で親友と呼べるのはビジネスパートナーだけで、彼との友情さえも、いま思えば浅いものだった。僕は突然、父と、そして僕たち家族のことがとても心配になり、「お父さん、もし彼と友だちでなくなったら、どうなるの」と聞いた。父は笑いながら、自信に満ち溢れた口調で、しかも無視するような感じで（意地悪ではなく、「問題ないよ」という感じで）、僕に「そんなことを心配しているのかい」と答えてくれた。20年後、二人がもう友人でもビジネスパートナーでもなくなった時、父は自殺した。

孤独の本質と悲惨な結末

孤独とは何だろう。なぜ、どのように人を傷つけ、死に至らしめるのだろう。

孤独に関する僕自身の研究では、次のような定義を使用した。それは、「孤立、断絶、親密さの欠如の経験。望ましい状況に対して社会的な接触が欠如していること」というものだ*32。重要なのは、孤独は内面的な「感情」体験だが、その一側面である社会的接触の欠如は、客観的かつ社会的なものであるということだ。そこには二つの側面があり、通常、この二つは連動している。客観的に見て社会的な接触が多い人は、大抵の場合、感情的なつながりも感じ、主観的にも満足し、つまり孤独ではないと答えている。しかし、この二つの側面は、「群衆の中の孤独」「孤独だが気に留めない」という表現が示すように、必ずしも一致しているわけではない。

このような内的な感情体験（孤独の認識）と、外的な客観的・社会的つながりを区別することは、単なる学問的考え方にとどまるものではない。ソーシャルサポートの研究から得られた古典的な知見によると、心身の健康指標の予測に関して、社交によるサポートに「気づくこと」は、サポートしてくれる友人の実際の数と同等か、それ以上に重要であることが、示されている[*33]。友人が二人いて、とてもサポートされていると感じている人は、友人が10人いて、サポートされていないと感じている人よりも、心身に良い結果がもたらされるかもしれない。また、時々、自殺者の遺書に記されているように、サポートを受け、尊敬されている人であるにもかかわらず、深い孤独を感じることもある。次に挙げるのは、エドウィン・シュナイドマンの1998年の著作『自殺者のこころ（The Suicidal Mind）』〔邦訳誠信書房〕からの引用だが、いずれの場合も、孤独感を表現しているにもかかわらず、客観的に見るとその人は孤独ではない。「もし、どうしても欲しい愛が手に入らなければ、空っぽだ」「君とリトル・ジョーが僕の人生に戻ってきてくれると思ったのに……戻ってきてくれなかった」「あなたなしには生きられない。死んだ方がましだ……僕の中にあるこの空虚な気持ちが僕を苦しめている……あなたが僕の元を去ったとき、僕は心の中で死んだのだ」[*34]。マリー・オズモンド〔アメリカの人気音楽グループ、オズモンズのメンバー〕の息子のマイクは、自殺する前日、母親にこう言った。「僕は惨めで、友だちもいない」。実際、紀元前2000年頃のエジプトで書かれた、最初のものとして知られている遺書には、「僕は不幸を背負い、信頼できる友人がいない」と書かれていている[*35]。

もし、孤独という感情的で内的な体験が、社会的あるいは外的な要因と明確に区別できるなら、その区別はエピソードや経験談、また、フィクションの中の記述でも明らかになっているはずだ。フィクションの記述の例として、「キッズ・イン・ザ・ホール」というテレビ番組では、パジャマとバスローブ姿の、だらしない身なりの男が、カメラに向かって「自分は孤独だ」と説明するスケッチが紹介された。「キッズ・イン・ザ・ホール」がスケッチコメディー番組（「スケッチ」と呼ばれる一連の短いシーンなどで構成されるコメディー）にも関わらず、この設定自体が特に面白くもないところが重要だ。ここでは二つのディテールが彩りとユーモアを添えている。男の口調は妙に明るくて屈託がなく、彼は足を前に突き出し、そのつま先はひどいケガをしていて、まるで漫画のように巨大化し、変色しているように演出されている。このひとりぼっちの男は、足の指のことで医者に診てもらったほうが良いと思っているが、それを勧めてくれる友人もいない。でも、とりあえずあまり心配はしておらず、足の指の色はみるみる変化していき、炎症が起きていて、そして治療はエンターテイメントだと観客に説明する。このスケッチの男性の問題は何だろうか。いくつかあるが、一番奇妙なのは、このスケッチの緊張感とユーモアの大部分を作り出しているのは、この男の社会的な孤独と感情的な孤独の間の不一致であることだ。つまり、彼は孤独だが、孤独を「感じている」ようには見えない。まるで、問題があることを知らせる内的センサーが欠けているか、気に留めていないかのようだ。この孤独感の内的センサーの問題は、生涯にわたって深刻化する男性の孤独を理解する上で不可欠だ。哲学者のキルケゴールは、「絶望を特徴づけるものは、ただこれだけである。すなわち絶望していることに気づいていないことだ」と書いている*36。これは、多くの絶望についてはかなり不正確だが、「孤独だが気に留めない」バージョンの孤独については正しいだろう。

「孤独だが気に留めない」状態は、ある意味、「群衆の中の孤独」状態の裏返しでもある。感情的な孤独と客観的・社会的つながりは、「群衆の中の孤独」とスケッチコメディーの登場人物のように「孤独だが気に留めない」という二つの方法で不調和になる。この二つの現象は両方とも起きるが、これから見ていくように、「孤独だが気に留めない」状態は、比較的早い時期から始まり（僕の父は35歳でこれにあてはまった）、何十年も続く可能性がある。一方、「群衆の中の孤独」は、若い男性よりも年配の男性の方に見られる特徴だ（僕の父は、自殺する前の数日間、数週間、決してひとりではなかったのに、孤独を感じていた）。ここで重要なのは、僕が述べている人生の発展過程の終盤で、男性は「孤独だが気に留めない」状態と「群衆の中の孤独」の間で揺れ動いているということだ。自殺のような破滅的なケースでは、最後の数時間、数分間は、「群衆の中の孤独」という感情を痛感する……あるいは、「本当の孤独」という感情を伴うこともある。なぜなら残念なことに、人は本当に孤立しているからこそ、孤独を実感できるからだ。

スケッチコメディーなどの例もあるが、社会的な孤独と感情的な孤独の区別は、科学的な研究でも検証されている。僕自身の研究では、似たもの同士に分けるという統計的な並べ替えの手法を使っている。

僕の孤独に関する研究では、孤独の感情的な側面と社会的な側面は、それぞれの側面ごとに分類されているが、感情的な側面と社会的な側面は、互いに識別可能であることが示されている。これは当然ながら、一方を体験し、他方を体験しないことも可能であることを示している。

多くの辛い経験において、一方を経験しても、他方を経験しないのは良いことだ。例えば、切り傷をつくっても感染症にはならなかった場合だ。しかし、僕が、感情的な孤独が社会的な孤独に対するセンサーであると考えるように、一方がもう一方のためのセンサーであるとしたらどうだろう。例えるなら、車のガソリンタンクとそのセンサーであるガソリンメーターを考えてみてほしい。「満タン」という表示がされているのに、タンクが空になってしまうという問題を経験することもありえる。ここでは、一方を体験して他方を体験しないのは良いことではない。ガス欠になり、その事実に驚くことになる。ガソリンタンクが空っぽになるという問題を抱える以上、ガソリンメーターが「空」を表示するという「問題」も必要であり、それによって原因となる問題を解決するための信号を受け取ることができる。センサーが働くことは、問題どころか、むしろ解決に向けた信号なのだ。

アルコールに対する耐性についても同様の指摘がされている。これから述べるように、アルコールに対する耐性は、男性の孤独の悩みに関わる要因の一つだ（そして、ある種の解決策にもなる）。酒の席では、酔いの合図に反応して、飲み過ぎの問題を抑制することができる。「アルコールセンサー」がうまく働いている人にとって、一回や数回の飲み過ぎは、センサー（「僕は酔いすぎている」）を作動させ、その結果、解決策（飲むのをやめる）の信号を送ることになる。これに対して、アルコールに対する耐性が高いと豪語する人は、実は自分のセンサーが壊れている、つまり飲み過ぎた時の信号がなくなっている、だから飲み続けることで身体に害を与えている、ということになる。

同様に、「キッズ・イン・ザ・ホール」のスケッチでは、孤独な男性の孤独感センサーは壊れている。彼はもはやひどく孤独になったときの信号を持っていないので、孤立し続けることによって自分自身を傷つけているのだ。この点で、コメディーは人生を模倣している。なぜなら、男性は女性よりも、問題のある孤独感センサーを持ちやすいからだ。男性の場合、正確にはセンサーが壊れているわけではない。むしろ、センサーに目を向けなくなったということだ。センサーは作動しているのに、それを確認しないのだから、作動しているガソリンメーターを見ないのと同じようなことが起こる。ある友人が最近、ガス欠になったのは、文字通りガソリンメーターが見えなかったからで、ガソリンメーターの近くにある小さな溝に名刺を立てかけていたのだそうだ。彼は仕事仲間に電話するのは覚えていたが、ガソリンを入れるのは忘れてしまった。

僕の友人はビジネスに集中し、結局は重要なことを除外してしまった。このエピソードは、ごく一般的なプロセスをよく捉えていると思う。男性は、特に成人したばかりの男性は、他のもの、例えば地位やお金など、女性よりも男性が重要だと思うもの（実際に重要なものではあるが）に気を取られて、孤独感センサーに目を向けようとしない。男性の問題点は、地位やお金の代わりに、友情や人とのつながりの大切さを犠牲にしていることだ。これは女性にも見られるが、そうしてしまう人間は、男性の方がずっと多いのだ。

ここで説明したセンサーの問題は、感情的な孤独感と社会的な孤独環境が不調和になった結果、「孤独だが気に留めない」状態になったということだ。ジョージ・オーウェルは、「目の前にあるものを見るには、絶え間ない葛藤が必要だ」と述べている[*37]。オーウェルは一般的な意味で言ったのだが、対人関係に関して無頓着になるのは、20代、30代の孤独な性に共通する経験で、その後何十年も続くことがある。もう一つの不調和は、「群衆の中の孤独」で、これも感情的な孤独と社会的な孤独との間の調整がうまくいっていない結果であり、50代以降の孤独な性には共通の経験だ（ただし、この時期には「群衆の中の孤独」と「孤独だが気に留めない」状態の間で揺れ動く傾向があり、場合によっては本当の孤立状態に陥っていることもある）。これらの孤独の形は、大雑把に言えば、どれも同様にありふれたことなのだ。

僕は、自殺死をめぐる訴訟で、しばしば鑑定人を務めている。誰かが自殺で亡くなり、そのせいで誰か、あるいはどこかの機関が訴えられるというのがよくあるシナリオだ。多くの場合、死者の家族は病院や医師を訴え、愛する人の死を防ぐために、もっとやるべきことがあったはずだと主張する（まったく正しい場合もあれば、そうでない場合もある）。驚くことではないが、僕が関わったほとんどのケースで、死者は40歳以上の男性だった。そして、どのケースでも、その男性は亡くなるまでの数ヵ月間、疎外感と怒りを募らせ、異変を察知して介入しようとする友人や家族を遠ざけていることが多かった。死んだ男たちは皆、とても孤独だったが、もしも質問されたとしても、自分が孤独であるという事実――他人にとっては一目瞭然だった「孤独だが気に留めない」状態だったという事実――を認めることはなかっただろう。もっと正確に言えば、最後の数分、数時間、数日、「群衆の中の孤独」という感情に飲み込まれるか、あるいは本当に孤独だと感じるまで、彼らはそれを認めなかっただろう。しかしその時には、もう手遅れだった。

僕は、感情的な孤独感は社会的な孤独環境のセンサーあるいはメーター（測定器）であり、男性はこのメーターから注意をそらしていると主張してきた。もし、この主張が真実ならば、少なくとも次の二つのことが起こるはずだ。（1）社会的な孤独は、ある意味、感情的な孤独よりも基本的なものであること。即ち、「感知される」もの（社会的な孤独、実際のガソリン残量）は、センサー（感情的な孤独、あるいはガソリンメーター）よりも基本的なものであるはずだということだ。（2）社会的孤独と感情的孤独の関係性は、男性よりも女性の方が近いはずだ。もし男性がセンサーを見失った場合、センサー（感情的孤独）とセンサーが感知している基本的なもの（社会的孤独）との関係性は、女性とは反対に、男性の方が弱くなっているはずである。

これはまさに、僕の孤独に関する研究で明らかになったことだ。深刻なのは、男たちが、感情的な孤独（センサー）よりも、社会的な孤独（「感知される」もの）と結びついていることであり、実際、それは事実だ。僕と同僚は、うつ病の発症の予測には、感情的な孤独を感じることよりも、友人がいない事実の方が予測しやすいことを示した。また、この症状に伴う深刻な社会的障害についても、より良い予測をすることができた[*38]。

僕には20年以上の臨床経験があるが、高齢男性の患者のことはなかなか思い出せない。それは僕の記憶力の問題ではない。むしろ、この本の主題を反映している。つまり男性は、精神医療の専門家を含め、他人に救いの手を求めない傾向があるということだ。僕が臨床の現場で思い出す数少ない高齢男性の一人は、うつ病に悩まされていた。彼のうつ症状は激しく、長期間にわたっていたため、ほとんど動けなくなっていた。セラピーを受けるために、家から車まで、車からセラピーのオフィスまで歩くのは、他の人にとってのマラソンと同じくらい、あるいはそれ以上に彼にとって過酷なことだった。セラピールームに入ると、話すことは試練であり、初期のセッションは、90%ほどは沈黙だった。数回の精神科への入院、抗うつ薬や電気けいれん療法などのこれまでの治療は、効果がなかった。最終的にうまくいったのは、セラピーにおいて、最初は家族、次に親族、そしてかつての友人と、少しずつ人とのつながりを取り戻すことに徹底的に焦点を当てたことだ。治療を開始した時と6ヵ月後の彼の姿を映したビデオテープを見ると、オリバー・サックスの著作『レナードの朝』を思い出す。映画版では、ロバート・デ・ニーロが、L-ドーパという薬を投与され、治療によって変化したパーキンソン病患者の一人に扮している。僕の診療所でも、うつ病でほとんど動けなくなっていた男性が、薬ではなく、孤独感を解消するための徹底的なプログラムによって変化した。

友人がいないことは、ある意味、感情的な孤独よりも基本的な孤独である（例えば、うつ病の予兆である）という発見に加え、僕の研究は、男性の社会的孤独と感情的孤独の間の関係性が弱いということも確認している。例えば、「友人がいない」ことと「感情的な孤独感」という二つのカテゴリー間の関係性を推定することができる。これを男女混合サンプルの孤独感データで行うと、「友人がいない」ことと「感情的な孤独感」に強い関係性があることがわかる。すべてがうまくいっているとき、一方は他方が存在する証拠となり、両者の間には調和がある。

女性だけで分析を繰り返しても、結果は同じで、両者の関係はより明確になる。しかし、男性のみで分析を繰り返すと、結果は異なり、「友人がいない」ことと「感情的な孤独感」の関係性は弱くなる*39。「友人がいない」ことと「感情的な孤独感」の関係は、男性では弱まっているが、完全に断ち切られているわけでもない。この事実がこの問題の解決策を考える上で重要な意味を持つ。「障害はあるが壊れていない男性の孤独感センサー」があるとすると、センサーが完全に壊れている症候群について考えてみるのも有益だろう。その一つが自閉スペクトラム症（ASD）だ。

自閉スペクトラム症には、さまざまな症状がある。最もはっきりとした重度の自閉症は、深刻なコミュニケーション障害、反復的で固定化された行動、社会的相互作用の著しい障害などを伴う。この症状は、身体的な接触に対する極端な過敏症や嫌悪感を伴うことがあり、後述するように、よりおおまかに言えば、男性の特徴でもある。そして興味深いことに、自閉スペクトラム症は女性よりも男性に多い。自閉症における社会的相互作用の障害は、他者と興味や楽しみを共有できない、社会的・感情的相互作用がないなど、非常に深刻なものだ。言い換えれば、孤独感センサーが壊れているということだ。

このように、完全に機能する孤独感センサーから、一部の自閉症の人に見られる完全に故障したセンサーまでの連続体において、ほとんどの人は連続体の「完全に機能する」部分の近くに位置しているが、男性は平均して、孤独感センサーが完全に故障しているわけでもなく、完全に機能しているわけでもない、連続体の中間点に近いところに位置していることがわかる。

男性の友人不足と精神的孤独の関係性を発見した例は、自閉スペクトラム症だけではない。また、自然現象がそれ自体の信号とずれてしまうという問題も、自閉スペクトラム症だけではない。この観点から、痛みについて考えてみよう。ごく稀にだが、痛みを感じることができない人がいる。こうした人たちは幸運だと思われるかもしれない。しかし、おそらくそれは彼らの短い人生の間だけだ。こうした人たちは、感染症や関節の病気、虫垂炎などに気づかず、早世してしまうことが多いのだ。虫垂炎になった人にとって、病院へ行けという合図、つまり痛みは、確かに役に立つ。また別に、脊髄空洞症を持つ人々は、体の特定の部位、特に手に痛みを感じることができない。この症状を持つ喫煙者は、タバコの火が指にひどい火傷を負わせていることに気づかないことがある。この喫煙者は、通常、役に立つ、痛みという信号から切り離されている*40。僕自身、自著『人はなぜ自殺で死ぬのか(Why People Die by Suicide)』や『自殺にまつわる神話(Myths about Suicide)』で紹介した、自殺行動に関する理論的研究も、同様の指摘をしている。人は、自傷行為も含めて、ケガをしたら警告サインや警鐘が鳴るように設計されている。自殺で亡くなる人は、痛みや傷などを恐れない、つまりセンサーを鈍らせることを学んだのだ。

自閉症、脊髄空洞症、重度の自殺願望をもつ人は、センサーが恒常的に鈍い状態にある。実験室においても、センサーを一時的に鈍らせることが可能だ(麻痺させるという表現が正しいかもしれない)。面白いことに、その兆候が最も顕著となるのは、麻痺剤が薬物ではなく、対人関係である場合だ。つまり社会的に排除されることそのものが、男女を問わず、一時的に人を感情的に麻痺状態に陥れるのだ。これらの研究では、参加者は、実験者側からの簡単な性格診断に回答する*41。参加者は、確かに性格診断の結果を受け取るが、性格診断の回答には関係なく、ランダムに割り当てられた三つの状態のうちの一つのフィードバックを受け取ることになる。彼らにそれは知らされていない。三つの状態の第一のグループである「未来帰属型」では、参加者には次のようなフィードバックが与えられる。「あなたは、生涯を通じて実りある人間関係を築くことができるタイプです。長く安定した結婚生活を送り、晩年まで続く友人関係を持つことができそうです。常に友人やあなたを気にかけてくれる人がいる確率が高いです」。この実験に参加している人ならば、このグループに割り当てられることを希望するだろう。

一方、第二のグループである「未来孤独型」とされた参加者は、次のようなフィードバックを聞かされた。「あなたは、人生の後半でひとりになってしまうタイプです。今は友人や人間関係があっても、20代半ばにはそのほとんどが離れていってしまいます。結婚もして、あるいは何度か結婚することもあるでしょうが、それらは短命に終わり、30代まで続くことはないでしょう。人間関係は長続きせず、絶えず新しい人間関係を築いていく年齢を過ぎると、ますますひとりでいることが多くなる確率が高いでしょう」。わかる。ひどい話だ。しかし、これについてはすぐに詳しく説明するが、簡単に言い訳をしておくと、これらの研究は慎重に精査され、大学機関の審査委員会によって承認されたものだ。また、このフィードバックは、本書のテーマである「男性は年齢とともに人とのつながりを失う」という事象を反映していることにも注目してほしい。

第三のグループは「不運のコントロール型」という対照群で、このグループでは、全般的ではなく、より具体的な事柄に起因する不運についてのフィードバックを受け取る。この第三のグループの参加者は、テスト結果について次のような解釈を聞かされた。「あなたは後々、事故に遭いやすくなります。何度か腕や足を骨折するかもしれませんし、交通事故で怪我をするかもしれません。それまで事故に遭いやすい傾向がなかったとしても、こうしたことが後年になって現れ、多くの事故に遭う確率が高くなります」。

「未来帰属型」グループの人はもちろん、「不運のコントロール型」グループの人も、多かれ少なかれ、このテスト結果には動じなかった。しかし、「未来孤独型」の人々には、多くの悪影響を及ぼすことが実証された。実験室では、より攻撃的な行動、他者への貢献度の低い行動、自滅的な行動（過度なリスクテイク、先延ばしなど）、知的思考や論理的推論の低下などが見られた。「未来孤独型」の参加者に見られる傾向として、非常に意外なことに、ネガティブな感情や苦痛を表さないことが挙げられる。その代わりに彼らの感情を表現すると、「麻痺」という言葉が最もあてはまる。

では、現実的に社会的排除と孤独が繰り返された結果、何が起きるのか。鈍化し、麻痺したセンサーは、過剰なリスクテイク、怒り、攻撃性といったものと組み合わされ、結果に対する認識が不足するようになる。これが典型的な男性についての説明のように聞こえたとしたら、そう思うのはあなただけではない。2008年の論文には、「多くの男性はひどく短気で、しかもそれが普通だと思っている」と書かれている[*42]。孤独を多く経験すると――僕の考えでは特に男性が多く孤独を経験すると思うが――センサーの調子が悪くなる。攻撃性、怒り、過度なリスクテイクなどの行動を取りがちになり、その結果、さらに孤独になり、さらにセンサーが麻痺し、さらに悪い結果を招くといったように、負のスパイラルに陥り、最悪の結末を迎えることになるのだ。

怒りの感情には、人との関わり合いがある点で、救いの兆しがあるかもしれない。もちろん、その値はマイナスだが、その動機は、引きこもりや孤立とは対照的に、人との関わりや働きかけを目指すものだ。男性には働きかけの動機が、より必要だが、怒りの負の値を増やすのではなく、できれば少なくしたいものだ。それを実現するための現実的な方法が、本書の後半の焦点となる。

要するに孤独とは、望まない孤立や断絶の経験であり、社会的な孤独環境と感情的な孤独感の二つの側面をもっている。社会的孤独とは、実際に友人や家族とのつながりがないことで、より基本的な孤独の側面といえる。感情的孤独（内的な寂しさの認識）は、その基本的な側面に対するセンサーとなるものだ。男性の場合、感情のセンサーと実際に友人がいないこととの間の関係が、女性と比べてうまくいっておらず、深刻な悪影響を及ぼす可能性がある。

これは、「孤独とは何か」という問いに対する僕の答えだ。しかし、先に挙げたもう一つの疑問はどうだろう。つまり孤独は人を傷つけ、殺すのだろうか。もしそうなら、どのように、そして何故なのか。孤独は人間の不幸のカテゴリーの中で上位に位置している。哲学者のウィリアム・ジェームズは、「無視される」という同様の体験は、人間の苦しみの頂点に位置するものかもしれないと考えた。１８９０年の代表的著書『心理學の根本問題（The Principles of Psychology）』〔邦訳三笠書房〕の中で、彼はこう書いている。「もしも物理的に可能であったなら、社会に放たれ、誰にも全く気づかれないことほど恐ろしい罰はないだろう。もし、僕たちが入ってきても誰も振り向かず、話しかけても答えず、何をしても気にしてもらえず、出会う人すべてが『僕たちを切り捨て』、まるで僕たちが存在しないかのように振る舞うとしたら、ある種の怒りと無力な絶望のようなものが、いつの間にか僕たちの中に生まれ、そこからは、最も過酷な肉体的拷問が救済となるだろう」[*43]。孤独から解放されるために、人が時に自傷行為を行うことがあるのは、興味深いことだ。非自殺的自傷行為（死を目的としない）を行う患者の主な動機は――切り傷が最も一般的だが――孤独のようなネガティブで辛い感情から解放されることだ。ある意味で自傷行為は、自然の鎮痛剤を放出し、また感情的な痛みを紛らわせる「働き」がある。こうした症状の心理療法における主な目標は、自傷行為を、もっと社会的にも肉体的にも受け入れられる気分転換方法に置き換えることだ。

最近の研究では、無視されることの残酷さが実証されている[*44]。研究者たちは、「グループからの孤立」と呼ばれる現象に興味を持ち、それが孤独感を高め、それによってうつ症状を悪化させるかどうかに着目した。３００人以上の子どもたちを対象に、それぞれに4人の友だちの名前を教えて欲しいと質問した。子どもたちのリストから、コンピューターのアルゴリズムによってグループ（お互いに友だちとしてリストアップしている友だちの集まり）を特定し、グループに含まれない「グループからの孤立」を経験した子どもたちを特定した。予想通り、「グループからの孤立」は、孤独の強い予測因子であり、それがうつ病の発症に大きく寄与していることがわかった。

宇宙飛行士でも、孤独はうつ病につながる。ブライアン・バロウは、著書『ドラゴンフライ――ミール宇宙ステーション・悪夢の真実（Dragonfly）』〔邦訳筑摩書房〕の中で、ロシアの宇宙ステーション「ミール」を訪れた宇宙飛行士の苦境を記録している。この宇宙飛行士の世界は、一緒に搭乗していた旧ソ連の宇宙飛行士2名、彼の「作戦参謀（オペレーションズリード）」（地上で彼を担当するミッションコントロールセンターの主管制官）および航空医官の4名とで構成されていた。後者2名との関係は、宇宙飛行士が宇宙へ行く前から悪化しており、ロシア語の習得がうまくいかなかったこともあって、一緒に搭乗した2名の宇宙飛行士とも親密な関係を築けなかった。彼は孤立し、ますます内向的になり、孤独になり、その結果、うつ状態になった。うつ病の代表的な症状である「無快感症（アンヘドニア）、あるいは喜びや楽しみを感じられなくなること」について、彼はこう回想している。「僕は宇宙が好きで、いつも宇宙を楽しんでいた。なぜ今、宇宙を愛せないのだろう」[*45]。この本で紹介されている別の宇宙飛行士も、「孤独だが気に留めない」タイプの代表格だった。同乗した2名の宇宙飛行士をはじめ、地上の人々との関係でも疎外感を感じていた。ある時は、地上との音声通信を一切拒否し、すべての連絡を電子化することを主張した。孤独を感じるかと誰かが彼に質問したら、おそらく「いいえ」と答えただろう。孤独を気に留めていなかったのだ。

孤独の研究者は、孤独を「心をむしばむ内なる虫」と表現している[*46]。彼らはおそらく文字通りの意味で言ったのではないだろうが、その後の調査によって、まさにそうかもしれないことが確認された。孤独が危害や死に結びついていることは、驚くほど多様な問題として記録されている。孤独は、喫煙、肥満、高血圧と同じように、病気や死の強い危険因子なのだ＊47。孤独な女性は、そうでない女性に比べて、妊娠中、陣痛に問題が生じやすく、産後うつが多く、アプガー・スコア（出産後、新生児の身体状態を迅速に評価するためのテスト）が低く、出生体重が少ない赤ちゃんを産む傾向がある。孤独とそのさまざまな原因となる要因は、女性にはあまり見られるものではないが、孤独状態が生じた時には非常に有害なものとなる＊48。

孤独な成人は、同じ時間、睡眠をとっても、他の人よりも疲労が回復しにくいと、感じている＊49。内気な人は他の人よりもうつ病になりやすく、その理由に孤独感があることが示されている＊50。孤独は免疫系の機能低下と関連し、孤独な人ほど尿中のストレスホルモン濃度が高い＊51。既婚者は、おそらく独身者よりも平均して孤独のレベルが低いため、独身者よりもがんの克服率が高い＊52。孤独は、心臓病、がん、脳卒中で死亡するリスクを高める＊53。孤独は自殺行動の強い予測因子であり、これは子ども＊54、青年＊55、成人＊56のいずれにおいても同様だ。詩における対人言語の使用頻度の低下は、他の詩人と比べて、自殺した詩人にみられる特徴だ。つまり、孤独な詩人は、それほど孤独ではない詩人よりも自殺する可能性が高いということだ＊57。孤独が自殺行動の強力な危険因子であることは、約400年前に出版されたジョン・シムの『自殺を防ぐための命の防腐剤（Lifes Preservative against Self-Killing）』でも重要な指摘がされている＊58。本書の終盤の焦点である、この問題に対する実行可能な解決策を検討するためには、孤独がもたらす莫大な代償を徹底的に検証する必要がある。

孤独の代償は非常に大きなものだ。また、脳を劣化させる可能性もある。2008年に報告された研究では、研究者は50歳以上の米国成人1万6500人以上を対象に、社会とのつながりや認知機能を評価した[59]。10個の単語のリストを参加者に提示した後、すぐに思い出せるかどうかをテストした。また、5分後に再びテストを行った（こうして参加者が思い出せる最大単語数を20個にした）。記憶した単語の総数を認知機能の指標とし、配偶者、家族、隣人との接触やボランティア活動などを総合して社会的繋がりを測定した。平均年齢が約65歳だった研究当初、参加者が覚えていた単語は全部で11個程度だった。6年後、平均合計は少し下がり、合計10個になった。しかし、もっと重要なことは、「最も社会に組み込まれていない人の記憶力は、最も組み込まれている人の記憶力の2倍の割合で減少している」と研究者たちが結論づけたことだ[60]。

死別という深刻で厳しい孤独は、心臓の機能を変化させる可能性がある。シドニー大学の研究者たちが、愛する人を最近亡くした約80人と、そうでない同数の人を調査したところ、心拍数が通常より速くなる時間が、死別を経験したグループに多く見られることがわかった[61]。総合的には、死別を経験した参加者の平均心拍数は1分間に約75回だったが、対照群の参加者では毎分約71回だった。これらの心臓のリズムの変化は、それ自体では必ずしも心配する必要はないが、既存の脆弱性との相互作用で、問題のリスクを増大させる可能性がある。実際、大切な人を亡くした後の数ヵ月間は、心臓発作や脳卒中が起こりやすい時期であることが知られている。

２００９年のＢＢＣニュースの冒頭で、「孤独が、がんの可能性を高め、死に至らしめるという指摘に、新たな証拠が重みを加えている」と報じられた*[62]。最近のメタ分析（複数の研究結果を統合した分析）では、孤独と一般的な死亡との予測関係が非常に明確になっている*[63]。研究者の言葉を引用しよう。「30万８８４９人を平均７・５年間追跡調査したデータによると、社会的な人間関係が十分な人は、不十分または乏しい人に比べて生存の可能性が50％高いことが示された。この効果の高さは禁煙に匹敵し、死亡率に関わる、多くのよく知られた危険因子（肥満、運動不足など）を上回っている」。

孤独は、実際、このように人を殺し、傷つける。しかし、どのようにしてそうなるのだろう。社会的な物事が、どのようにして「精神の内側」に入り込むのだろう。そして、今日の文脈で重要なのは、なぜ男性は孤独という殺人者の犠牲になりやすいのかということだ。殺人のメカニズムについては、少なくとも、対人関係、心理的なもの、細胞・遺伝的なものという三種類のメカニズムが働いていると考えられる。

対人関係のメカニズムは、「キッズ・イン・ザ・ホール」のスケッチに登場する孤独な男性の例から想像されるように、理解するのは難しいことではない。孤独な人は、（「その足の指、診てもらったほうがいいよ」というような）他者からの助けやアドバイスを受ける機会が少なくなっている。心理的なメカニズムも、「未来孤独型」の研究によるケースで、孤独を経験するように操作された被験者が、過度のリスクテイクや先延ばしといった特徴を示したことで予見されていた。過度のリスクテイクや、(「足の指の検査は来週にしよう」というような)先延ばしが健康を損なうことは想像に難くない。

関連する心理的メカニズムとして、他人とつながっていると、一般的に自分に能力があると感じ、特に苦難に対処する効率が高まる、つまり「数の力」の効果がある。これを実証するために、大学生に重いリュックサックを背負わせた研究がある。学生たちは勾配の急な坂道のふもとに案内され、その坂がどのくらい急なのかを予測するようにと言われた。同じ重いリュック、同じ坂道でも、勾配の予想にはかなりの幅があった。このちがいは何から生まれたのか。その大きな要因は、近くに友人がいたことだった。坂道の傾斜を予測するとき、ひとりでいた人は、坂道を険しいと感じたが、友人の隣に立って予測をした人は、この坂をそれほど大変だとは感じなかった。また、友人と一緒にいた人の場合、友人同士のつき合いが長いほど、坂道が苦にならないと考えた。どれも同じ坂で、客観的に同じ勾配だが、友人と一緒にいた人には楽に見えたようだ。

孤独が健康に与える影響については、対人関係や心理的なメカニズムに加え、テロメアの長さが関与するという、とても興味深い細胞のメカニズムがある。テロメアとは、染色体の先端にある保護膜で、靴ひもの端にあるプラスチック製の鞘のような、靴ひもがほころびないようにするためのものだ。鞘が弱くなったり切れたりすると靴ひもがほころびるように、テロメアが短くなると染色体もほころびる。染色体のほころびは防がなくてはならない。染色体がほころびると、染色体やその重要な情報を複製する作業が十分にできなくなり、「ほころび」のある情報は失われてしまうからだ。ＤＮＡに関して言えば、情報が失われることは良いことではなく、例えばがんを含む多くの問題を引き起こす可能性がある。

孤独感、特に男性の孤独感を加速させる要因として、社会的ストレスがテロメアを短縮させることが明らかにされており[*64]、この発見は、正確に言えば、「学術分野間の広大な峡谷を飛び越える画期的な発見」であるとポジティブに評価されるものだ[*65]。そして、テロメアの短縮が死亡率の予測につながることが、順々に明らかにされている[*66]。テロメアの短縮は、社会的ストレスに反応して男女を問わず起こりうるが、すでに見てきたように、男性は女性に比べ、社会的ストレスの有害な形態である孤独に悩まされている。

がん研究者は、社会的孤立が、がんの発生に関わる遺伝子の発現に影響を与えることを示す、マウスを使った研究を行った。２００９年に行われたプロジェクトでは、すべて遺伝的に同じようにがんになりやすいマウスを用いた[*67]。一群のマウスは、動物間の社会的交流の標準のパターンを含む、通常の実験環境に置かれ、他のマウスは、社会的孤立が特徴とされる好ましくない社会環境に置かれた。両グループのマウスは遺伝的に、つまり生物学的に非常によく似ているにもかかわらず、生物学的にも特に重要な結果として、両グループの間に顕著な違いがあった。社会的に孤立しているグループは、普通に交流しているグループに比べて、著しく多くの腫瘍を発症したのだ。

この研究に携わった研究者の一人は、「社会的環境は、実際に細胞増殖の生物学を変えているのかもしれない」と発言している。社会的環境の影響は、文字通り、個々の、これらのマウスの「精神の内側に入り込んで」がん細胞を生成していたのだ。言うまでもなく、この研究はヒトではなくマウスに関連するものだが、このような研究が行われるのは、問題とされる病気の動物モデルを通じて、ヒトの病気に光を当てるためだ。

孤独とその余波についてのこのすべての懸念は、おそらく憂慮すべきものだろう。例えば、男性も女性も時が経つにつれて孤独感が薄れていくとしたらどうだろう。結局のところ、10年前はソーシャルメディアがなかったのに、今は存在するのだから、少なくとも社会の中でつながりが豊かなところでは、孤独を感じる人は減っているのかもしれない。仮にそうであったとしても、孤独は女性よりも男性にとってより深刻な問題であり、加齢によってさらに深刻になるという主張に変わりはない。そして孤独の影響を受けている人は、その結果、多くの健康被害を受けていることがわかっている。

しかし、孤独を感じる人が減っているというのは事実ではなく、それどころか、それには程遠い状態だ。『AARP』誌〔AARP：アメリカ退職者協会〕が実施した調査について紹介した2010年10月の記事では、見出しには、「アメリカ人は日に日に孤独になっている」とあり、「アメリカ人の慢性的な孤独は、驚異的な割合で増加している」と記されている*68。45歳以上の3000名を超える人々を対象に実施した調査では、10年前の同様の調査では20％だった慢性的な孤独感を持つ人が、今回の調査では、35％になったことが明らかになった。記事は、「50代で孤独を感じる人の割合は、過去10年で約2倍となり、60代では約50％増加した」と結論づけている。イギリスのラフボロー大学の調査では、学生の約5人に1人が慢性的な孤独感を感じているという結果が出ており、この傾向は今後もしばらく続くと思われる。20％というと特に高いとは思わないかもしれないが、彼らは社会的なつながりのある環境に身を置く若者たちであり、５人に１人は孤独であるというだけでなく、慢性的に孤独であると報告していることを忘れないでほしい。そして、５人に１人というのは過小評価かもしれない。最近のプロジェクトでは、米国の３２０の教育機関を対象に調査をしたところ、半数以上の学生が著しい孤独感を感じていると回答していることがわかった[*69]。ＢＢＣの調査に端を発したある見出しは、「フェイスブック世代は最も孤独である」という見方を肯定している。オーストラリア総合ウェルビーイング指数によると、オーストラリア人の30％以上が孤独を実質的な問題として回答しており、女性よりも男性の方がその影響を受けていることが明らかになった。

孤独が慰めや支えとなる人の数を減らしていくなか、テロメアも短縮されていく。孤独が友人から友人への健康的な情報の流れを奪うように、母細胞から娘細胞への情報（この場合はＤＮＡ）の流れが阻害される。孤独はそれを経験した誰にでもその影響を及ぼし、孤独であればあるほど、ダメージと混乱は大きくなる。男性の方が孤独に悩まされることが多いのは、これまで見てきたように、孤独感センサーを見失っていることも一因と考えられる。彼らのセンサーはもともと壊れていたのか。それとも時間の経過とともに不具合が生じていったのか。

僕はほとんど後者だと思う。つまり、経年劣化で故障していったのだ。僕の息子たちはふたりともセンサーが完全に機能しているように見える。僕も彼らの年齢の頃はそうだった。僕は7歳のとき、泣きわめいたことを覚えている。それは、そういう傾向があったからではなく、友だちから排除されたからでもなく、友だちと一緒にいなかったからでもなく（当時は友だちがいた）、友だちから社会的に排除される可能性を想像したからだ。実際、センサーが機能していたのだ。しかし、それは昔の話だ。男の孤独感センサーは鈍り、孤独な性となり、本人だけでなく、彼らを知る人、愛してくれている人にも予想外の結果を招いてしまうのだ。

この問題に対する解決策はあるのだろうか。年配の男同士が泣いたり絵を描いたりして時を過ごすグループセラピーに参加したい人がいるだろうか。ジョージア州出身の40代の男性で、NASCAR、インディ500、スーパーボウルを観戦したことがあり、銃よりも酒が好きで（でも銃の魅力は理解している）、子どもの頃にゴルフをしたことがあり、またするかもしれないが、とりあえずテレビでゴルフ中継を見ている人間としては、このグループセラピー参加への答えは確実に「ノー」だ。本書の最終章では、男性のアイデンティティが、グループセラピーなどへの参加に対する強い抵抗感を与えていることを考慮した上で、「孤独な性」に対して、現実的な解決策を提案する。僕の考えでは、これまでの男性問題研究の致命的な欠点は、一般の人には理論としては有効であっても、実際の男には有効ではない解決策が提示されていることだ。過去の研究では、この欠陥に加え、解決策が必要とされる問題が何であるかを誤解してしまうという誤りがあった。各方面で、男たちはさまざまなことで非難されているが、核となる問題は、長続きする友人関係を築くのを怠ったことが原因で、その結果、晩年に孤独になるということだ。本書の目的は、この核心的なジレンマに対して明るい希望を示すこと、即ち、この孤独の泥沼から抜け出すために、男たちが信頼し、実行可能だと思える解決策を示すことにある。

僕自身がジョージア州出身の比較的、酒に強いスポーツファンであり、つまり、アメリカ南部の出身であるため、口当たりのいい解決策に対しては、当然ながら強い猜疑心を持っている。しかし、男たちにグループセラピーを勧めることが解決策として絶望的であるのと同様に、別方向へ偏り過ぎるのも解決策にはならない。最近の記事によると、「『レトロセクシャル（身だしなみにお金も時間もかけない男性）』は、全国誌のライフスタイル欄では、『メトロセクシャル（外見や生活様式への強い美意識を持ち、そこに多大な時間と金を注ぎこむ男性）』にすっかり取って代わられ、都会の富裕層が狩猟服を着て、デザイナーズブランドの斧を買い、『男らしさの芸術』（ここで咳払い）といった名前のブログで男らしさについて書くという話で溢れている」と記されている[*70]。僕は、男たちが野生的な環境に触れるために、森に集まることを薦めるつもりはない（但し、後で述べるように、人間の原始的な性質に触れようとするのではなく、自然そのものに触れようとすることは、男の孤独を解決するための有効な要素のひとつだ）。従ってグループセラピーのような、極端に「ソフトな」解決策と、森の中で知恵を絞って生きるような「ハードな」解決策の中間的な領域が狙いどころとなる。しかし、これらの両極端は、どちらか一方が、より大きな間違いであることに注意する必要がある。つまり「ソフトすぎる」ことは、「ハードすぎる」ことよりも効果が薄いのだ。「レトロセクシャル」という言葉が存在するのには、やはり理由がある。そして僕の個人的な経験で言えば、かなり「レトロセクシャル」で、かつ友人との絆を深めるために有効な思い出がある。例えば、大学時代のバイキング・ナイトというイベントの夜、僕たちは獣の皮の服を着て、飾り気のない粗末なテーブルの上に置かれた鶏の丸焼きをそのまま手づかみで食べ、はちみつ酒を飲んだ。このような絆を深める体験は、グループセラピーの方向寄りの出来事では思い浮かばない。これは、男の孤独の解決策として、酒に酔ってコスプレをするような幼稚な体験を推奨しているわけではない。また、グループセラピーが常に、あるいは通常、役に立たないと主張しているわけでもない。むしろ、最善の方法があるということであり、真似ごとのグループセラピーからバイキング・ナイトに至るまでの連続体において、後者寄りの方向に模索するのがおそらくベストだろうということだ。

僕はアメリカ南部の子どもであり、教授であり、臨床心理学者であり、バイキング・ナイトの生き残りであるだけでなく、父の息子でもある。父は成人して間もない頃に親しい友人がいたが、何らかの理由で友情は色褪せ、破綻してしまった。僕には名づけ親がいて、彼らは父の親友で、僕たち家族が彼らと交流するときに父が見せた興奮を今でも思い出す。父が自殺する前、僕が彼らに会っていなかった10年余りの間に、おのずと父は彼らと音信不通となり(父の死は、僕がこれを書いている20年前のことだ)、僕は彼らの名前を思い出すことができない。父には友人がいた。問題は、彼が友人を失ったことではない(それもあるが)。明らかな問題は、友人を補充しなかったことであり、それが彼を殺した。いや、もっと正確に言えば、自殺に追いやったのだと思う。彼の検死報告書には、「男性、56歳、自殺の原因——友人がいないこと」と書かれるべきだ。

しかし、僕の知り合いで80歳まで長生きし、自然死を迎えた人は、そうではなかった。このジョンという男は、生活が苦しく、ろくでなしのタイプだったが、とても好感が持てた。彼の追悼式で、彼には一日に最低一人の友人に電話をかけ、数分間、話をするという習慣があったことを知り、僕は驚いた。何年もの間、彼には男友だちが何人かいたが、彼らはこの電話を少し無意味なものだと感じていたようだった。まあ、追悼式で誰かが言ったように、みんなジョンよりずっと前に亡くなっていたのだが。彼は新しい友人を作り、古い友人を維持することに努め、それが彼の支えとなっていた。本書の結論の章に書かれているように、孤独な性の解決策はそれほど複雑なものではなく、一日一人に電話をかけるのと同じくらい簡単で、それゆえ信頼性が高く、実行可能なものだ。

孤独は凶暴な殺人者だ。特に男性につきまとう。多くの殺人の犠牲者がそうであるように、孤独の犠牲者も、手遅れになるまでその危険に気づかない。

男性はいろいろと甘やかされているが、ワインとバラの日々ばかりではない。死亡、病気、ケガに関しては、男性は大きな痛手を受け、女性は比較的無傷で、病気やケガ、早期死亡の影響を受けにくくなっている。

男の権力、成功、金は、男の弱さを覆い隠すものだ。その弱さは、孤独が深まることに由来すると僕は思う。友だちが努力をせずに簡単に得られなくなったときが、トラブルの始まりだ。女性はこの変化にうまく対応できるようで、それは女性の「孤独感センサー」が、男性のセンサーよりもずっと敏感であることが一因だ。男性は通常、お金や地位の獲得に心を砕き、それを達成した後は、その間ずっと友人関係をおろそかにしてきたせいで、虚しさや寂しさを感じてしまうのが常だ。この問題の始まりと特徴、結果、そして適応させやすいものとそれほどでないものの両方の改善策が、本書の重要な課題だ。次章では、まず、この問題の始まりについて説明する。その始まりは、甘やかされてきたことと、「俺の邪魔をするな」という態度によって増幅されたものだ。これは米国の独立を象徴する神聖な言葉だが、後述するように問題のある態度なのだ。

第2部

原因と結果

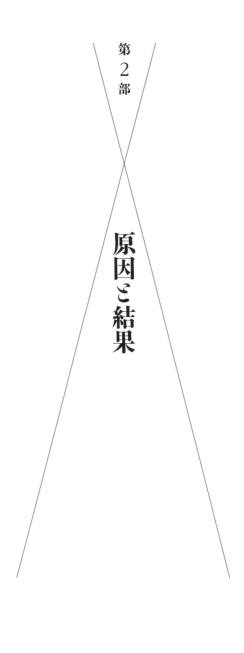

第2章 原因
甘やかされること

思い上がっていたのか、単なるバカだったのか。僕は14歳の息子に男の子と女の子の甘やかされ方のちがいについて質問した。その答えは、そっけなくて単調なだけでなく、「違う」とか「同じだ」とか言う程度の、役に立つ情報のないものだった。もちろん、彼の答えはそんなものだった。僕は一体、何を考えていたのだろう。

僕に娘はいないが、娘をもつ友人は多く（そして僕には妹が2人いる）、もしも14歳の女の子に同じ質問をした場合、必ずしも「さらに」正確な答えが得られるとは限らないが（可能性はあるかもしれない）、より多くの答えが得られたことは確かだろう。最近、10代の娘がいる旧友を訪ねたが、娘と両親との間で交わされる会話の量は、驚くほど膨大なものだった。迷惑でもなんでもなかったが（友人はそういう時もあると言っていた）、僕の心の中では、水滴がぽたぽた垂れている水道の蛇口（息子）と、川の流れ（友人の娘）との比較が思い浮かんだ。彼らの会話は、世間話ではない、例えば彼氏や彼女の話など、僕の息子だったら完全に黙り込んでしまうような話も含めて、話題に関係なく、ほとばしるように流れていた。

このエピソードでは、少なくとも男女の「会話量」の違いが示されている。この違いは、後に説明するが、より深い、しかしそれほどはっきりとはしていない違いを反映している。だがその前に、息子の無口さにまつわるもうひとつの話がある。僕はそれをごく普通のことだと思うし、彼は時に賢く、ユーモアがあり、配慮があり、鋭さももっていると思う（そして時に、そう、とても気に障る）。まったく対照的に、僕の妻にとっては、彼の態度は普通でなく、狂気の沙汰のようだ。その結果、多くのことが起こる。妻の不満は明らかにエスカレートし、息子は戸惑い、なぜ彼女はそんなに何でも知りたがるんだと時にイライラし、妻からは自分の「祖国の」メキシコや他のグアテマラなどの国から、女の子たち（そう、複数だ）を養子に迎えて、そのうちのひとりをソフィアと名付けようといった話がしばしば持ち上がる。僕からは、こんな会話を始めたことはない。

男性の簡潔さは女性の饒舌さと対峙する。それとも男性の無愛想さ、あるいは防御手段だろうか。男性と女性の違いのひとつに、単純に言葉の量がある。女性はよく喋るのだ。この発言は、僕が男だから偏っているとか、ステレオタイプを単純に受け入れているとか、僕だけの考えだと思わないでほしい。ここにオランダの研究者たちが行った、10代の若者の親に対する秘密に関する調査がある[*1]。

研究は300人以上の、男女の比がほぼ同数の青少年を対象とし、13歳くらいから16歳くらいまでの間、年に1回、査定を行った。研究が進むにつれて、男の子がもつ秘密の量は、女の子を明らかに上回っていることがわかった。興味深いことに、男の子が秘密をもつ程度は、両親との関係に問題があるかどうかには特に強く関係なかった。これは、男の子が（少なくとも両親に対して）秘密をもつことが多かれ少なかれ当然の流れであることを示している。女の子の場合はどうだろうか。全般的に女の子は親に対して秘密主義である場合が少ない。つまり、女の子は親との会話が多い傾向にあることを思い出してほしい。しかし、秘密主義の女の子は、傾向として親との関係が良くない場合が多い。この研究は、男の子が親に対して無口であることが、顕著なだけでなく、思春期に加速するのが普通であることを示唆している。このパターンは、僕の息子と友人の娘を比較したエピソードとぴったり一致する。

こうしたことは、単にオランダ人特有のことかもしれないし、親に対する秘密に限った問題かもしれないが、そうではないことを示す証拠がある。例えば、アメリカ、アルゼンチン、イタリアの子どもたちを対象にした研究では、男の子に比べ、女の子は母親に対してより強い反応を示し、母親を自分の活動に巻き込もうとする傾向があることがわかった[*2]。

全くちがう種類の研究が、全く同じ結論に至っている。子どもたちは言うまでもなく、トラック、友だち、人形、スポーツ、本などさまざまな対象に興味を抱くが、彼らの中には、ある対象に極端に強い関心を見せる子どもが少なからずいる。例えば、幼少期の強い興味という現象についての研究論文から、ある男の子の興味に関する次のような記述について考えてみよう。「彼は2年生になって間もなく、箒や床掃除に興味を持つようになった。その興味は、やがて掃除用ブラシに広がり、さらにヘアブラシ、絵筆、歯ブラシなど、あらゆる種類のブラシに広がっていった。両親は彼の興味に応え、彼がいつでも歯ブラシを使えるように、最終的には家のすべての部屋に歯ブラシを置くようになった」[*3]。これは、まさに強迫観念にも似た強い興味であり、他のほとんどの人が興味をもたない平凡なものに関するものだ。それだけでなく、この興味が完全に人間に関わりがないということ。この重要な点については、また後ほど説明する。

この論文には、二つの大事なポイントがある。第一に、幼少期に特定の対象に極端に強い興味を持つことは、女の子よりも男の子の方が圧倒的に多いということ。第二に、この調査で最も多くの子どもたちが興味を示したカテゴリーは、「車」「電車」「機械」「ボール・球状のもの」「恐竜」であり、研究対象者の中で、この5つのカテゴリーのどれかに強い関心を抱いた28人の子どもたちが、一人を除いて全員が男の子だったことだ。この5つのカテゴリーに共通するのは、人が全く介在しないということだ。人間味のあるカテゴリー（例として、赤ちゃん、実際の動物）では、性差はあまり顕著ではなかった。

これまでのところ、男の子には、秘密主義、寡黙、人と関わらないことに興味を持つ、といった現象が見られることがわかった。これらは、男の子が女の子以上に甘えた態度をとるようになる原因になる。もしも黙って座ったままでいられるなら、つまり、社会的にあまり努力をしなくても人に対応してもらえるなら、人間関係の育成やメンテナンス作業は不要で、自分を生まれながらの支配者のように思ってしまうかもしれない。言い方を変えれば、対人関係で甘やかされてしまうかもしれないということだ。

「**二つのホルモンの物語**」と題された講演で、講演者は（彼女自身を「時の反逆者」と分類した上で）こう述べている。「どこへ行っても、オーム（Ω）やキャブレターやクォークに魅力を感じる人間は、男性に比べ、女性の方が圧倒的に少ないことがわかります」[*4]。同じ発言の中で彼女は、米国の10年生〔日本の高校1年生〕で数学の能力が上位1％に入る、数学的才能のある男女生徒に関するデータをまとめた。男子生徒の上位関心事は、もともと数学の才能のある生徒を集めていることからすれば驚くことではないが、数学や科学に関するものだった。女子生徒の場合、男子と全く同じだけの数学的才能があるにもかかわらず、彼女たちの上位関心事は、文学、芸術、社会福祉に関わることだった。たとえ飛び抜けて数学のできる子どもたちの間でも、女子の上位関心事は人間に関わることであり、男子はそうではなかったのだ。

この区別は「人対物」の二項対立と呼ばれ、高校生だけでなく、赤ちゃんにも顕著だ。生後4ヵ月の女の子は、男の子の赤ちゃんよりも顔の表情を見るのを好み、男の子の赤ちゃんは、形や模様、点滅する光などに優先的に注意を向ける。ここでもまた、人に関係のない分野だ。2歳児では、男の子の発話は車や電車といった人に関係のないものが多く、女の子の発話は人に関するものが多くなる。このような違いは、チンパンジーに棒を与えた時の態度にも表れている。『カレントバイオロジー（Current Biology）』誌に掲載された最近の研究記事は、メスがオスよりも多く行う、棒を使った唯一の行動は、棒をまるでチンパンジーの赤ちゃんのように揺り動かしたり、運んだりすることだと記されている[*5]。メスのチンパンジーは棒に人間のような資質を与えるが、オスのチンパンジーにそれは見られなかった。

男性ホルモンの代表とされるテストステロンなどのホルモンは、男性にも女性にも同じように大切であることは間違いない。多くの選択肢の中から一つの例を挙げると、研究者はシカゴ大学ビジネススクールの学生のテストステロン値を採取した。男性も女性もテストステロン値が高い人ほど、投資銀行のようなハイリスク・ハイリターンのキャリアを選びたがった。ここでは、「男性」ホルモンがお金や地位へのこだわりに関連しており、後の章で取り上げる別のプロセスが、生涯にわたって男性の孤独を加速させる元凶となっている。

あなたが心理学の実験に参加し、実験技師から「体内化学物質と心理の関係」についての実験だと告げられたとする。いくつかのアンケートに答え、小さなカップに唾液を採取すると、技術者から、残りの研究は廊下の先にある小さなオフィスで行われると言われる。あなたには知らされていないが、実験者はアクターを手配していた。「アクター」とは、研究者たちによっては「共犯者」という意味で使われる言葉だ。アクターは、あなたに向かって歩いてきて、ケガや痛みを与えるような方法ではなく、しかし、失礼な態度でぶつかってくる。あなたは何らかの攻撃、少なくとも言葉の攻撃で反応するだろうか。コップの中の唾液が、ある程度この質問の答えを予測してくれる。つまり、研究者がこの種の研究を行う場合、唾液サンプル中のテストステロン値が、ぶつかられた人が攻撃的に反応するかどうかを予測するのだ。

留意して欲しいが、僕は全般的に、すべての、あるいはほとんどの男性の世界が完全に人と関わりがないと主張しているわけではない（非社会的な人の場合、男性である可能性が高いというのが僕の主張ではあるが）。これに関して、僕自身も何度も目撃している次のような話を考えてみよう*6。舞台は学会で、混雑した会場に、その分野でメジャーな専門誌の編集長が入ってくる。編集長は、その立場上、権力者であり、それゆえ多くの人が話を聞きたがる。編集長の後を追うように、ある種の側近が形成され、編集長はどう見ても人と関係のない存在とは言えないが、同時に対人関係に気を使っていない存在でもある。なお、ここまでは、編集長が男性か女性かについては触れていないが、この時点では関係がない。

舞台は2年後、編集長が退任した後の同じ会議に移る。心理学者のロイ・バウマイスターが男性の編集長たちについて書いた文章を引用すると、「編集長でなくなると……この同じ男たちは、酒を片手に、誰かの会話グループに入れたらと、社交時間を一人で彷うようになる」*7。現役の雑誌編集者である僕の個人的な心配はさておき、編集長が女性だったら、この話の結末は違ったものになったと思う。退任後は、男性同様、彼女の側近はいなくなる。しかし、カクテルパーティーの席で彼女は孤独だろうか。答えは、ノーだ。もしも彼女が平均的な女性なら、彼女の世界は編集長という立場を超えて、継続的な対人関係への努力によって形成されているはずだからだ。男性の場合は、もしも彼が平均的な男性なら、人が集まるのは編集者という立場が大きく影響しているのであって、対人関係で努力をしたからではない。立場がなくなれば、人もいなくなるのだ。

「二つのホルモンの物語」で言及されたホルモンは、簡単に言えば（やや不正確ではあるが）、それぞれ「男性ホルモン」と「女性ホルモン」である、テストステロンとエストロゲンだ。どちらの物質も男女両方の体内に存在するため、「男性と女性」という呼称は不正確だが、テストステロンとエストロゲンは、それぞれ男性と女性の成長に不可欠であるため、やはり便利な呼び方だ。子宮内でも、またその後も、そのレベルが少なくともある程度、行動や態度に影響を与えることは、実際、疑いのないところだ。もちろん、身体そのものにも影響を与える。性的な特徴など、非常にわかりやすい影響を与える分野はもちろんだが、むしろ、繊細で驚くようなことに焦点を当ててみよう。それは指の長さだ。

僕たちはなぜ、結婚指輪を第4指である「薬指」にはめるのだろうか。「それが薬指(リングフィンガー)だから」では、納得のいく答えにはならない。僕たちの祖先が指輪などをしていなかった時代を考えてみれば、必ずしもそうではなかったことがわかるだろう。

興味深い可能性のある要因として考えられるのは、第4指が出生前のテストステロンの存在に特に敏感であることだ。第4指は5本指の中で最も「性的」である。「性的」というのは、少なくとも性ホルモンの影響を受けるという意味だ。具体的には、出生前のテストステロンが第4指の成長を促進し、出生前のエストロゲンが第2指(人差し指)の長さを伸ばすという研究結果が報告されている。つまり、第2指と第4指の長さの比率は、女性よりも男性の方が低くなる。つまり、男性は平均的に第2指が相対的に短く、第4指が相対的に長くなり、両者の比率は低くなる(分母が大きな数字になる)。女性の場合は、平均してその反対になる。この比率は生前に確立され、2歳までに固定され、出生前のホルモン環境を示す有効な指標となることがわかっている。ちなみに、ヒヒやマウスなど他の種でも同じような仕組みになっている。

この自然界の興味深い事実を知った多くの人は、まず自分の薬指と人差し指の長さを調べ、相対的な長さを判断しようとする。しかし、この点では、ミリ単位の違いであることと、2本の指の位置が異なるため、目測ではうまくいかない。手のひらを見れば、薬指が人差し指よりも相対的に低い位置にあることに気づくだろう。

では、手をひっくり返してみよう。この現象を目視だけである程度把握する方法が一つある。指全体の毛並みを調べることだ。確かに女性は男性より毛が少ないが、女性も手や指（の裏）にも毛が生えている。多くの人は薬指の毛が他の指より相対的に濃くなるが、これは薬指が男性ホルモンに対して敏感であることと関係がある（これは男女ともに当てはまるが、単純に全体的に毛の量が多いため、男性の方がはっきりすることが多いようだ）。さらに、多くの人にとって、人差し指はエストロゲンに対する感受性が高いため、他の指に比べて相対的に毛が薄くなる。（指の違いについてさらに面白いこととして、少なくとも長さに関しては、同じパターンが足の指にもあるが、逆になっていることがある。男性の第2指は女性より長い傾向があり、男性の第4指は女性より短い傾向がある）。

テストステロンが比較的多く、エストロゲンが比較的少ない子宮内環境では、薬指が長く、人差し指が短いだけでなく、薬指が毛深く、人差し指が毛深くないだけでなく、比較的高いメンタルローテーション能力、比較的低い言語流暢性、体力、スピード、運動能力、自閉症スペクトラム障害などを生じさせる傾向がある。

これらの特徴は、いずれも女性よりも男性に比較的多く見られるものだ。しかも、一つの例外を除いて、どの特徴もあまり人との関わりがない。もちろん、例外とは言葉の流暢さだ。しかし、この例外は、より重要な論点の裏付けとなっている。というのも、この能力は、言語を流暢に使うことは他者と交流するという意味で、人と関係するものであり、平均して女性の方が、この能力が、やや高いからだ。小説家として成功している女性の友人から、言葉の流暢さが人と関係するという点に疑問を投げかけられた。言葉の流暢さでは明らかに平均以上である彼女は、自分の人生をできるだけ人と関わらないように努力していると言った。しかし彼女が毎日、何時間もかけて人間についての物語を書いていることを指摘すると、彼女の疑問はいくらか和らいだ。

前述の、第1章でも触れた症候群である自閉症には、特定の事象に極端な関心を示すという特徴がある。機械の仕組みや電車の時刻表などに強い興味を示すことは、女の子よりも男の子に多くみられる自閉症では珍しいことではない。男の子の赤ちゃんは、女の子の赤ちゃんに比べて、幾何学模様など、人と関係のないものに目を向ける傾向があることは、すでに述べたとおりだ。これに関して興味深いものとして、2011年に発表された論文で、約100人の幼児を対象に1分間の映画を視聴させた研究がある*8。画面の半分には幾何学模様が動いている映像が映し出され、もう半分にはダンスやヨガなどのアクティビティをする子どもたちが映し出された。研究チームは、幼児たちがスクリーンの二つの異なる半分に目を固定する時間を調べ、この固定時間が自閉症スペクトラムの問題を予測できる可能性があるかどうかに関心を持った。その結果、非常に興味深いことに、70％の時間、幾何学模様に執着した幼児の100％が、個別に自閉症スペクトラムの症状を持っていると分類された（しかも、そのほとんどが男の子だった）。

自閉症スペクトラム症をもつ人の多くがそうであるように、特定の事象に極端な関心を示す子どもは、物事の仕組みが比較的はっきりとわかる構造に興味を持つ。また、関心の程度はそれほど強くはないが、同様の構造に興味を持つ人々として、「道具性」〔instrumentality：合理性を追求するため、自分を含めた他者を手段とする（道具として動員する）判断基準を持つ精神構造〕と呼ばれる性格特性を示す人々もいる。この特性には、自己主張の強さ、利害へのこだわり、そこに辿り着けさえすれば方法は問わないこと、「やり手」であることなどが含まれ、3歳くらいまでの子どもには、すでに確実に現れる。また、この性格特性を示すのが、女の子よりも男の子の方がかなり多いことは、遺伝子など生物学的要素によるところが大きいと言われている（ちなみに、男の子の場合、長男の方が、後で生まれた男の子よりも器用な傾向があるというのは興味深い事実で、これについては最終章で触れる）。

道具性は、甘えに拍車をかける。この特性は、物質や結果を優先して人間関係を無視することを助長する。そして、女性よりも男性に多く見られがちな、人間関係を当たり前のものと見なす方向に向かわせる。それゆえ、これが男性の孤独とそれに伴うすべての悲哀の主たる原因となっている。

僕が好きなアメリカの口語表現に、「ここからでは、たどり着けない」というものがある。このフレーズの意味は、主にAからBへの直接的なルートがないということだ（おそらく山や川などの田舎の自然な障壁のためだ）。となると、考えられるのは間接的な方法だけだ。まず、AからCに行き、そうして初めてCからBに直接行くことができる。「そこに到達する」ことを急ぎ、「そこに到達する」ことさえできれば、どのように「到達」しても構わないと考える道具性を示す性格の人にとって、このことわざは、理解できないことはないにしろ、もどかしさを感じるものだろう。このことわざの根底にあるのは、「道具性が、いつもうまくいくとは限らず、ペースを落とし、少なくとも結果と同じくらいプロセスに焦点を当て、究極の目標を後回しにして、小さな目標を達成することが必要な場合がある」ということだ。このフレーズには、「立ち止まってバラの香りを楽しんでみよう」というようなアドバイスまでは含まれていないが、意味合いとしては、それを含むように広く解釈することが可能だ。

しかし、道具性には明らかな利点がある。例えば、うつ病の予防因子だ（ただし、これまで見てきたように、また、これから詳しく説明するように、男性の後半の人生に降りかかってくる問題の伏線ともなる）。道具性は、心理学において最も明確な性差の一つに関係している。その性差とは、うつ病にかかる女性の数が男性の約2倍であるということだ（興味深いことに、双極性障害は、男女がほぼ同じ割合でかかっており、同様ではない）。うつ病の男女差は、それ自体、興味深い事実であり、また、先に述べた「男性は大きな痛手を受ける」という健康上の法則の比較的少ない例外の一つである点でも注目すべきものだ。すでに報告されているように、男性は女性よりも健康上の問題をより多く、より早く経験し、その多くは孤独に起因している。うつ病はその例外だ。

女性の方が男性よりもうつ病になりやすいというのは、多くのエビデンスによって裏付けられているが、とはいえ、その事実を疑う人がいるのも事実だ。その疑問は、通常、次の二つの考え方のどちらかに当てはまるが、どちらも間違っている。一つは、うつ病の性差は本物ではなく、むしろ女性に対するバイアスの一例であるということだ。この主張は、うつ病であることが欠点や弱さであることを意味し、精神障害者に対する偏見と結びついた見方だ。このような偏見は、他の偏見と同じようにひどいと思うし、僕の科学的研究の究極の目標の一つは、この偏見を減らすことだ。これと同じ流れで、僕が主宰したうつ病に関するワークショップで、ある人がこう叫んだのを聞いたことがある。「こんな研究をしているのは間違いなく全員が男性にちがいない」。これは、その勘違いぶりが印象的な発言のひとつだ。なぜなら、この発言は精神障害者に対する偏見を暗黙のうちに支持しているだけでなく、このテーマに関する最も著名な研究者は実際、女性なので、事実としても間違っているからだ。

うつ病の性差を疑問視するもう一つの考え方は、研究者の偏見ではなく想像力の欠如を非難するものだ。具体的には、「男性は自分のうつ病を認めない、あるいはうつ病の治療を受けようとしない、あるいは飲酒や怒りなど他の方法でうつ病を表現するから、研究者は男性よりも女性のうつ病を多く発見するに決まっている」というような批判が一般的だ。これらの批判は少なくとも、もっともらしいことが救いだ。なぜなら、女性に比べて男性は、実際、飲酒量が多く、あらゆる健康問題に対してストイックになりがちで、助けを求めない傾向があるからだ。これは、1997年に出版されたテレンス・リアルによる男性とうつ病に関する著作『男はプライドの生きものだから（I Don't Want to Talk about It）』〔邦訳講談社〕で取られたアプローチだ[*9]。この本の本質的なポイントは、男性は自分の感情に向き合わないため、それが男性のうつ病の「静かな流行」を引き起こしているというものだ。ここには、二つの大きな問題がある。

(1)男性やその他の人にうつ病の「静かな流行」があるという実証的証拠はほとんどない(一種の流行のようなものはあるが、それはまったく静かなものではなく、男性よりも女性の方が明らかに多くの影響を受けている)。そして、(2)男性に「自分の気持ちに向き合いなさい」と言っても、僕の個人的な経験や臨床経験からすると、ほとんどの男性はそれを受け入れないし、受け入れるのは多くの男性の代表ではなく、受け入れたとしても本質的な問題は「気持ちに向き合わない」ことではなく、「友だちに関わらない」ことにある。このため、このアプローチは失敗する運命にあると僕は考えている。

例えば、男性も女性と同じように落ち込んではいるが、女性ほどそれを口にしないだけだといった考え方は現実的であり、研究者はその点を考慮し、研究からその要素を除外することが重要だった。これらの批判は何度も取り上げられてきたが、要するに、こうした批判では、うつ病の男女差は説明できないということだ。道具性のような特性の違いの方が、より良い説明となる。

別の例として、男性はアルコールに依存して憂鬱を晴らしているという考え方もある。やはり、女性より男性の方が、アルコールの問題が多いのは事実だ。そこで、すべての男女の飲酒レベルを同じにした研究を想像してみよう。つまり、例えば週に7杯のアルコール飲料を飲む男性が選ばれ、同様に週に7杯のアルコール飲料を飲む女性が選ばれて参加するとする。男女の違いが出ても、男女の飲酒量は同じなので、アルコールの量がその原因とはならない。そして、このような研究で何がわかるだろうか。うつ病を経験する比率は、男性1人につき女性2

人という、昔から変わらない結果が出る。この同じ性差は、さまざまな社会経済的、民族的なグループでも発生する。

この性差は、精神病理学研究の中でも再現性の高い結果の一つであるだけでなく、異文化間でも生じている。国によって文化的な違いなどが、かなりあるにもかかわらず、うつ病の比率は、同じように女性2人に対し男性1人となるのが普通だ。

うつ病の性差の重要な原因は、道具性という性格特性だ。この特性が、うつ病の発症を防いでいる。それは良い側面だ。しかし、道具性が持つ影の側面は、「人対物」の二項対立に帰着することだ。道具性は、人としての人を重視することを避け、その代わりに物、物の仕組み、そして目的に対する手段としての人に焦点を当てることを助長する。言い方を変えれば、対人関係における甘えの態度を助長することになるのだ。

ここでの駆け引きには、男女を問わず、ファウスト的取引、すなわち悪魔との取引的な要素がある。うつ症状について言えば、男性よりも女性の方がその影響を強く受けている（有病率から判断すると、2倍の影響力と言える）。うつ症状は男性よりも女性の方が大きな犠牲を払っている数少ない疾患の一つだ（もちろん、妊娠や出産に伴う合併症などを含む他のものもある）。この苦労の原因の一部は、女性の道具性が相対的に低いことに由来している。一方、うつ病への脆弱性という負担と、その根底にある道具性の低さは、いくつかの恩恵をもたらしてくれる。なぜなら、道具性が低いと、関係性や表現力を重視した考え方がより多く生み出されるからだ。このような考え方は、女性の孤独の割合を生涯にわたって引き下げ、孤独がもたらすこうした重大な影響から女性を救うことになる。

うつ病への脆弱性が増す代わりに、孤独感が軽減されるというのは、自然が女性に与えたトレードオフだ。これに対して、多くの男性は、孤独感は強いけれども道具性が高いため、うつ病のリスクは低くなる。もちろん、孤独もうつ病も、どちらも経験しないことが最良だが、どちらがより深刻かを問うことは、これらを理解する助けになる。

孤独の有害さを測る目安として、僕は、孤独感の軽減と引き換えに、うつ病リスクがある方が良いと考えている。うつ病は実際、命取りともなる病気なので、これには重い意味がある。うつ病は、おそらく増加傾向にある一般的な病気で、かなり慢性的に長引き、非常に辛く、人を無力にさせる病気であり、命取り（通常の死因は自殺だ）ともなる疾患だ。

しかしながら一方で、孤独はそのすべてをも凌駕しかねない苦難だ。これまで見てきたように、精神的な健康はもちろんのこと、肉体的な健康も著しく損なわせる重大な死因なのだ。孤独は、うつ病をはじめ、さまざまな心身の不調を引き起こし、悪化させる。しかし、孤独の悲惨さを理解するためには、孤独の流行について考えることが重要だ。さまざまな研究において、少なくとも5人に1人（3人に1人という調査結果もある）が、深刻で慢性的な孤独感を抱えているという結論が出ている。これ関して、大学生の5人に1人が慢性的な孤独を訴えたというイギリスの研究を思い出して欲しい。この研究は、大学に通う（それによって大学が提供するすべての社会的つながりを享受する）恵まれた若者の間で行われた。本書で紹介した議論や各方面からの実証結果を踏まえると、5人に1人という割合が、このグループの高齢化に伴い、4人に1人、あるいは3人に1人になる可能性は十分にある。

孤独が「蔓延」しているというのは、そう主張する人々もいるだろうが、おそらくそれは大袈裟だろう。一方で、現代を「孤独の世紀」と評する人もいる。2010年5月25日付のロンドンの「タイムズ」紙には、「孤独の蔓延に悩まされるイギリス」という見出しの記事が掲載された。

このようなことから、そして、孤独は男性に偏って影響し、その状態は女性よりも男性の方が致命的であることから考えると(すでに示したように、例えば、男性対女性の自殺率は4対1、女性対男性のうつ病率は2対1だ)、孤独は人間の不幸の原因としてうつ病に匹敵するか、それ以上のケースとなる場合もあると言える。映画『パッチ・アダムス』でロビン・ウィリアムズが演じたパッチ・アダムス医師はそう考えている。カラフルな色の服を着ることで知られているその医師は、最近、こう発言している。「うつ病は、孤独の症状です。病気ではありません。孤独が病気なのです」*10。博士はおそらく、いくつかの事実をもう一度見直した方がいいだろう(うつ病は単に病気であるだけでなく、非常に悪質な病気だからだ)。しかし、彼の発言は、孤独は悪であるという事実を強調するものでもある。

そのため、道具性は、うつ病を緩和させる役割を果たすにもかかわらず、男性にとってトータルとして損失だ。それは物事を成し遂げるのに役立つ特性であり、僕たちの文化には間違いなく必要なものだ。しかし、それはまた、「甘え」や「俺の邪魔をするな」といった態度を構築するための、気質的な土台でもある。そうした態度にも魅力はあるが、結局は、「愚か者の金」

のようなものだ。それらは一見、価値があるように見えるが、後になれば、単に価値がないだけではなく、それによって地位やお金の輝きに目を奪われ、生涯を支える人間関係を作り出すことから遠ざかり、時間を浪費する結果を招くことになる。

全般的に、男の子は女の子に比べて親に対して秘密主義的であり、その秘密主義は思春期にかけて加速し、また、男の子は女の子に比べて、母親に対する反応が低く、一緒に行動をしたがらない傾向があることがわかった。研究によると、子どもがある対象に非常に強い興味を持った場合、その子は男の子である可能性が高く、その興味は他人を「巻き込まない」可能性が高いことがわかっている。男の子は女の子よりも道具性が高く、数学的才能のある男の子と女の子や、出生前のホルモンに関する研究を含む多くの知見は、男の子の世界が一般的に人との関わりに欠けていることを指摘している。これらの結果は、他者との関わり方、いわゆる「人間関係志向」に大きな性差があるという主張と一致する。男の子の人間関係志向は、女の子よりも、よそよそしく、独立性が高く、秘密主義で……そして甘やかされている。

そして、男の子は文字通り口数が少ない。ある典型的な研究では、研究者は会話量の男女差だけでなく、性格の違いにも興味を持った[*11]。実際、研究者たちは、表現力、開放性、同調性といった性格的な要素が発話頻度に強い影響を与え、おそらく性別よりも強い影響を与えるのではないかと、ある程度感じていたようだ。十分に納得のいく予想だ。表現力のような特性が、女性であれ男性であれ、発話頻度に強い影響を与えるというのは、当然のことだ。そして実際に、同調性、開放性、表現力は、それぞれ発話頻度と関連していた。しかし、性別もまた予測因子として効果を及ぼしている。女性は、性格的な要因にほぼ関係なく、男性よりも圧倒的に言葉が多かったのだ。

性別が予測因子となるというこの結果は、男女の間には基本的な社会的差異があり、それが発達の初期段階から時間をかけて明らかになっていくという、僕がここで打ち出している主張と一致している。しかし、それ以上に、よく考えてみると、よくできた仕組みでもある。このことを端的に理解するために、あなたが知っているすべての男性を思い浮かべてみよう。ある人は非常に社交的で、ある人は非常に控えめで、多くの人は両極端の間のどこかにいる。では、あなたの知っているすべての女性について、同じように頭の中で考えてみよう。極端に控えめな女性の例を思い浮かべるのは難しいかもしれないが、全体的なパターンはおそらく似ているだろう（僕の論文全体を考えれば、そうなるはずだ）。「男女それぞれの」社会性には、かなりのばらつきがあることに着目してほしい。このばらつきの要因の大部分を占めるのは、前述の性格的な要素、すなわち表現力、開放性、同調性などの特性だ。男女を一つのグループにまとめたとき、表現力のような性格的特性を超えて、性別が発話頻度の予測因子としてトップに立つという事実は、その根本的な重要性を示している。対人関係において発話頻度が重要であることは明らかであり、実際、それは有益な道具と考えることができる。

また、この研究結果は、本書における僕のアプローチに対する弁護的な意味合いもある。最終章で述べるように、物事をジェンダーに関連づけて語るのは、今日においては難しい問題だ。

当然、すべての男性が孤独になるわけではなく、もちろん孤独になる女性もいる。しかし、今回の発話頻度に関する研究が示すように、ジェンダーは社会行動全般、特に孤独を加速させる基本的な決定要因であるため、このアプローチにも妥当性があると考えている。

表現力の豊かさは、それ自体、男女の違いとして面白いが、それ以上に重大な違いを強調しているものだと僕は考える。友人との会話は、通常、取るに足らない無頓着な行為ではない。それには努力と最低限のスキルが必要となる。努力やスキルが必要なものは、それを使い、練習することによって、時間の経過とともに明らかに改善される。フロリダ州立大学の同僚であるアンダース・エリクソンは、専門知識について研究しており、彼と彼の同僚によると、チェス、音楽、さまざまなスポーツなどの分野で世界レベルの専門知識を身につけるには、彼らが「意図的な練習」と呼ぶ、約1万時間の練習が必要だという[12]。意図的な練習は、ただ無意識に繰り返すのではなく、集中して取り組むことが必要であり、コーチングも必要となる。

社会的な領域において、意識的に集中して努力することにおいては、男の子や男性よりも、女の子や女性が勝っていることが、世界中の研究で明らかになっている。例えば、米国とロシアの友人関係の行動やパターンを比較した研究では、研究の目的である異文化間の違いがいくつか明らかになったが、その結果、女性の友人関係においては、男性の友人関係よりも会話が多く、より親密であるという類似性が、異文化間においても見いだされた[13]。このパターンは、前述の性格に関する研究で、性格が発話頻度の違いに影響すると予想されたものの、結局は性別が影響したことを思い出させるものだった。米国とロシアの異文化間の研究において、研究者は、文化の違いが友好度パラメータの違いを説明すると予想し、それはある程度は当たっていたが、最終的には性別がより強力な説明要因となった。会話は、社会を織物に例えた場合、小さなステッチと見なすことができる。ステッチが多ければ多いほど、織物はより多様で耐久性のあるものになる。

また、女の子には、男の子よりも、より多くの「ソーシャルコーチング」を受ける機会がある。話をしながらお互いに物事を教え合うだけでなく、年上の女の子や女性からも教わる機会があるのだ。

女の子に教わる機会があることについては、小学6年生から高校1年生までの約400人の青少年を対象に、年に一度インタビューを行った研究グループの発表によって裏付けられている*14。インタビューは、友情のネットワークに焦点を当てたものだった。インタビューから得られた大きな発見は、時間の経過とともに、女の子の友情のネットワークが、男の子の友情のネットワークよりも著しく多様化していることだった。「多様化」とは、女の子は、男の子が女の子の友だちを作るよりも多くの男の子の友だちを作ること、男の子に比べてさまざまな年齢の友だちが多いこと（年上の友だちも含まれるため、「ソーシャルコーチング」の効果が期待できる）、男の子よりも学校以外の環境の友だちが多いことを指している。多様化は、必ずしも純粋に良いことばかりではないが、ソーシャルネットワークと同様に、農業や金融の分野においても、多様化はリスクを軽減するため、一般的には良いことである。例えば、学校で何か問題があった場合、学校だけの友だちがいる子よりも、学校以外にも友だちがいる子の方が有利になるのだ。

この研究では、女の子は早くから男の子にはない対人耐性のようなものを形成しているという、僕の論点に関連する追加的な発見があった。具体的には、男の子は女の子に比べ、（男の子に対しても女の子に対しても）対人関係において相手を助けようとしなかった。この研究では、小学校6年生から高校1年生までの少年少女は、応援やサポートが必要なときは女の子に声をかけるべきだという教訓を会得していた。この教訓とは、女の子の豊かな対人関係のつながりを意味しており、女の子はお互いに手を差し伸べて助け合うことができ、男の子を助けることもできる。そしてそれは、男の子にとっては相対的な対人関係が不足していることを意味し、男の子は他の男の子に手を差し伸べたり、助けたりしない傾向があり、女の子は彼らを役に立たないと思っている。このマトリックスでは、男の子は一つのつながり（つまり、女の子が助けてくれる）を持っているだけだが、女の子は三つのつながり（つまり、女の子は相互に助け合い、男の子も助けてあげる）を持っている。女の子が助けになることに関するこの発見は、姉妹の助けに関する独立した研究によっても裏付けられている。女性も男性も、姉や妹がいると、「僕は不幸だ」「私には頼れる人がいない」といった発言に賛同しにくくなることが、複数の研究で明らかになっている。しかし、兄や弟がいる場合については、同じ効果はない[*15]。興味深いことに、後述するが、男の子や男性が、女の子や女性を上回る助けをする事例がある。それは見知らぬ人を助けることだ。しかし、友人関係や家族関係における対人支援については、男性よりも女性を頼った方が実質的な援助が得られる確率が高いことを、男女ともに理解している。

利己主義は、甘やかされた態度や行動を生み出すものであり、女性よりも男性の問題である。男の子は道具性をもち、活動量が多く、また無駄口をきかず秘密主義的な性格のため、あまり努力をしなくても相手に対応をしてもらえる。男の子が学ぶ教訓は、対人関係における相手の反応は、放っておいても勝手に引き出されるというものだ。男の子や男性にとって、この教訓は、ある程度真実でもあるが、それには危険もある。人間関係のスキルが低下し、人間関係そのものが希薄になることは、長期的には活力を失った孤独状態になることを意味する。少なくともいくつかのケースでは、この孤独がもたらす結果は、壊滅的で致命的なものとなる。

もちろん、女の子もまた、ひどく甘やかされることもあるが、甘えの内容の典型的な特質が男の子とは異なる。甘えた女の子の典型は、口を尖らせ、癇癪を起こすというものだ。しかし、この二つの行動が、対人関係のなかで行われていることに注目してほしい。つまり、一人で口を尖らせたり、癇癪を起こしたりする人は少ない。どちらも対人関係のなかで、人の注意を引きつけようとする行動だ。このように、甘えた態度や行動の表現においても、男の子の表現は閉鎖的で、内向きで、相対的に人が関係しないのに対して、女の子の表現は基本的に対人的なものとなる。

男の子は、この章でこれまで説明したプロセスを経て甘やかされるようになるが、最初から違いがあると考えるのが妥当だろう。例えば、出生前ホルモンについてはすでに検討した。この点について、さらに「見慣れた他人」という現象について考えてみよう。心理学者のスタンリー・ミルグラムは、後の章で再び登場するが、１９７２年に『都市と自己（The City and the Self）』という映画を制作し、見慣れた他人に焦点を当てた。見慣れた他人とは、例えば駅で毎日、顔を合わせているので、顔は知っているが、一度も話したことのない人である。映画のナレーションでは、「もし僕たちが駅から遠く離れた場所で、例えば海外にいるときに、この人たちの一人と出会ったとしたら、立ち止まって握手をし、お互いを知っていることを初めて認めるだろう。でも、ここでは違う」と書かれている。見慣れた他人という現象においては、繰り返し出会っていても、どちらかが手を差し伸べて二人の間の沈黙を破らない限りは、人々が他人であり続けることが求められる点に注目してほしい。

本書で解明された多くのプロセスと同様に、見慣れた他人という現象は、決して男性だけのものとは言えないが、女性よりも男性にやや多く発生する傾向がある。女性は、男性以上に見慣れた他人という現象を続けるために必要とされる、沈黙を破る。テレビ番組「となりのサインフェルド」では、エレインが自分と同じ複合アパートに住む見慣れた他人と言い争ってジェリーに褒められる、という場面があった。ここでは、現実の世界でもよくあることだが、封印を解くのは女性だ。封印を解かない男性の例はたくさんある。僕の息子たちは、通学の際に車に相乗りする子どもたちを見慣れた他人として扱っている。この事実は妻を困惑させ、彼女は相乗りの子どもたちの間で会話を盛り上げようと勇敢に試みるが、少なくとも今のところ無駄なことだ。僕は、何十年も前の自分が相乗り通学していた頃の経験から、息子たちがどうして沈黙するのか簡単に理解できるが、相乗り通学におけるこうした文化に対して、妻は不満を持ち続けるだろうと予測している。

そして、それ以前にも、これは男の子の甘ったれた態度が早くから始まることに関係しているのだが、僕の子どもの頃の親友の一人になった近所の子どもは、2年間くらいは、見慣れた他人だった。これがいかに奇妙であるかは、注目に値する。同じ年齢、同じ性別で、5歳から7歳まで少なくとも毎週顔を合わせ、家が同じ通りにある2人の子どもが、一言も言葉を交わさなかったのだ。僕たち2人は、「友情のために努力をする必要はない」という甘えを体現していた。それを1匹のカエルが変えてくれた。妹と一緒に近所を流れる小川の周りをウロウロしていた時、僕は巨大なカエルを見つけた。僕の評価では、妹はカエル捕りの相棒としては不十分だった。そこで、僕は彼女に、自転車で通りを走っているのを見かけた未来の友人を呼んできてくれと叫んだ。彼女は彼を連れてきてくれて、僕たちはその場で仲良しになった。当時、僕たちは、人生の3分の1近くをお互いに知っていて、その間、一言も言葉を交わさなかったのに、カエルがきっかけで一気に仲良くなったのだ。これは、陥りやすい状況と希望との両方の物語だ。40代、50代以上の男性に顕著な障害として、最初の沈黙というものがある。しかし、少なくとも一例として、小川でカエルを発見したことでそれが解決されるのであれば、どれほど厳しい障害というのだろうか。

前出の映画のナレーションは、こう締めくくられている。「火災も、洪水も、嵐もなしに、どうやったら親しくなれるのだろうか」。あるいはカエルがいなかったら。臨床の場で僕は、最適ではない行動、あるいは破滅的な行動をとる傾向のある患者がいることに気づいた……しかし、緊急の場合は別だった。彼らはその時、素早く動き、気を配り、助けになってくれたのだ。僕自身の職業上の経験では、このような例はすべて男性のもので、しかも全員が重度の注意欠陥多動性障害（ADHD）を抱えていた。普段は平凡な毎日で、散漫になりがちな彼らにとって、緊急事態が彼らを集中させ、一時はリタリン（ADHDの人に効果がある精神刺激薬）としての役割を果たすことになったのだ。

この効果は、本書の冒頭で、山火事という緊急事態が、人々の優先事項を何よりも大切な人に集中させたことを思い起こさせる。災害時の反応に注目した作家は、「災害は、好みによって僕たちを選別せず、僕たちを緊急事態に引きずり込み、政治的志向の違いや生業に関係なく、生き残るため、隣人を救うために、利他的に、勇敢に、かつ自発的に行動させる」と述べている[*16]。このジレンマは、先ほど述べた映画のナレーションと同じものだ。災害の発生によって孤独が解消されるのを待つというのは、うまくいかないものだ。しかし、カエルが現れるのを待つこと、あるいはカエル探しに近い、さまざまな似たような機会があれば、うまくいくかもしれない。この話は、本書の最終章の焦点となる。

緊急事態が発生しない限り、多くの少年や男性は、まるで石のように、人間関係から離脱したお決まりの日常を過ごしている。多くの異なる資料から、男性の人格のさまざまな側面は、女性の人格の側面よりも、柔軟性、あるいは可塑性が低いことは明白だ。鳥類に限らず、多くの生物種のオスは、メスよりも行動パターンに硬直性が見られ[*17]、つまりは性格が可塑性に欠けている。社会心理学者のロイ・バウマイスターは、表題の一部に「女性の性欲的な可塑性」[*18]と表した論文で、性行動に焦点を当て、人間について同様の指摘をしている。この用語は人を混乱させがちだが、それはプラスチックの物体自体やセックス中の身体の柔軟性とは関係がなく、セックスに対する考え方の柔軟性に関連している。驚くほど広範な研究と観察を通じて、この論文では、女性に比べて男性は、性的嗜好や行動において、明らかに柔軟性に欠けていることが証明された。例えば、男性の場合、ある時期に異性愛を純粋に認め、別の時期に同性愛に転向し、さらにその後に異性愛に戻るというのは、極めて稀なケースだ。一方、このようなパターンは、女性には多く見られる。

行動や態度の可塑性は、男性よりも女性の特性であり、女性の一般的な利点となる。確かに、目的の達成に向けた一途さは報われることもある。壮大な冒険物語（例えば、アメリカの初期の宇宙開発のような）には、それを証明するものがある。物語には、偶然ではなく、男性が多く登場する。しかし、一途であることは、刻々と変化する力学に注意を払い、対応が必要とされる人間関係の維持には、特に適したモードとは言えない。例えば、仕事上の偉業を成し遂げるのと同時に、配偶者が去ってしまった人と友情を保つには、執拗な一途さよりも、柔軟でニュアンスのある、相手への同調が必要となる。

「**群生するイナゴの脳は、**同種の単独行動するイナゴの脳より30％大きい」[*19]。この研究結果は、「孤独」を示す新しい表現（少し疑わしいが）である「ソリタリアス（単独行動）」という言葉を提供してくれるだけでなく、人間の脳の大きさについて考えるきっかけもくれる。この研究分野は、大目に見ても脈絡なく研究が行われている分野で、脳の大きさや脳領域の大きさを慎重に測定し、記憶や視覚などの多くの相関関係と関連付ける高度なｆＭＲＩ研究から、ノギスで測定した脳の大きさとＩＱや人種などとの相関関係に関する、まるで陰謀論のように見える研究（ただし、真剣なものであることが前提だ）に至るまでと多種多様だ。僕自身について言えば、これが分野と呼べるとすればの話だが、この後者の分野に思い切って足を踏み込み、「脳の大きさが違うから人種によってＩＱが違う」という見解の無意味さを指摘させてもらった。（僕は、このくだらない思想の支持者が反対の結論に達したのと全く同じデータセットを、一般に公開されているものを使って、十分に納得のいく形で証明した。）

ＩＱや「孤独」の性差を、脳の大きさに起因するものとするのは、ほとんど間違いと言っていいだろう。ＩＱについては、そもそも男女で全体的なＩＱに差はない。しかし、全体の身体の大きさの調整を加えても、脳の大きさにはわずかな違いがあり、女性の方が、わずかに脳が小さくなっている。一読して僕が女性を否定していると思うかもしれない。でも、よく考えてみてほしい。逆に、女性の方が、脳が少し小さいのに知能が同じということは、女性の脳の方が、効率が良いという結論になる。

女性の方が、効率的で効果的な社交家でもある（おそらく一般的にだが、親しい友人関係などの一対一の親密な関係では間違いない）。これを理解するために、「ダンバー数」について考えてみよう。人類学者のロビン・ダンバーが１５０としたこの数字は、人間が維持できる意味のある社会的結びつきの最大数だ[*20]。この主張の根拠のひとつは、人づき合いは比較的、複雑であるため、かなりの認知資源が必要とされることだ。もちろん、資源は無限ではないから、上限があるはずだ。ダンバー数は、人類の進化の過程で、狩猟採集民の集団や村の平均的な大きさや、人間以外の霊長類の集団構造などから導き出されたものだ。また、ダンバー数は、もっと高く、おそらく2倍程度になるはずだと主張する人もおり、ダンバー自身も230にもなる可能性があると指摘している[*21]。大方の見解は300人以下のようだが、そこで、甘えとはほど遠い人間関係に対する姿勢が根底となる、効率的で効果的な女性の人づき合いの話に戻ろう。もしも限界というものが存在し、対面での接触の方が、フェイスブック上の接触よりも平均して深く有意義であると仮定すれば（後者にも魅力はあるが）、「現実」の友人と「バーチャル」の友人の割合は、人付き合いの効率と効果を示す指標となるだろう。そして、実際、「現実」の友人と「バーチャル」の友人の比率は、男性よりも女性の方が高い傾向にある。

ヴィクトリア朝時代のイギリスの思想家ジョン・ラスキンは、女性の、物事を効率的に処理する能力の高さなどを理由に、女性の優位性を信じていた。読者がラスキンのファンになる前に、彼がこの見解を使って、女性が家庭を管理する方がより良く、より効率的であると論じていることを言っておく必要がある[*22]。ジョン・スチュアート・ミルはこれに異議を唱え、「より良い者がより悪い者に従うことが確立された秩序とされ、極めて自然で適切であると考えられている状況は、他にはない」[*23]と書いている。ここでミルは、ラスキンの「女性が家庭を管理する」という根拠に対して異議を唱えているのであって、ラスキンの「女性は男性よりも効率的である」という主張に異議を唱えているのではないことに注意してほしい。言い方を変えれば、「女性の方が効率が良い」という結論に両者は同意している。

複雑な社会生活を送るためには、効率的な脳が不可欠だ。最近のラジオ番組では、僕たちの種が生き残り、ネアンデルタール人が生き残れなかった理由のひとつに、僕たちの社会的に複雑な機能を持つ脳が関係している可能性があると主張されていた[*24]。人類学者のリチャード・ランガムは、著書『火の賜物』〔邦訳NTT出版〕の中で、「脳が大きい、あるいは新皮質が多い霊長類は、脳が小さい他の霊長類に比べて、より大きな集団で生活し、より多くの密接な社会関係を持ち、より効果的に連帯を組む」と書いている[*25]。人間の中で女性がより効果的な社交家であり、男性よりも脳が小さいにもかかわらずそうであることは、女性の脳が、より効率的であることを示している。

女性の活躍の場は多岐にわたるが、本章の重要なポイントは、その成功の原因のひとつが、友人探しと維持に関して甘えがないということだ。2010年10月にインタビューした100歳以上の人（80％が女性）の発言に、長い間維持してきた社会的ネットワークが見て取れる[*26]。長寿の秘訣を聞かれた女性は、「私は恵まれていて、努力してきました。仕事をして、明るく振る舞い、楽しいことを探すのです。そうしたことが基本にあるのです」。あとは、どのような仕事に、どのような姿勢で取り組んだのかについて、わかりやすく解説されている。それは社交をし、家族に連絡をし、新しい友人を作り、それを維持するという作業だ。その記事には、次のように書かれていた。「ボストン大学による『ニューイングランド・センテナリアン・スタディ（ニューイングランド百寿者研究）』の研究結果によれば、他の多くの100歳以上の人々と同様に、（記事で取り上げた人は）外向的で、多くの友人を持ち……家族や地域との強い結びつきがある。彼女は、若い頃に夢中になった演劇やオペラを、今も楽しんでいる。イタリアのサルデーニャ島の100歳以上の人々に関する調査では、彼らが身体的に活発で、社会的なネットワークが広く、家族や友人との強い絆を維持する傾向があることがわかった」。

社会性における重要な性差は、テストステロンなどのホルモンの違いによって、生まれる前から現れていることはすでに見たとおりだ。ということは、出産直前と出産直後にも、ホルモンに関連した違いが出てくるということになる。例えば、子宮内では男の子の方が女の子より活発で、その差は生まれてからも続き、その差は赤ちゃんの時、男の子の方が女の子より要求が強いことを意味すると予想される。そして、その違いは生まれてから数週間経たないとはっきりしないが、これらのすべてが真実であることを示す証拠がある。最近の本には、「男の子の赤ちゃんは、より手がかかる。女の子の赤ちゃんよりも泣き叫ぶ回数が多く、声も大きい」と書かれている*27。男の子の赤ちゃんは、女の子の赤ちゃんと比べて全体的に活発で、その差は1歳までにはっきりし、その後加速する傾向にある。イギリスの研究者は、208人の学童に4日間（平日に2日、週末に2日）、腰に歩数計をつけてもらった。週末は明らかに休息時間であり、平日の一日平均歩数が1万4000歩近くであるのに対し、週末の一日平均歩数は約1万歩だった。さらに詳しく言えば、男の子は女の子に比べて一日あたり約500歩多く歩いていた。

男の子の赤ちゃんは、女の子の赤ちゃんよりも扱いにくく、活発であり、周囲からの関心をより多く要求する。ごく少数の例外を除いて、赤ちゃんの要求は満たされる傾向にある。つまり、幼少期から甘やかされ、自己中心的な態度になる舞台が用意されているのだ。男の子の自己中心性は、女の子のそれを上回り、その差は大人になっても続いていく。

ここでもまた、証拠は圧倒的だ。約3500人を対象にした研究では、女性よりも男性の方がナルシシストであることが報告されている[*28]。これだけなら、過去の研究結果を繰り返すだけの当然の結果だが、今回の特別の研究で興味深かったのは、このパターンが生涯を通じて（参加者の年齢は8歳から83歳まで）、そして世界的にも（南極大陸を除くすべての大陸から参加者を集めた）維持される傾向であったということだ。以前の研究では、「ポジティブ幻想」、すなわち他人が見るよりも、あるいは事実の結果よりも、自分をより好ましく見る傾向について調査した[*29]。身体的魅力と知能に関する幻想を評価したところ、いずれも、女性よりも男性の方がポジティブ幻想を抱きやすいことがわかった。さらに、この性差は、男性が女性よりもナルシシズムを多く報告したことに大きく起因していた。

ナルシシズムや、思いやりのなさなどの関連する特性が極端になると、精神障害とみなされることがある。具体的には、自己愛性パーソナリティ障害と反社会性パーソナリティ障害の二つが、最も「利己的」な精神障害とされている。前者は壮大な権利意識と独自性を特徴とし、後者は無責任、非合法、制御不能な行動や態度を特徴とする。どちらの状態も、冷淡、無配慮、自己愛的な行動という中核となる特徴を共有している。女性よりも男性の方が圧倒的に多くこれらの診断名を付けられている。実際、僕が長年にわたって精神衛生の現場で出会った何百人もの患者を思い返すと、これらの診断を受けた女性を思い浮かべるのには努力が必要だ（努力すれば、何人か思い浮かべることはできるが）。男性に関しては、同じ作業に精神的な負担はまったくない。

この男女の差は大きい。もし、ナルシシズムや冷淡さなどと同様の特性において、男性に匹敵すると思われる女性のグループがあるとすれば、それはおそらく凶悪犯罪者たちだろう。しかし、男性と女性の犯罪者の逮捕歴を一致させた場合でも、男性は女性よりも冷淡さの評価が高くなっている。２００９年の報告書によると、男の子は女の子よりも冷淡で、そのパターンは３、４歳の子どもたちでも一貫していた[*30]。

つまり、さまざまな観点から、男性は女性よりも平均的に自己中心的であると言えるだろう。男性が孤独な性であるのは、自己中心的で甘ったれた性であることもその一因だ。

女性よりも男性の方が、小学生の頃と同じように、友情はいつでも与えてもらえるものだと思い込んでいるようだ。彼らは人間関係で甘やかされるようになるが、この現象は、優先的に与えられる機会や待遇など、他の面でも甘やかされることによって増長される。しかし、比較的、男性が優遇されない学校がひとつある。それは実社会から学ぶ学校だ。そこでは友人も含め、すべてのもののために努力しなければならないこと、必ず訪れる苦難の時には友人が必要であることを教えてくれる。

ある勃起不全治療薬の広告では、「あなたは与えられたもので今の地位にたどり着いたのではない」とアドバイスしている（ちなみに、いくつかのCMのセリフを書き出すと、意図しない面白さがあり、思わず笑ってしまうほどだ）。「今の地位」とは、勃起不全に悩むという意味ではなく、人生における立派な社会的地位を意味している。このフレーズは、男性が苦手とする健康問題に責任を持つことを促すもので、なかなか気の利いた発想ではある。しかし、この言葉も若干、事実と異なっている。男性は女性と比較すると、物事を「与えられてきた」のだ。

コメディアンのルイ・C・K〔メキシコ系アメリカ人のコメディアン〕は、別の枠組みで、同様の指摘をしている[*31]。彼は、ゲイと異性愛者の男性の違いについて考えていた。共感を呼びやすい下ネタを交えながら、ある人々には不快感を感じさせるようなことを言うという、いつものアプローチで、彼はこう言った。「ゲイの男はある種の厳しい試練に晒される……彼らは自分自身になるために通過しなければならない、たくさんのことがあるんだ。殴られる、仲間はずれにされる……それを乗り越えれば、彼らは自信に満ち溢れ、試練を乗り越えたことになる……異性愛者の男たちは、そういった試練は経験しない。誰も『驚いた、[女が]好きなのか』とは言われない。一生、それについて弁護する必要もない。だから、僕たちは自分が何者なのか、よくわからない……僕らは混乱しているんだ」。このコメディアンは、異性愛者の男性について、僕が一般的な男性について言っているのと同じことを言っている。言い換えれば、彼らは楽をし、実社会の中で試されることはなく、やがて何かが試されるとき、経験のなさが露呈されるのだ。「人生の高い立ち位置は、悲惨な経験を優雅に乗り切る胆力によって得られる」。この言葉は劇作家のテネシー・ウィリアムズによるものだ。ルイ・C・Kと同様の試練を受けた人間が、こうした発言をするのは偶然ではないと僕は思う。

風刺作家のH・L・メンケンは、女性について、同じような考えを持っていたと思われる。彼は次のように書いている。「女性の場合、思春期を過ぎると、わずかなアイロニーが常に救いとなる。というのも、彼女たちが歩んできた人生は、必ずや彼女たちを皮肉屋にするからだ」[*32]。

この視点は、「あなたを殺さなかったものは、あなたを強くする」(ニーチェ)ということを示唆している。それは、ある意味、事実だ。研究者たちは、直近に起きた人生における不運な出来事に対する人々の反応について報告した[*33]。具体的には、チャレンジすることで成長する人、あるいは成功を手にする人がいるという可能性に興味を持っていた。このグループを分けたのは、過去の逆境経験だった。当然ながら、過去に非常に困難な経験をした人たちは、直近の試練を受け、さらに疲れ切っていた。興味深いことに、過去に逆境に遭遇したことのない人たちは、直近の困難に直面して、やる気を失っていた。逆境を経験したことはあるが、その経験がそれほど大きくなかった中間の人たちだけが、直近の試練をうまく乗り切っていた。筋肉は限界まで酷使できてしまう一方、使わないことで萎縮もする。しかし、適度な運動を行うと良い結果を得られる。これと同様に人生のストレスに対処する心理的能力も、過去の逆境が大きすぎると圧倒され、小さすぎると不十分となり、過去の適度な試練によって最適化されることがあるのだ。

本書の全体的な論題のひとつは、「試練が少なすぎる」「多すぎる」「ちょうどいい」というゴルディロックス的〔三段階の選択肢があった場合、真ん中を選んでしまう傾向〕グループの中に、男女が等しく含まれていないことだ。特に、「試練が少なすぎる」グループに属する男性が多すぎる結果、男性は女性よりも社会的に衰えてしまっている。

有意義な人間関係と同様に、友人関係も、築き上げ、維持するための努力が必要だ。小学生のような条件下でなければ、受身的で甘ったれたやり方では、いずれ確実に友人を失うことになる。男性は思春期や大学のような場所で築いた友情をしばらく糧にすることができるため、友人を失うのはゆっくりとしたプロセスとなる。この損失は徐々に進行するので発見が難しい。50代になると、多くの男性の社会的ネットワークが蝕まれているのは明らかであり、それはもっと早い、20代後半から30代にかけても見ることができる。

そのプロセスが緩やかなものであることが、知らぬ間に進行する状況を生んでいる。男たちは心から甘えたいと思っているわけではなく（永続的ではないにせよ、付随する報酬を得ることはできるが）、中年以降に孤独になろうと思っているわけでもない。むしろ、自分たちの意識の外でゆっくりと何かが起こっていて、そのスピードは遅いが、何年もかけて日々、蓄積され、圧倒的な力となっていくのだ。氷河が一日に数センチ、数メートル移動することによって、村がゆっくりと、しかし完全に破壊されたという人々の言葉が証明しているように、非常にゆっくりと進行するものが、恐ろしいほどの力を持つことがあるのを疑うべきではない。

作家の村上春樹は、『走ることについて語るときに僕の語ること』（文春文庫）という回顧録の中で、このプロセスをうまく表現している。「僕は人生のある領域において、積極的に孤独を求めている。特に僕のような仕事をしている者にとって、孤独は多かれ少なかれ、避けられない状況だ」*34。ここまでの著者の発言は、やや控えめではあるが、一人でいることの美徳や利点を賞賛しているように読めることに注目してほしい。もしここで止まってしまったら、彼は、孤独に感銘を受け、心理的な幸福には、対人関係以上に孤独が不可欠であると考えるグループの一員になっていただろう。本書を通じて明らかにしていくように、このグループの作家や思想家たちは、人間の本質を大きく誤解していると思う。しかし、村上は彼らと同じ過ちは犯していない。彼はこう書いている。「しかし、その孤立感が、瓶からこぼれる酸のように、無意識のうちに人の心を蝕み、溶かしてしまうことがある。それは一種の両刃の剣とも言える。それは自分を守ってくれるのと同時に、内側から着実に切り崩していくのだ」*35。

これは、ある種の孤独がもつ魅力と究極の危険性に関する微妙な意味合いを含んだ認識だ。この文章を書いている今、僕はひとりだ。しかし、孤独について書いていなければ、その事実を思い浮かべることはなかっただろう。ひとりだと感じていないからこそ、自分はひとりだと思うことはなかったはずだ。ひとつには、パソコンの画面のすぐ横に置いてある妻の写真など、人とのつながりの象徴となるものに囲まれているからだ。もうひとつには（博士課程の学生には絶対にやるなと言っているが）、執筆から小休憩を取るために、メールやフェイスブックのアカウントを時々チェックしている。僕は電子的に孤独とはかけ離れている。今日、森の中を走ったとしたら、僕はかなり孤独だが、「僕はとても孤独だ」と意識することはないだろう。その理由は、息子や妻、友人や家族のことを考えるからだ。

僕のしているこうした活動は孤独を伴うが、孤立するわけではなく、本質的に他者を排除するものではない。しかしながら、あなたを守ってくれる刀ではない。男性は女性以上に、他人を寄せ付けないことで、自分の意識下で自分を切り刻んでいる。若い頃に甘やかされることは、この不幸な傾向の初期段階であり、それは後の人生で、「俺の邪魔をするな」という態度や、人間関係を含む他のほとんどのものを排除してお金や地位に固執する態度や、「頂上の孤独」の感情などに移行していく。続く章ではその過程について焦点を当てていく。


実際の成果よりも自尊感情を優先させることが、自尊心の育成につながるという考えをもつ人々がいる。公立学校で教鞭をとったある著者が、学生の自尊感情に関する経験についてこう書いている。学生たちは、「学年から学年へと問題を経験せずに進み、最終的には実社会に送られる。実社会は彼らを、失望から大失敗へと容赦なく突き落としていく。学校が彼らに学ばせるべきだったものを、喜んで教えてくれるわけだ。アメリカでさえ『失敗は人生の一部』なのだ」[*36]。この著者の功績は、彼がこの文章を書いたことだけでなく、記したのが1968年だったことにある。それは他の人たちが同じようなことを語り始めるずっと前のことだった。

それから40年以上経って、僕は息子の一人に、彼の成績が比較的「パッとしない」という客観的に正しい事実を指摘した。彼は、「そんな貶《おとし》めは何の役にも立たない」と反論した。「『貶める』という言葉を使う11歳の子どもは、もっといい成績が取れるはずだ」と言おうかと思ったが、代わりに「貶めているのではなくて、基準を満たすことを求めているんだ。それには違いがある」と僕は言った。彼の最初の思考回路が「貶める」に向かっていることには落胆したが、とはいえ、「基準を満たす」という僕の回答をわかってくれたようで、ほっとした。

僕は、21世紀の子どもたちと同じようなやりとりをしたことがある親と、たくさんの会話をしてきた。この問題の原因として考えられるのは、「誰もが良い自尊感情を持つに値する」という文化的な概念だ。心理学者たちは、自尊感情とその効果に関する文献を広範囲にわたって調査し、自尊感情の向上が成績の向上や行動の改善につながるという証拠を探したが、その努力は無駄に終わった。それとは反対に彼らが明らかにしたのは、自尊感情の負の側面についてだ。具体的には、自尊感情が高すぎると、攻撃性や暴力性につながることがわかったのだ[*37]。

こうした結論と相通じるものとして、セオドア・ダーリンプルが著書『セカンド・オピニオン（Second Opinion）』の中で次のように書いている。「自尊感情を自覚することは、忌まわしいことだ。例えば、犯罪者の多くにそれを見ることができる。自尊感情について少しでも考えをめぐらせる人は、利己主義の沼に沈んでいる。自尊心は規律と義務を課すものであり、自尊感情は一種の贅肉にまみれた、いじめのような自己中心主義である」。彼はこう続ける。「自尊感情が足りなくて困っていると訴える患者には、あなたは少なくとも自分の無価値さを理解しているのでしょうと言ってあげることにしている。患者は怒るどころか、僕の言葉を聞いて笑い出し、ほっとため息をつくのだ」[*38]。

義務や負担のない自己愛は実に悪質なものだ。義務や負担によって正当化される自己愛は、常に魅力的であるとは言えないまでも、少なくとも許容範囲内にある。自分の手間もコストもかけずに地位だけを求めてくる知人のカタログをめくってみれば、そのほとんどが男性だ。男性は女性よりも甘やかされている。そして甘えた行動は、短期的にはメリットがあるが、長期的には維持することが難しく、たいていの場合、社会的なネットワークが損なわれることにつながる。言い方を変えれば、男の孤独につながるということだ。

多くの男たちは、比較的、実社会での経験が足りないため、大気中に十分な酸素が含まれているかどうかを心配する必要がないのと同じように、友情というビジネスについて心配する必要がないという見込みを抱くようになる。酸素については正しいが、友情についてはそうではない。提供されると期待していたものが提供されず、それどころか、友情は崩れ始め、すでに深刻な問題を引き起こしている。彼らはこのことに気づかず、その結果、本人だけでなく、周囲の人々にも迷惑をかけることになる。

ある意味、結婚はこのプロセスに加担しているかもしれない。招待状やディナー、パーティーの手配を一人が行い、もう一人は言われたとおりに出席するだけという、二人の社会生活を実質的に一人が担っているカップルを何組か知っている。その大半は、女性が自分自身と夫のために、社会的なスケジュールをこなすというケースだ。ある学者は、男性と女性の重要な違いについてこう書いている。「結婚すると、男性は……自分の心の欲求を後回しにし、ほとんどの場合、そのような欲求は生活の中で女性によって満たされることを期待するようになる」。したがって、男性は結婚しないと「晩年になって……圧倒的な孤独を味わうことになるかもしれない」[*39]。実際、オーストラリア総合ウェルビーイング指数では、一人暮らしの男性は、一人暮らしの女性よりも孤独を感じる確率が高いことが明らかにされている。

先日、僕は何人かの友人と一緒に、ブルースの巨人、B・B・キングのコンサートを見ることができた。キングは85歳になるが、いまだに彼のギター「ルシール」を信じられないほど巧みに操っている。コンサートでは、ブルースの演奏と同じくらい、話をしたり冗談を言ったりしている時間が長く、キングの物語は、ほとんどすべてが女性への賛歌であり、その裏には彼自身の孤独が表現されていた。彼は世界的に有名なミュージシャンで、彼を敬愛するミュージシャンや関係者に囲まれている。しかし、独身で85歳というのは、豊かさの中にも寂しさがあるのだろう。

結婚は男性を守る盾になるが、妻と非常に親密な関係を保っていても、男の健康を守るには十分でない場合がある。自殺で亡くなった人の人生と死に関するレポートには、こう記されている。「彼は孤立し、妻が自分抜きで家を出て街に出かけるのを嫌った」。男性は、他の人間関係がすべて薄れていく中で、妻をとても近くに置いていたが、それだけでは救われなかった。

友情は、配偶者のような一人の人間とのつながりと同じか、それ以上に健康に良い影響をもたらすという研究結果がある。例えば、スウェーデンの中年男性を対象とした研究では、一人の人と親密な関係を持つことは、心臓発作や心臓病による死に対する予防効果をあまり認めなかった。しかし、複数の友人関係を持つことには、その効果はあった。この研究では、友人による保護効果は禁煙と同じくらい強力なものだった。最近の記事には、次のように書かれている。「今の時代、少なくとも離婚するまでは、あなたの親友は配偶者であるはずだ。選択結婚が盛んな現代では、もっともな考え方だ。配偶者と友人は異なるニーズを満たすものであり、婚外で親しい友人関係を築けば、家庭でのプレッシャーも軽減されるかもしれない。しかし、僕の知っている既婚男性は、妻の方が、たまたま結婚していない友人たちと楽しみを分かち合っていても、心のつながりを妻に圧倒的に依存しているようだ」[*40]。

なぜ、大人の男は「妻に圧倒的に依存したつながり」を持つのだろうか。一方、女性の場合はそうでないことが多いにもかかわらずだ。この章に記された答えは、甘やかされた対人関係への姿勢がもたらす萎縮効果に関係している。人間関係を保つには努力が必要だ。甘えからであろうが、あるいは次章で論じるように自立性を過剰に求めるからであろうが、この努力を放棄してしまうことは、その結果に苦しむ事態を招くことになる。

第3章 原因 自治の自由を踏みにじるな——独立の危機

米海兵隊の旗であるガズデン旗は黄色で、とぐろを巻いて今にも襲いかかろうとしているガラガラヘビが描かれている。蛇の下には「DONT TREAD ON ME」（旗の「DON'T」にはアポストロフィーがない）、即ち、「自治の自由を踏みにじるな」という文字が印刷されている。この旗はもちろん、1750年代から21世紀までの間、アメリカの独立とアメリカ文化の象徴であるが、9月11日の同時多発テロをきっかけに、また、最近の政治論争の脈絡において人気が復活している。

ガラガラヘビについて考えてみよう。これはもちろん爬虫類の一種であり、身近で親しみのある種類の動物ではない。ガラガラという音は、捕食動物や人を含むその他の生き物を追い払うためのものだ。ちなみに面白いことに、ガラガラという音を出す部分があるのは年を取ったガラガラヘビだけで、時間をかけて発達していくのだそうだ。ガラガラヘビも男性も、年齢とともに撃退機能に関わるプロセスが加速していく。ガラガラという威嚇音に効果がなかった場合、猛毒で咬みついて攻撃する。人間の目が追いつかないほどのスピードで咬みつき、分泌される血毒は、組織や臓器を破壊し、死因となる可能性もある。

僕たちの国に対して、このシンボルを考案したのは誰だろうか。ああ、男性だ。そして、それは、強烈な自立という魅力と、その別の側面であるエスカレートする孤独の両方を物語っている。その魅力は、ガズデン旗のイメージから明らかだ。僕たちは自給自足的な生き物であり、人は自分の選んだように生き、他の人も同様に生きられるようにするべきだという覚悟を持っている。しかし、警告もしている。もし僕たちに干渉してきたら、つまり、僕たちには攻撃する用意があり、冷酷にそれを果たすことができる——つまり、「自治の自由を踏みにじるな」、言い換えるなら「俺の邪魔をするな」ということだ。

このような自給自足と暴力的な防衛が織り交ぜられた考え方は、少数の過激派を含め、アメリカ文化において、さまざまな事例を見ることができる。例えば、極端に小さな連邦政府という文脈における自由という概念を唯一の一貫した原理として共有している、非常に過激な政治集団が驚くほど多数、存在している。ここで、僕が念頭に置いているのは、「ティーパーティー」〔保守派のポピュリスト運動〕のさらに右寄りに位置するグループだ（そう、それはありえるのだ）。ほとんど言うまでもないが、事実上、グループのメンバーの100％が男性だ。

強烈な自立性へのこだわりは、明らかにアメリカ人の特徴の一要素であり、それは建国の文書にも見出すことができる。アメリカ合衆国憲法修正第二条は、少なくとも2008年に連邦最高裁判所が解釈したように、「個人」が武器を持つ権利を肯定している（「統制の行き届いたミリシア〔民兵〕」の権利とは異なるものだ）。しかし、その後に出された判決は、この判決を拡大解釈し、各州が、武器を持つ権利を侵害する法律を制定することを禁じた。2008年の判決では、その権利の中心となる自衛の重要性も強調された。その是非はともかく、この判決は、アメリカの思想の本質的な部分を、「私たち」ではなく「私」の観点から解釈している点に重大な意味がある。憲法修正第二条を自衛ではなく、常備されるミリシアに関するものと解釈することには、専制政治やその他の外的脅威から政治や社会を守るために、僕たちには銃が必要であるという暗黙のメッセージが含まれている。実際、1792年に米国議会は民兵法を承認し、ジョージ・ワシントン大統領が署名をした。この法律では、18歳から45歳までの事実上すべての白人に対して、「良質のマスケット銃または火縄銃、十分な銃剣とベルト、予備の火打石2個、ナップサック、マスケット銃または火縄銃の口径に合ったカートリッジ24個以上を入れる箱付きのポーチ、各カートリッジには適量の火薬と弾丸を装塡」、あるいは「良質のライフル、ナップサック、銃弾を入れるポーチと火薬入れ、ライフルの口径に合った弾丸20個と、4分の1ポンド〔約113グラム〕の火薬を装塡」することを義務付けた。ちなみに、これは連邦政府が市民に何かを買うことを要求した例であるため、複数の意味で今も注目されている。当時は銃だったが、現在は健康保険だ。

民兵法はミリシアに関するもの、つまりミリシアのために定められたものであるため、現在の議論にもさらに深く関わってくる。それは、個人だけでなく、公益を守るための法律だった。僕は法学者ではないが、民兵法が1792年に可決・署名されたのは、憲法修正第二条そのものの成立のわずか1年後であることが重要だと思っている。民兵法を可決・署名した議会やワシントン大統領は、個人の自衛ではなくミリシアの観点から憲法修正第二条を捉えていた可能性はないだろうか。だが、200年以上経った現在、最高裁はそう考えなかった。というより、9人のメンバーのうち5人がそう考えなかった。ミリシアの文脈とは異なる、個人が武器を持つ権利についての多数派の見解に、4人の判事が反対した。もちろん、公益に貢献することと、個人の利益を考えることとの間には必然的な対立があり、この対立は、常にではないとしても米国における保守派とリベラル派の間の、大部分の意見の相違に影響を与えている。このように、2008年の判決が非常に僅差だったことは、驚くことではない。多数派の主張も反対派の主張も、それぞれ非常に説得力があったことも驚きではない。僕は間違いなく、自己利益の放棄を主張する最後の一人になるだろう。限られたものにすぎないかもしれないが、僕自身が20世紀の歴史を解釈してきた上での見解として、そこに災いの種があることがわかる。むしろ僕は、一方では自立性と自己利益という明白で本質的なニーズがあり、他方ではつながりや一体感という同じく明白で本質的なニーズがあり、この両者の間のバランスをとることを主張している。マーティン・ルーサー・キング・ジュニアは、「善良で公正な社会とは……個人主義と集団主義の真理を調和させた社会民主主義である」[*1]と言って、このバランスを提唱した。

僕が主張しているのは、このバランスは、女性よりも男性の問題であることだ。というのも、女性よりも男性の方が、強い自立性の魅力に惹かれるからだ。自立性と自己利益のバランスは、男が道を尋ねるのを嫌がる、あるいは尋ねないという、陳腐ではあるが、かなり正確なイメージで表されるような付随的なプロセスによって、より不安定なものとなっている。ラドヤード・キップリングは、「If（もし）」という詩の中で、「冷静さを失いそうなときにも冷静でいる」ことの重要性を表現している。作家のマイケル・シェイボンは、『アマチュアのための男らしさ(Manhood for Amateurs)』の中で、もっと違った表現をしている。「これは、男であることの本質的な要素だ。それは、自分の周囲にいるすべての人を、自分自身を源とする、最高の光を放つ嘘っぱちの輪で囲い込むこと。漕ぎ出した船が滝の目の前まで来ているのに、すべてをコントロール出来ているかのように振る舞うことだ」*2。

「自分はすべてをコントロールしている」というのは、「俺の邪魔をするな」と同じようなものだ。僕が男性にそうした行動をとらないように勧めていると考える人もいるかもしれない。しかし、ある男性が危険な状況に直面したとき、妻や子どもには自信を見せ、自分の不安や恐怖を隠すというシナリオを考えてみて欲しい。これは誠実さに欠けているのだろうか。それとも、勇気の表れだろうか。ある家族の最愛のペットが亡くなったとき、両親のどちらかが（もちろん、どちらでもいいが）、すべての手配や皆の気持ちのケアをする一方、自分自身のケアをせず、しようとさえ思わなかった場合、それは「セルフコンパッション〔自分への慈しみ〕」（正直、紛らわしい、苛立たしい言い方だが）の欠如なのだろうか。それとも、必要とされた時にそれに応えようとする姿勢なのだろうか。大きく分けて僕は後者だと思う。

「俺の邪魔をするな」と同じように、「全てはコントロールされている」にも使い時がある。試練にさらされているチームにいたことがある人なら、信念が不可欠であることを知っている。

誰かが、「僕たちはできる、万事うまくいく」と言い、信じてそう語る必要があるのだ。

問題は、そのためには精神とエネルギーが必要なのに、残念なことにそれが長続きせず、限りのないものでもないことだ。すべてをコントロールしていた状態から、コントロールできない状態へのアイデンティティの転換は、他の大きなアイデンティティの転換と同様に、男女を問わず、本質的に難しいものだ。自己概念の安定は、予測可能で円滑な対人関係を作るなどの重要な心理的機能を果たしている。そのため、人は自己概念を変更することに抵抗がある。実際、この消極性については、「自己証明理論」という名の文献分野が存在している。後述するように、自己証明欲求は男性に多く見られるが、転職、経済的困難、健康状態の悪化などの変化によって、強い自立性というアイデンティティが損なわれるというジレンマをもたらすものだ。

この一連の研究が主張しているのは、人は自分の自己観が乱されることに対して、何としてでも抵抗するというものだが、特にアメリカにおける自尊心の高い人の通常のケースを考えると、深淵さに欠けているように思われる。もちろん、自尊心の高い人は、自尊心を傷つけられることを良しとせず、それをかわすための努力をする。しかし、自己証明理論の非常に興味深い点は、自己評価が高くても低くても、誰に対しても同じ主張をすることだ。この理論では、自尊心の低い人は、自尊心を低く保つために努力すると予測されている。「新しい神より古い悪魔の方がいい」という諺のようにだ。

これは意外な提言だ。しかし、次のような実験を考えてみて欲しい。数百人の男女の大学生に自尊心に関するアンケートを実施し、アンケート結果をもとに、自尊心の高い数十名と低い数十名を招待し、実験を継続する。一人ずつ心理学実験室にやってきた参加者は、就職活動の面接に関する実験に参加していると思い込まされている。その一環として、「レッツ・メイク・ア・ディール」（「レッツ・メイク・ア・ディール」は1960年代のゲーム番組だ）的な選択を迫られる。三つの閉まったドアがあり、一つを選ぶという課題だ。参加者は、最初のドアの向こうには、明るく肯定的で、褒め言葉をかけてくれる面接官、二つ目のドアの向こうには、公平で公正、見たままを言う面接官。そして、三つ目のドアの向こうには、より否定的な面接官、つまり、自由に批判をする面接官がいると告げられる。ドアの向こうには、実際には面接官はいない。このような研究では、参加者がどのドアを選ぶのか、そして自尊心がその選択にどのような影響を与えるのかに着目している。

自尊心の高い大学生の圧倒的多数は、一つ目のドアの向こうにいる肯定的な面接官を選び、「一体なぜそれ以外を選ぶのか」といわんばかりの態度で即座に選択をする。実際、この種の研究では、自尊心の高い参加者が肯定的な面接官を選ぶ割合は、90％を軽く超えている。ところで、この結果は、参加者自身の「そうでないわけがない」という反応にも表れているように、予想通りであり、直感的であるだけでなく、自己証明理論とも一致している。自尊心の高い参加者は、自分の肯定的な自己評価を裏付けるような経験を選択するのだ。

自己肯定感が低いグループは、実は「そうでないことがある」ことを示した。同じ三つの選択肢を提示した場合、自尊心の低い参加者は、否定的で批判的な面接官がいると思われるドアを選ぶ割合が驚くほど高かったのだ。ここで重要なのは、自尊心の低い大学生が、例えば中立的な面接官を自分の味方につけさせることや、中立性そのものに興味を持った場合、最適な選択は、公平な面接官につながるドアを選ぶことだ。しかし、これらの参加者は、自分のエゴを癒してもらいたいわけでもなく（その場合、肯定的な面接官のドアを選ぶべき）、公平でバランスの取れた意見が欲しいわけでもなく（その場合、公平な面接官のドアを選ぶのが筋）、主として自分の否定的な自己観を肯定してもらうことに関心を置いているようだ。さらに、自尊心の低い参加者は、無感情とは程遠い状態だ。つまり、自尊心が低い彼らは、それに伴う多くの感情、例えば、憂鬱、悲しみ、落胆といった気持ちを抱えている。それゆえ、肯定的な面接官が与えてくれるかもしれない後押しを望んでいる部分もある。それにもかかわらず、否定的な面接官のドアを選ぶということは、気分の良さよりも自己証明欲求が勝っていることを示唆している。この驚くべき事実の数々が、孤独な性にとってどのような意味を持つのかについては、また後ほど紹介する。

この結果は、多くの人にとって驚きだが、数多くの研究結果や参加者自身の話が正しさの裏付けとなっている。批判的な面接官を選んだ自尊心の低い参加者に、その理由を尋ねると、「自分のことをよく理解してくれそうだから」「他の面接官より、もっと仲良くなれそうな気がするから」といった説明が多かった。

これは、僕自身がうつ病患者との心理療法の初期段階で繰り返し聞いてきたことと同じような、痛ましい説明だ。

[患者]私は子どもの頃、悪いことをしました。良い人間だったことは一度もありません。私には良いところがないのです。

[セラピスト]うーん……(怪訝そうな顔)

[患者]それは本当です、本当なんです。

[セラピスト]私にはそうは見えないのですが。

[患者]人は私を良く思っていません。忍耐力がすごく強い人だけが、私を受け入れてくれているんです。これは「本当」なんです。

[セラピスト]やはり私にはそう思えません。

[患者]たぶん、いつかわかるでしょう……あの、私の気分を良くしてくれる必要はないんです。ただ、正直に言って欲しいんです。


この会話には、いくつか注目すべき点がある。一つは、うつ病が心に及ぼす影響が、いかに特徴的であるかということだ。自分自身がその症候群を経験したことのある人、あるいは、そのような人と深く関わったことのある人なら、さほど苦労せずにこのやりとりを理解できるだろう。もう一つ興味深いのは、自己証明理論の主張と特に一致するのだが、患者が僕にも同じように物事を見るよう、強く主張することだ。このニーズは切羽詰まったものだ。三つ目の興味深い点は、僕が相対的に寡黙であることだ。セラピストとして、何を話していいかわからない場面はこれまでにも多々あったが、このときの口数の少なさは計画的なものだった。その意図は、中立性だ。患者が悪い人間だったとか、現在も悪い人間であるとかについて、同意をしたくなかった。しかし、また、治療プロセスの初期段階では、自己証明欲求を阻害することを恐れて、少なくともあまり強くは反対をしたくなかったのだ。患者をかばい、挑発すると、自己証明欲求のフラストレーションが起こり、否定的な自己観を具体化させてしまう可能性がある。

このやり取りで最後に興味深いのは、「たぶん、いつかわかるでしょう」という最後のフレーズだ。このフレーズには隠された攻撃性が含まれているとみる人もいるだろう。精神分析的な考え方を土台にもつ人は、うつ病を根本的に他者への怒りと捉えているので、そう思うかもしれない。フロイトは1917年に、うつ病の人たちに対して、まさにこのように主張している。「彼らが自分自身について語る言葉の根底にあるのは、すべて他の誰かに関係している……それが大きな問題を起こすのだ」[*3]。僕はそうは思わない。この言葉には明らかに共感がないのはもちろんだが（精神分析学の典拠や、著作の中でも、フロイトは統合失調症の人に対する嫌悪感を表している）、うつ病の人が頑固で、自分の欠点を主張して怒りっぽく対立する理由には、別の説明もある。それは自己証明欲求を満たすためだ。後者の説明が精神分析的なものよりも科学的な支持を得ているというのは、控えめな言い方かもしれない。さらに、ここに引用したやりとりをしたうつ病患者は、病気の渦中でも、回復後も（最終的には回復した）、私に対しても他人に対しても、怒りの感情を抱くようなことはなかった。彼の僕に向けた脅しは、決して具体化されることはなかった。何故かといえば、それはそもそも脅しではなかったからだ。

自己証明の視点は、驚くような文脈でも確認されている。例えば、神経性過食症にかかっている人のジレンマについて見てみよう。神経性過食症は、過食や意図的な嘔吐（自己誘発性嘔吐など）のエピソードを特徴とする摂食障害である。また、この症候群には、体型、体重、外見に対する大きな不満が含まれている。この現象は、男性よりも女性に、圧倒的に多く見られるが、それでも、自己証明欲求の潜在的な影響を垣間見ることができる。自己証明の視点から見ると、過食症の人は自己証明欲求を満たすために、自己の肉体についての否定的な見解（どう考えても彼らにとってかなり苦痛だ）が定着し、永久に続くように人との会話を構成するという、興味深い可能性が示唆されている。

実際、この可能性を裏付ける証拠がある。過食症の大学生は、当然ながら、身体的外見に否定的なフィードバックを受けるのは非常に苦痛であると報告している。しかし、フィードバックに対する自分の好みを示す機会が与えられると、体型や体重、外見に対する否定的な評価を強く好んでいることがわかった。ある時点でそうした否定的なフィードバックを好むと意思表示した人ほど、数週間後に過食症状が悪化していた[4]。これは、過食症の人たちが、自己確証（日頃から思っている自己概念を確証、確認してくれるような社会的現実を求めること）という基本的な欲求を満たすため、自分が恐れている反応を自ら求め、症状を悪化させてしまうという、かなり難解な状況を示している。過食症になると、自分自身の身体に対する否定的なフィードバックを求めるようになり、それが過食症の悪化につながり、さらに否定的なフィードバックへの関心が高まるというサイクルが確立される。これは、自己証明の原則を理解していない患者や臨床医にとって、かなり混乱した状況だ。自己の肉体に関する否定的なフィードバックに対する嫌悪感が立証されているなか、まさに同じフィードバックに向けられた嗜好性が併存する状態は、自己証明理論以外の方法で、どう説明したら良いのだろうか。内面の矛盾や葛藤について漠然と言及したとしても、自己証明の概念ほどには言い当てることはできない。

過食症の人と同様、児童精神科の入院患者も同じだ。１９９７年に『異常心理学ジャーナル(Journal of Abnormal Psychology)』誌に掲載された児童精神科に入院している72人の患者に関する研究によると、青少年は、自分に関する否定的なフィードバックに興味を示すほど、より落ち込んでおり、自分をよく知る仲間から嫌われる可能性が高いことがわかった[*5]。１９９５年に同じ雑誌に掲載された、大学生を対象とした論文でも、非常によく似た結果が得られている[*6]。

過食症の人と同様に、児童精神科の入院患者と同様に、そして大学生と同様に……ニワトリも同じだ。そう、ニワトリもだ。マイケル・シェイボンは、前出の著書『アマチュアのための男らしさ』の中で、「放し飼い」のニワトリの行動に関するエピソードを紹介している。ニワトリたちは、数週間は鶏小屋で飼育され、その後は、自由に動き回ることができる。というよりは、「動き回る範囲を自由に決められる」と言った方が正確だろう。なぜなら、彼らは自由に動き回るわけではないからだ。解放されたニワトリたちは、多くは飼育されていた建物の端に行き、しばらく外の空気や草を観察するが、ほとんどすべてが狭い小屋に帰ってくる。

ニワトリがそうした行動をとるのは、おそらく自分たちが生きてきた中で唯一知っている環境の安全、安心、慣れ親しみを好むからだろう。新鮮な空気、緑の草、自由は、ニワトリにとって魅力的なものだと思われるだろうが、同時に鶏小屋の継続性や快適さも魅力的なのだ。自己証明理論によれば、人の自己確証欲求の根底には、同じ動機があるとされている。人は安定した自己概念を（たとえ否定的なものであっても）好むが、それは安定が、世界全体に対する統制や結束、予測可能性の感覚を提供してくれるからだ。僕たちの神経系は、それ自体にとって望ましく、また僕たちにとっても望ましいものと思えるように設計されているようだ。ある人々には、残念ながら、自己評価の低さを感じ続けることが、自分の鶏小屋になる。鶏小屋は、慣れ親しんでいて快適で、魅力的な代替品よりも好まれる。代替品には、まさに継続性や安定性を犠牲にすることが求められるからだ。

自己証明論者は、この安定した連続性の感覚を「認識による安全」と名付けた。これは「慣れ親しんだ知識による安全」と言い換えてもいいかもしれない。これが、ニワトリが鶏小屋から飛んでいかない理由のひとつであり、過食症の人が、自分が魅力的だと思わない情報に興味を持つ理由のひとつだ。もうひとつ、対人関係の調和という理由もある。自己概念の不安定さは、人間関係の不安定さにもつながる。このことを理解するために、ある階層的なグループを想像して欲しい。その中では、個人の役割や地位は明確に定義され、すべての人が理解している。そこに何の前触れもなく、階層の最下位に近かった人が、あたかも階層の最上位にいるかのように振る舞い始めた。その結果、混乱と葛藤が生じ、元の階層の上にいる人々が秩序を回復させようと努力し、最下位の人に階層を越えて「飛び越えられてしまった」人々の心に恨みが生じるかもしれない。ある個人の自己概念に変化が起こると、周囲のソーシャルネットワークに波及効果を引き起こす可能性があるのだ。

自己証明のプロセスは、コンパスが真北を指すようなもので、複雑な社会の中で僕たちの方向性を示してくれる。このようなプロセスは、肯定的な自己概念を持っている人にも否定的な自己概念を持っている人にも、また、驚くような状況や集団の中でも発生する。これらのプロセスの根底には、世界をより調和させ、慣れ親しみやすく、予測しやすくすることで、生きていきやすい状態を維持しようとするという動機がある。

自己証明の考え方は、人の窮状に直接に関係する。僕が主張するように、多くの場合、その人は男性で、「邪魔をするな」と「頼りになる、コントロールできる」個人としてのアイデンティティが、活力の減退、仕事上の地位の変化、経済的困難、健康の衰えなどのプロセスによって、試練に直面する。もし、男性のアイデンティティが、友人や家族との相互関係を築くことを犠牲にして、自立心の高い一家の主としての役割を過度に強調するならば、他者を養う能力を失うことは、役割の喪失そのものと、萎縮した人間関係から来る空虚感という二重の打撃を意味する。

こうした自己証明の原則は、僕が次のような一般論を正しいと思うようになった根拠の一部となっている。それは、定年退職後、女性は「自分がどういう人間か」を語り、男性は「自分がどういう人間『だったか』」を語るというものだ。友情を育み、維持することは、文字通り、未来のセーフティネットへの投資だ。老後の資金を貯めるのと同じように、この投資を定期的に行っている人は、その時は痛みを感じるかもしれないが、注目して欲しいのは、その痛みが短期間で感じられなくなるばかりか、投資の習慣が根づくと、もはや痛みとさえ感じなくなることだ。そしてもちろん、長期的な見返りも相当なものだ。最近の不況とそれによる男性への偏った影響に関する記事で、キャリアセンターのトップの言葉が引用されていた。彼はこう言っていた。「多くの人が、定年まで惰性で働き、良い仕事に就いて良い給料をもらっていました。そして、突然、それがなくなってしまったのです」[*7]。滑り落ちていくのは、金銭面だけでなく、対人面でも同様となる。

金銭的な投資をしない人は、突然、不安定になる可能性がある。友人関係や家族関係を形成し、維持することへの投資も、同じ様に機能する。それには努力が必要であり、その努力は将来的に補償されるものであり、その努力をしないと、荒涼とした人間関係のない未来の舞台が用意されている。その未来を生きる中で、人は当然、自分を振り返り、あの頃の自分はどんな人間だったのかを考える。ノスタルジーは肯定的な機能を果たすが、それだけでは、孤独のもたらす予想外の影響には打ち負かされてしまう。

「コントロールできている」と過剰に思い込むことは、「邪魔をするな」という態度が息苦しいほどの孤立を招くのと同じように、まるで目前にある滝に向かってをヨットで進むような、悲惨な結果を招くこともある。こうした態度において最適な立ち位置を見つけることは誰にとっても難しいが、女性よりも男性にとって、より悩ましい問題だろう。また、この問題は、アメリカ特有のものかもしれない。自分を大きな全体の一部として捉え、個人の自立性や独立性を重要視しないことが規範とされる文化がある。一方、個人主義的な文化圏の人々は、より大きな全体の一部であることを犠牲にして、自制心と独立心を優先させるという、正反対のスタンスをとる。

最近の一連の研究において、研究者は、アメリカ人とアジア人が、顔見知りから小さなプレゼントを贈られたときの反応に着目した[*8]。研究者の言葉を引用すると、「他者との関係で自分を考える傾向があるアジア人は、北米人に比べて、顔見知りの知人と贈り物を交換する際に互恵性規範〔他者の行為に対して同程度のお返しをしようとする感情をもつこと〕が起きやすく、お返しができない場合には、感じる負い目を避けるために贈り物を拒否する」ということだ。対照的に、研究者はこう続けている。「北米人は、他者から独立して自分を考える傾向があり、（そして）お返しの義務を考慮せずに、プレゼントの魅力に基づいてそれを受け入れる傾向がある」。独立と相互依存の軸線は、それぞれの文化圏における社会的な交流分野まで広がり、ちょっとした贈り物への対応など、社会生活の隅々にまで及んでいる。

アメリカ人が世界で最も自立思考の高い人々の一員であると評価されていることは、驚くべきことではないだろう。このテーマに関する最近の研究では、心理学者のチームが、アメリカ人は、「相互依存や集団主義とは対照的に、アジア人はもとより、西ヨーロッパ人と比べても、文化的気質において自立や個人主義の影響力が強い点で、かなりユニークである」と書いている[*9]。この点に関して、他の研究者はアメリカ人を「典型的な種（人間）であるとはまったく言えない」と評している[*10]。同じような結論は、（アメリカの）男性と友情についての記事にも見られる。著者は次のように記している。「許してくれ、みんな。僕らはお粗末だ。僕たちの何気ないやり方は、至って普通のことのように思えるかもしれないが、実は奇妙なのだ。例えば、僕らの祖先のような生活をしている人たちの間では、友情はもっと大切にされている……カメルーンのバングワ族の人々は、伝統的に友情を重要視していて、多くの家庭では、生まれたばかりの子どもには、配偶者とともに親友をつけることになっているのだ」[*11]。

最初は西ヨーロッパの人々によって一部が構成されていたアメリカ人が、なぜ彼らとこれほどまでに異なる存在になってしまったのか。前出の心理学者チームはこう答えている。「18世紀から19世紀にかけてのアメリカ西部のフロンティアは、人口が少なく、全く未開の地であり、その生態系の厳しさは言うまでもない」[*12]。そして、この厳しい自然環境と人口の少なさ、流動性の高さが相まって、自立や自己責任といった価値観が優先されたと論じている。

しかし、では、西部フロンティア時代の価値観が、どのように、そしてなぜ、アメリカの他の地域にまで浸透していったのだろうか。この価値観は、東部の人々がフロンティアのイメージに感銘を受け、また、そこで得た富や、（先住民を犠牲にして）国の範囲を広げた連邦政府の成功に感銘を受けたことで、再び東部へと広がっていった。

このように、アメリカ人の性格にある自立の気質は、最近になって生まれたものではない。しかし、自立しているだけでなく、権利を持っているという自尊心は、もしかしたら最近のものかもしれない。このアメリカ人の現象について、テレビ番組「デイリーショー」の司会者ジョン・スチュワートは、自分の子どもたちとは対照的に、彼自身は「えっ……君はそんなに特別な存在じゃないよ」と言われる時代に育ったと発言している[*13]。スチュワートの見解は、1980年代の大学生と比較して、現在の大学生がナルシシズムの指標で高いスコアを示したという研究結果と一致する[*14]。

最近の記事で、この気がかりな傾向を説明する一つの可能性が示された。著者は、「この半世紀で、新世代のエリートたちは、ますますアッパーミドルクラス・バブル(上流中産階級の環境)の中だけで一生を過ごし、工場で働いたことはおろか、工場の現場すら見たことがなく、スーパーに行って予算に合わせて高いケチャップではなく安いケチャップを買ったこともなく、一日の終わりに足が痛くなるようなつまらない仕事をしたこともなく、大学受験のためのSATの言語理解テストで少なくとも600点以上取れなかった親友がいなかったことは、実証的に示すことができる」と書いていた[*15]。この描写は、自分の息子たち、そして程度の差こそあれ、僕にも違和感なく当てはまるものだ。メキシコで育った妻は、家族の中で唯一、快適なアメリカ郊外の産物ではない。エルビス・コステロの歌に、「アメリカは元々良いイメージだったが、今では失敗だ」という歌詞がある。僕は「良いイメージ」には賛成で、「失敗」という言葉には賛成しないが、「失敗」と主張する理由を理解するのは難しいことではない。

「アッパーミドルクラス・バブル」が他者への共感性の低さと関連するという実証的な証拠がある。一連の研究を記した最近の論文で、研究者はこう書いている。「三つの研究において、下層階級の人は(上層階級の人と比べて)、共感の正確さのテストで高いスコアを得た(研究1)。交流する相手の感情をより正確に判断した(研究2)。そして、目の筋肉の動きの静止画から感情に関する推論をより正確に行った（研究3）」[*16]。この結果は、アメリカ人の意識の変化に関する懸念に科学的な裏付けを与えるものだ。（少なくとも特定の社会層では）共感性がなくなり、自己愛が高まることは、文化的災難のレシピのように思える。

アメリカ人の自尊心の特徴は、人生の比較的早い時期に現れるかもしれない。アメリカでは、幼児の顔にテープなどを、その子が感じないようにこっそり貼っておくと、鏡を見せられた幼児はテープに気づき、手を伸ばしてテープを剝がそうとするだろう。こうしたことは、西洋人以外の子どもたちにはあまりなく、彼らは鏡を見ても、こっそり貼られたものに気づかない傾向がある[*17]。アメリカの幼児は、西洋人以外の幼児に比べて、より自己中心的だ。車の運転をしている時、僕はおそらく平均的な人よりも慎重な性格で、頻繁に首を伸ばしては、車の周囲や後方を確認している。後部座席に座っている息子のひとりは、何年も前から、僕が彼のことをチェックしていると信じていた（思春期に入り、僕がやりすぎだと感じたときだけ、彼ははっきりと怒って文句を言った）。西洋人以外の子どもが同じ結論に達する可能性はずっと低いだろう。このような現象の解釈はいくつか考えられるが、そのひとつは、（他者指向ではなく）自己指向の注意力がアメリカ人の考え方に顕著に表れているということだ。

数学や科学などの能力に関する国際ランキングや、自分の能力に対する自信（実際にもっている能力とは全く異なる場合が多い）にも、同様の全般的な姿勢が見て取れる。つまり、アメリカの子どもたちは、実際の数学と科学の能力では世界の20位以下だが、自信では1位なのだ[*18]。

極端な自己肯定は、他の文化圏よりもアメリカ人に多く見られるが、もちろん、文化の衰退を気にする感情と同じように、他の地域でも見られる。極端な個人主義の一例を挙げると、コリン・ターンブルがその著書『山の民（The Mountain People）』で述べているように、ウガンダ北部の高地に住むイク族は「個人の利益を何よりも重視し、仲間に知られずにできる限りのことをやり遂げることが要求されていると言える」のだそうだ[*19]。アメリカの状況と似ているかもしれないが、イク族の間では、昔から常にそうだったわけではないという証拠がある。つまり、イク族がこうした冷酷な事態となったのは、伝統的な狩猟の場から遠ざけられ、食糧維持、伝統、コミュニティの崩壊という連鎖反応が起きてからのことだった。

「衰退への懸念」の例としては、T・S・エリオットは1948年にイギリスについて、「われわれの時代は衰退の時代であるという確信を持っている。文化水準は50年前より落ちている。そして、この衰退の証は、人間活動のあらゆる分野で目にすることができる」と書いている[*20]。エリオットが書いたのとまったく同じ時代のイギリスについて、トニー・ジャットは第1章でも触れた『ヨーロッパ戦後史（Postwar）』の中でこう記している。「その時代の他の娯楽と同様、映画鑑賞は集団的な楽しみであった……イギリスでは、土曜日の朝の子ども向けのショーで、スクリーンに歌詞が映し出され、観客は、言葉から言葉へと弾む小さな白いボールと一緒にハーモニーを奏でるように歌った」[*21]。両者とも1940年代後半のイギリスについて書いているので、おそらく同じことを指しているのだろう。ここでは衰退が、映画館で歌うことに例えられている。

しかし、少なくとも二つの理由から、僕は衰退しているとは思わない。もちろん当時から現在に至るまでの衰退は、イギリスの状況でも明らかだし、アメリカの状況でも極めて顕著な現実ではある。だが、第一に、当時の映画館での歌唱は、堕落ではない。それはむしろ、一体感だけでなく、高揚感のあるものだ。第二に、イギリスの現代の状況に関する、より純粋に特徴的な最近の衰退を示唆する次のような発言について考えてみよう。著者は「いつからイギリス人は野蛮人になったのか」と問いかけ、自らの問いに部分的に答えを出している。「教育の問題ではない。数十年前の無学な人たちでさえ、今日の比較的高学歴の人たちよりも自然な威厳と優雅さをもって振る舞っていたのだ」*22。

もちろん、このように衰退に対する厭世的で悲観的な考え方は、何世紀にもわたって数多く存在してきた。でも、もしもそれがすべて正しかったとしたら、僕たちは今頃、間違いなくもっと堕落していただろう。このため、この点については、アメリカや他の国の人々の文化の衰退を懸念して、大げさなことを言うべきではない。一方、21世紀のアメリカで、初期のアメリカの観察者として名高いアレクシス・ド・トクヴィル〔フランスの政治思想家〕の著作を読み返した人ならば、僕と同じように、1830年代の団結心とプライドに満ちたアメリカ人の態度が、今日のような猛烈な自己中心主義へと激変していることに驚かされるだろう。

映画館でイギリス人が声を合わせて歌う場面について、僕が最初に考えたのは、この現象はタイプライターと同じように、過ぎ去った時代の消滅した遺物だということだった。しかし、もちろん観客が一緒に歌う形式は今でもある。僕も実際、何回か参加しているが、どれも、どちらかと言えば、たまたま参加したものだった。あるときは、メーデーのパーティーで、労働者の連帯をテーマにした歌だった。もうひとつは、空軍の教会関連のイベントで、主にクリスチャン・ロックの歌が中心だった。どちらの場面でも、歌詞を知らないのは僕だけのようだった。

どちらの体験も、僕の中で相反する感情を生み出していた。僕の選択肢は、黙ってしまうか（失礼にあたる）、一緒に熱唱するか（曲を知らないのでできないが、たとえ知っていたとしても自分を偽っていると感じただろう）、きまり悪そうに半分参加するか（これが僕のやったことだ）のどれかだった。その選択肢に対処する途中で、憧れと羨望が入り混じった気持ちにもなった。僕は、人を勇気づけるために人々が集まるということに感心した。そして、寒さの中で外から火の灯った部屋を見ている人のように、彼らの一体感を羨ましく思ったのだ。

僕たちの文化の一部分では、まだ歌を一緒に歌っている。これは、希望のあることだ。しかし、以前と比べれば、そうすることは少なくなっただろう。これは国境を越えても当てはまることだが、アメリカでは、「邪魔をするな」のさらに極端な形の自立性を求める傾向が強まっていて、帰属意識が低下すると、危険な状態になる可能性がある。そして、これまで見てきたように、社会的孤立の危うさは、人口に均等に分布しているわけではない。むしろ、ある層、つまり男性に集中しており、社会的な絆を失うという点では、特に高齢男性に集中しているのだ。

本章の冒頭で触れた憲法修正第二条の話に戻るが、これはもちろん権利章典の一部に過ぎず、アメリカ合衆国憲法と独立宣言と並ぶ、わが国の建国文書の一部に過ぎないが、それらは「建国文書」というだけでなく、拘束力ももっている。法律という意味でも、僕たちを結びつけるという意味においても、本書にとってより重要な意味を持つものだ。建国の父たちは、つながりと自立のバランスについて、非常に深い理解を持っていたようだ。「自治の自由を踏みにじるな」というフレーズが好きだった同じ人たちの多くが、こんな一節も生み出している。「われら合衆国の国民は、より完全な連邦を形成し、正義を樹立し、国内の平穏を保障し、共同の防衛に備え、一般の福祉を増進し、われらとわれらの子孫のうえに自由のもたらす恵沢を確保する目的をもって、アメリカ合衆国のために、この憲法を制定する」。この一節は、最初の言葉である「われら」から、一体感が漂っている。

一体感。それは、自分のためだけでなく、その瞬間のため、後世のため、過去を称えるためのものでもある。ジャーナリストのトム・ウルフが指摘するように、歴史の流れの中で、「人生は一度きりだ」という感情が生まれたのは最近のことだ*23。それ以前は、自分の生きる人生は、祖先や子孫の人生によって織られた布の上のひと針のように見られていた。歴史家クリストファー・ラッシュは、1979年に出版した『ナルシシズムの時代（The Culture of Narcissism）』の中で、「僕たちは、歴史的な連続性、つまり過去から未来へと続く世代に属しているという感覚を急速に失いつつある」と懸念している*24。この著者にとって20世紀の最後の数十年間は、「後世に対する強い関心が次第に失われていく」ことを目の当たりにした時代だった。もし、これが疑わしいと思うなら、19世紀前半のアメリカを観察したトクヴィルが、僕たちをどう見ていたかを思い出して欲しい。彼はこう書いていた。「もし、アメリカ人が自分のことだけを考えて行動するような運命にあるのなら、自分の存在の半分を奪われることになる。慣れ親しんだ生活に巨大な空白を感じ、その惨めさに耐えられないだろう」[*25]。この言葉は、何かが変わったことを痛感させるものであり、それを疑う余地はないと僕は考えている。

もちろん、アメリカ以外にも、国民が建国の文書に愛着を持ち、その継続的なつながりによって維持されている例はある。この例は、もし、その歴史の長さや、アメリカの建国文書からの離脱の可能性という文脈から判断するならば、より成功している例と言えるだろう。2010年10月4日付の『ニューヨーカー』誌では、ダライ・ラマ法王が、ノーベル賞を受賞したユダヤ人作家エリ・ヴィーゼルと対談した時のことを語っている。ダライ・ラマは、自分の民族が祖国を失ったことに触れ、ヴィーゼルに、あなたの民族は同じ経験をしながら、どうやって何千年もの間、生き延びてきたのかと問いかけた。ヴィーゼルの答えは、本書の冒頭、オークランドの丘陵地帯での大火災の中、人々が物ではなく愛する人の写真を手にして家から逃げ出すシーンと一致している。ヴィーゼルは、「私たちはエルサレムを去るとき、宝石は全部持っていきませんでした。持っていったのは、小さな本だけです。その本が、私たちに生きる道を示してくれました。第二に、私たちは国を追われたからこそ、連帯感を育むことができました……そして三つ目は、幸せな思い出です」。ヴィーゼルの秘訣とは、建国の文書と過去の記憶を軸とした一体感だった。

この同じ教訓は、人生の数十年にわたって活動の枠を広げた人物の、明らかな事例からも得ることができる。その人物とは、マハトマ・ガンジーだ。最近の記事には、ガンジーについて「哲学的には物質的な所有物を否定していたが、ガンジーは書籍や人を集めることに精通し、常にそうした活動を続けていた」と書かれている[*26]。ガンジー自身、「日を追うごとに、単なる装飾品である私の聖人としての地位が、他者に依存していることを実感しています。私は、無数の同僚から借りた栄光で輝いてきたのです」と語っている。この言葉の中にある、成功への努力と他者とのつながりのバランスに注目して欲しい。本書の主張は、基本的にこのバランスを提唱することにある。地位を求める努力には犠牲を伴うという側面だけを語るのは、人間の本質を誤解しており、したがってそこには希望がない。さらに、ダライ・ラマ、ヴィーゼル、ガンジーの例では、彼らの書物とのつながりは深く、日常的なものだ。僕は、男が成功するには彼らのように本を読まなければならない（大学教授は本を読んでいるはずなのに、痛ましいほどそうではない）と言っているのではない。むしろ、社会や文化の原動力となる思想と結びつくことが、持続的な特性を持つことを指摘している。本も、一部の本にはそれが可能だ。しかし、公共の場に身を置くことも、それを可能にする。そして、本と公共の場は、一体となりうるものだ。トニー・ジャットは最近、「言葉（は）、それ自体が公共空間であり、公共空間を適切に保全することこそ、今日の私たちに欠けているものだ」と書いている[*27]。

事実上すべてのことに言えるが、書物やその思想との結びつきは、過激さを伴いがちだ。例えば、聖書の文字通りの読み方は、何世紀にもわたって多くの悪事を正当化するために使われてきた。それらの悪事は、まさに互いに矛盾するものも含まれていた。国の歴史との密接な関連が個人の孤独を解消してくれるように、個人の歴史の記憶、言い換えればノスタルジー（思い出）もまた、個人の孤独を解消してくれる。２００８年の研究では、研究者は、子ども、大学生、工場労働者にアンケートを実施した[*28]。アンケートでは、孤独感、ソーシャルサポート、ノスタルジーのレベルを評価した。三つのグループのそれぞれで、予想通りの結果が浮かび上がった。ソーシャルサポートが少ないと感じている人が、最も孤独を感じていたのだ。しかし、興味深いことに、ノスタルジーがこの関係を弱めているようだ。ノスタルジーは、ソーシャルサポートの低さによる苦痛を取り除いていた。ノスタルジーを感じている参加者は、自分にソーシャルサポートが欠けていると感じていても、強い孤独を感じているとは報告しなかった。幸せな思い出は、ある意味、この参加者たちの友人でもあったのだ。

優れた実験心理学者がそうであるように、この研究者たちは、相関関係のパターンが自分たちの予想と一致していることを示すだけでは満足しなかった。彼らはさらに踏み込んで、ノスタルジーを実験的に操作することで、予測される効果が得られることを示そうと考えた。そのために、一方の参加者にはノスタルジーに関する課題を、もう一方の参加者にはノスタルジーを伴わない課題に取り組むよう、ランダムに割り当てた。ここでも、ノスタルジーが慰め役になることが示された。ノスタルジーに浸るように実験者から指示された参加者も、孤独感の低減を経験したのだ。

なぜ、ノスタルジーがこのようなメリットをもたらすのだろうか。この研究についてインタビューをした研究者は、ノスタルジーがアイデンティティの連続性を生み出すことを、示唆した[*29]。この考え方は、先ほどの「自己証明の必要性」の話に通じるものがある。「ノスタルジーはバックミラーを見るようなものです」と彼女は言った。「自分は以前のような価値観や優先順位を今も持っているのかどうかと。ノスタルジーは常に変化する時代に生きる私たちに安定を与えてくれるのです」。トニー・ジャットは、前述の回想録『記憶の山荘』の中で、幼少期のロンドンを懐かしみながらこう書いている。「ロンドンは……私の街だった。今は、もうちがう。しかし、ノスタルジーは十分に第二の故郷となる」[*30]。

自分の思い出の場所や公共の場に積極的に参加すること、そしてそれがもたらす一体感は、孤独感を減らし、それによって自殺などの孤独による影響を目に見えて減少させるはずだ。僕たちはどういう時に公共の場で互いに最も深く関わることができるのだろうか。一つの答えは戦争が起きている時で、実際、戦争は自殺率を抑制する。もう一つは、大統領選挙の時期だ。それは、一体感や揉め事の多くなる冬休み期間（一般には知られていないが、この時期の自殺率も高い）と同じで、怒りや対立があっても僕たちをひとつにし、実際、大統領選の時期には自殺率は下がる。アメリカはジョン・F・ケネディ大統領の暗殺を深く悼んだが、団結していた。そして、9・11同時多発テロの後と同じように、自殺率は低かった。2001年9月9日、僕たちは約85人の仲間のアメリカ人を自殺で亡くした。2001年9月10日、その数は同じだった。しかし、2001年9月11日、ニューヨーク、ワシントン、ペンシルベニアで3000人近くが亡くなったにもかかわらず、アメリカでは自殺による死者がはるかに少なかったのだ。

悲劇に見舞われた時、僕たちが力を合わせれば、自殺率は下がる……そして、喜びの時も同じだ。1980年2月22日は、二つの意味でユニークな日だ。まず、この日は「氷上の奇跡」

の日だった。僕がこれまでに聞いたことのある奇跡の中でも、本当に奇跡と言えるものだ。なぜかというと、その奇跡が起きる場面を僕がテレビで見ていたからではない。その奇跡とは、冬季オリンピックでアメリカのホッケーチームがソ連の史上最強チームに勝つという、控えめに言ってもあり得ない結果のことだ。当時はまだ、テヘランにアメリカ人の人質がおり、ソ連がアフガニスタンに侵攻していたこともあり、この結果は、スポーツの枠を超えて反響を呼び、それはアメリカの人々に影響を与えた。ケネディ大統領の死や9・11を知ったとき、どこにいたかというのと同じように、この出来事については、僕も「フラッシュバルブ」的な、詳細な記憶を持っている。1980年2月22日について、もう一つ、特筆すべきことは、自殺による死者が60人以下だったという、米国史上、唯一の2月22日であったことだ。喜び、悲しみ、その両方が人を結びつけ、その機能として人を支え、人の不幸を減らし、自殺という悲しむべき悲劇を防いだのだ。

「われら合衆国の国民」という一体感は、「自治の自由を踏みにじるな」とはまた違った意味で、孤独に立ち向かうために有効な感情であり、特に男性にとっては、有益な言葉だ。僕たちの社会が、こうした情緒を失いつつあると懸念する人もいるが、これは、単に政治的な分断によるものだけではない。最近の子どもたちは、憲法を引用することは言うに及ばず、その文章を見て憲法だとわかるのだろうか。このことは僕を悩ませ、その悩みを後押ししたのは、ニュース記者が語った、ある空軍大将の反応だった*31。その記者は、米軍におけるキリスト教の影響について取材しており、軍内のあるグループでは、キリスト教徒でない者、あるいはキリスト教徒とは言えない者が差別されていることを発見していた。記者は、これは憲法修正第一条の国教の制定と自由な行為に関する条項（もちろん、政府は「国教の樹立、または宗教の自由な行使を禁止すること」を禁止している）に反しているのではないか、と軍幹部に対して声を荒げた。その軍幹部は、その条項を知らず、質問に戸惑った様子で、側近と短い相談をした後、自分と側近たちは、それらの「憲法上のこと」に過度に焦点を当てることはないと答えた。さらに質問について追及された将軍と側近は、その質問を受け流すことにした。

僕はこの話をオフィスから夕食のために帰宅する途中、車のラジオで聞いた。ラッシュの『ナルシシズムの時代』の次の一節が思い浮かんだ。「人々はますます、自分たちは言葉を流暢かつ正確に使うことができない、自国の歴史の基本的な事実を思い出すことができない、論理的な推論ができない、最も初歩的な文章しか理解できない、憲法上の権利さえ把握できない、と感じるようになっている」*32。そして、ラッシュがこれを書いたのは約30年前のことで、それ以来、状況は改善されていない。僕は、すっかり気分が落ち込んで、夕食の席で二人の息子に、建国文書とその内容について質問した。もう何年も話題にしていなかった話だった。二人ともそれなりに成績が良く、標準テストでも良い結果を出しているが、軍幹部の返事から考えて、さらに心配の種が増えるのではないかと僕は思っていた。それは勘違いだった。彼らは、独立宣言、憲法、権利章典という三つの主要な建国文書をすらすらと簡単に唱え、さらに、それぞれからの文言の一部を一語一句、引用した。彼らの言い方では、彼らは僕を「やっつけた」、つまり、僕のクイズゲームに勝ったということになる。僕はそれに同意したが、もちろんやっつけられたとはまったく思っていなかった。

息子たちが建国文書を言えたのは希望のもてる話だが、軍幹部の発言は、僕の楽観性を幾分、引き戻すものだった……若い頃に「われら合衆国の国民」に関するクイズで私を「やっつけた」僕の息子たちも、年をとったら「われら合衆国の国民」のことを忘れてしまう可能性がある。そして、「俺の邪魔をするな」といった、過度な自己満足に陥るかもしれない。だが、建国の父たちのように、この二つのプロセスのバランスを取ることも可能かもしれない。本書のポイントは、このバランスを取るための方法を提案することだ。しかし、このバランスが崩れると、中年以降になって、「頂上の孤独」特有の困難に直面することになるのだ。

「男の自尊心の基本的な原則の一つは、男の生活道具や付属品は、ジャケットやパンツのポケットの中に収まるものでなければならないことだ」[*33]。こうした自己完結した、無骨な個人主義に魅力があるのは間違いない。ちょっとした自制心を発揮するだけの、比較的、何気ない経験にも、人はやりがいを感じることができる。心理学者のダニエル・ギルバートは、2006年に出版した著書『明日の幸せを科学する（Stumbling on Happiness）』〔邦訳早川書房〕の中で、次のように書いている。「人は、コントロールを行使することに喜びを感じる……効果的であること、つまり物事を変えること、影響を与えること、物事を実現することは、人間の脳が本来持っている基本的な欲求の一つであり、幼児期以降の僕たちの行動の多くは、この支配欲の表現に過ぎない」[*34]。

この原則を示す有名な研究がある[*35]。この研究では、老人ホームの入居者に観葉植物を与え、半数には植物の世話はあなたの責任ですと伝え、半数にはその植物の世話はスタッフがやってくれると伝えた。二つのグループの違いは、一つのグループが植物の日常的な手入れをコントロールするかどうかだけだ。この差は、一見すると些細なことだが、死亡率という些細ではないことに関連している。植物を部屋に置いてから半年後、自分で植物を世話した人の15%が亡くなっていたのに対し、スタッフが世話をした人の30%が亡くなっていた。こうした発見には、「男の孤独は鉢植えの観葉植物を買うことでなくなる」といった皮肉な見出しがつけられた[*36]。冗談はさておき、前述の研究は、この場合、鉢植えの観葉植物の世話をするという単純な行為が、生死を分けるほどの違いをもたらすことを示したものだ。

ある地方の老人ホームに関する最近の記事は、この視点を裏づけている[*37]。ホームでは、秋から冬にかけての間に、業者や造園業者に頼んで太陽の方向に面したパティオを作り、近くの土地を耕し、入居者が花や野菜を栽培できるようにした。記事では、二人の住人の言葉を引用している。一人は、「ここで座ってかぎ針編みをしたり、日差しや風を楽しむのが好きです」と語った。もう一人は、「新鮮な空気や美しい花を楽しむこともできるけれど、一番好きなのは新鮮な野菜を食べることです」と言った。二人のうちの若い方は、記事によると「若々しい90歳」だったということだ。

しかし、少なくとも自給自足にある種の闇の側面があることは、議論の余地はなく、アメリカ経済に関する次の言葉に見ることができる。「原油安経済によって、私たちは地球上で初めて、お互いを必要としない人間になってしまった。私たちが買うものはすべて、どこか遠くの知らない場所から来たものだ。家族や隣人と食事を共にする機会は、50年前よりはるかに少なくなり、親しい友人も、平均してはるかに少なくなった。アメリカ経済の基本的な前提である、他人から遠く離れた場所に大きな家を建てるという目標は、生態学的にも心理学的にも誤りであったことが判明した」[*38]。1966年、シカゴ大学での講演で、当時、副大統領だったヒューバート・ハンフリーは、違う見解を示している。副大統領は、「すべてのアメリカ人の中には、昔のダニエル・ブーン〔アメリカ西部の初期の開拓者〕的なところがあると思う。彼は、他の煙突から煙が見えると、きゅうくつに感じ、さらに荒野へと引っ越していった」。アメリカ人の性格が、独立心が強く、自信に溢れたものであることに異論はないが、大切なのは、それを否定することではなく、むしろそれが裏目に出ている可能性を指摘することにある。

僕たちの人間関係が、本質的に、そして大きく変化していると心配する理由は確かにある。例えば、人々は以前よりも結婚を遅らせる傾向にあり、その関連で、人類史上最も多く単身世帯で生活している。子どもが両親や祖父母と一つ屋根の下で暮らす「多世代生活」は、失われつつある。実際、僕自身、近所や息子たちの友人、自分の友人や同僚にそうした例は思い当たらない。ゲーテは、歴史に頼り、歴史から学ぶことができないのは、「その日暮らし」だと言っている。多世代生活は、世代を超えて複数の家族と直接つながり、それによって人々を過去と後世の両方に結びつけてくれるものであり、日々の歴史の主要な情報源だった[*39]。孫と一緒に住んでいる（あるいは孫とつながっている）50歳の男性は、その事実だけで孤立から抜け出すことができる。ジレンマは、その事実だけが、事実上、もう起こることはないということだ。

最近の記事では、後期ベビーブーマー（この記事では1957年から1964年生まれと定義している）は、彼らの子どもたちが想像するような、真面目で安定した職業に就いているどころか、平均11の職業を経験していることが示されている[*40]。この平均値は今後も下がることはなく、将来の世代では上昇する可能性も十分にある。新しい仕事は、自分の態度次第で、友人を失う代わりに友人を得ることにつながるということを認識するべきだ。前の職場の友人を大切にし、新しい職場では新しい友人を作るようにすれば、実際、友人は増える。しかし、僕の印象では、このような態度は稀であり、仮にあったとしても、男性よりも女性の方がその傾向が強いように思われる。特に男性は、前の職場の多くの側面（社会的な環境も含めて）を忘れてしまうことが多く、どの職場の人間関係も、表面的で一時的なものになってしまいがちだ。

このような推測と一致するように、ここ20年ほどの間に、親友がいないと答えた人の数は3倍に増え、親友のネットワークの平均人数は約3人から約2人に減少した[*41]。この同じ調査では、減少の大部分は男性に特定されており、特に男性の家族以外の人間関係の縮小に関連していることが示された。言い方を変えれば、友人がいなくなったということだ。注目すべきなのは、同時期にソーシャルメディアが爆発的に普及したことだが、この事実は、孤独の問題を完全に解決するものではない（この点については、後の章で説明する）。

思春期を迎えた僕の長男には、すでに「俺の邪魔をするな」という気持ちが芽生えているのがわかる。彼のフェイスブックのページには、両親や兄弟などを書き込む欄に、代わりに友人の名前が書かれている。それは、彼が僕たちから、永久にとか、悲惨なやり方とかではなく、自立を目指す普通の方法で離れていこうとしていることを、暗黙に、あるいは明確に示したものだ。僕の主張は、少年や男性のこうした努力は、少女や女性のそれとは異なる性質を帯びているということだ。彼のフェイスブックのページで初めてこのことに気づいたとき、僕はクスクスと笑ってしまった。もしも僕が彼の年齢の時にフェイスブックがあったら、僕は間違いなく同じようなことをしていただろう。また、息子に親しい友だちがいるのは嬉しいことだ（僕は、当然、これらすべてのことを、あれこれ調べた。これは息子たちが「ぞっとする」とか「ストーキング」と呼んでいる行為だ）。僕の第二の行動は、妻が見る前にそのページを閉じたことだ。彼女の反応は、ちがうはずだからだ。僕たちのことをページから外していることを、彼女は侮辱と受け止め、歯ぎしりすることになるだろう。しかし、それは少年が男になる過程における正常な行動範囲内のことであり、その過程には必ず、「置き去り」が伴う。何かを探究するには、当然、何かを置き去る必要がある。女の子も自分の空間やプライバシーを必要とするが、それを実現するために、「置き去る」戦略をとることは、男の子よりも少ない。

長男の自己の空間とプライバシーへのニーズが急増し、成績や宿題など、自分のことは自分でやりたいという思いが強くなってきた。彼は元気にしている（僕や妻はとても嬉しく、安心している）が、僕たちとは少し距離を置くようになった（僕たちには残念だが）。彼は孤独なのだろうか。フェイスブックの友だちの数が示すように、少なくともそうではない（その友だちの一人が僕なのだが、それは何度も頼み込み、彼を励ました末に、「友だち」になることを承諾してくれたものだ）。彼には学校やサッカーの友だちがたくさんいるが、ここでもまた、当然ながら、彼らはあたりまえに作り出せる友だちだ。彼は視野がだんだん狭まっていく段階にある。友だちなんて何もしなくても永久にいるものだと、そう彼は思っているのだ。

3歳年下の弟とは、まったく対照的だ。つい先日も、この本を書いている最中に、彼は僕の隣に座り、身体を寄せてきて、何をしているのかと聞いてきた。僕が本の執筆に取り組んでいることを話すと、彼はそれが何についてなのか知りたがった（僕をほろりとさせるような純粋な興味からだ）。3年前、僕は二人の男の子と、こんなやりとりを頻繁にしていた。今は、二人のうちのほとんど片方としかしていない。年上の子は、「邪魔をされたくない」からだ。そして3年後には、1700年代に彼らの祖先がそうであったように、二人の息子たちは、どちらもガラガラヘビに共感し、僕たち夫婦は心を傷めるようになるだろう。でもそれは、ちょっと心を痛める程度のものだ。何故なら、これは自然かつ必然的な成長過程であり、さらに、年長の息子を持つ親からは、20歳前後には、ある程度「戻ってくる」という話も聞いているからだ。

これが思春期の正常な発達段階であることは、重要なポイントだ。僕は、女の子が激動の10代を経験しないと言っているわけではない。娘をもつ友人の話から、彼女たちも経験することが保証されている。むしろ僕の主張は、思春期は、女の子よりも男の子を「甘え」と「邪魔をするな」の両方のプロセスの軌道に向かわせ、固定化させてしまうということだ。

「自治の自由を踏みにじるな」「俺の邪魔をするな」という考え方は、自立と自給自足の姿勢だ。しかし、実社会では、相互依存がいかに重要であるか、避けられない挫折の衝撃を和らげてくれる友人がいかに必要かを学ぶようになり、そうした考え方を持ち続けるのは難しくなる。「甘やかされる」プロセスは、実社会の実質的な困難を免除し、その体験をさせずに、若い男の子が歩み始める「俺の邪魔をするな」という軌道の土台を作ることになる。

健全な相互依存がない状態での強引な自給自足は、しばらくの間は有効だ。若者のエネルギーと活力は、それを維持し、さらにそれを強靭で断固とした実践準備が整っている精神状態に増幅させることができる。しかし、辛い人生経験は遅かれ早かれやってくる。若い頃に失敗したり失望したりするという形でなくても、体力が衰え、健康が損なわれる（抜け毛などは言うまでもない）という後からやってくる苦難は避けられないものだ。その傾向は、人々のありのままの自分に対する満足度において明らかだ。僕の同僚と僕が最近、そうであるように、また第1章で述べたように、女性の自分の身体への強い関心と不満が、40代になると（20代や30代に比べて）薄れ始めるなか（子どもや仕事など対人関係の増加によって）、男性の自分の身体への関心は、20代や30代で高い満足度を示し、40代以降で不快感と不満が増加するという、全く逆の傾向が見られる。エスター・シーラー・ブッフホルツは、著書『孤独の呼び声（The Call of Solitude）』の中で次のように書いている。「自分の人生からすべての人間を追い出すことで、自分自身を強固にする男性は、感情面への負荷が過剰となり、不幸に直面したときには、完全に引きこもり、無力になってしまう」[*43]。これは、僕が知っている、あるいは僕が鑑定人を務めた事件で自ら命を絶った男性たちを適切に表現している。

僕は、「自分自身を強固にする」という言葉の選び方が面白いと思った。というのも、僕の友人に「強固」という言葉が大好きな男がいて、「男らしくしろ」とか「弱音を吐くな」という意味で使っている。彼がこの言葉を間違って使うことは、ほとんどないそうだ。つまり、彼がこの言葉を口にするときは、ほとんどの場合、誰かが本当に「強固になる」必要がある場合だということだ。しかし、「ガラガラヘビについて考えてみよう」で主張したように、強固にするというプロセスには行き過ぎがある。固くなりすぎたものは脆くなるのだ。

北朝鮮は、早急かつ行きすぎの自給自足に焦点を定めたことが一時的に功を奏し、その後ひどい失敗をした。つまり、早くからの行き過ぎた強固化が、破滅的な脆さに至るというこのプロセスの、まさに見本だ。チュチェ（自立）〔主体思想〕のマントラは、エネルギッシュで楽観的な若者には多少なりとも効果があったが、その後は、今日の北朝鮮のようなグロテスクな光景を生み出してしまった。「自立」政策を続けることは、茶番であるばかりか（もちろん、この国は自立とはほど遠い）、残虐な行為であり、数十万人の北朝鮮人の命を奪った。行きすぎた不適切な自立は、命を奪うことになるのだ。

「俺の邪魔をするな」という考え方には、少なくとも潜在的には、「俺に触れるな」という意味が含まれている。エドワード・ホールは、1966年に出版した名著『隠れた次元（The Hidden Dimention）』〔邦訳みすず書房〕の中で、「接触文化」（ラテン、アジア、アラブ）の人々は、「非接触文化」（北欧、北米）の人々よりも肉体的な親密さを好むと主張しており、この主張は、実験で裏付けられている。例えば、ある研究によると、メキシコ系アメリカ人の小学2年生たちは、同じイギリス系アメリカ人の生徒よりも、お互いに近くに座り、実際の触れ合いが多かったという。この発見は、僕自身の家族の中でも間違いなく再現される。100%アメリカ人（僕は、触れ合いの欲求が圧倒的に低く、相手との距離に対する欲求が最も高く、50%アメリカ人と50%メキシコ人（僕の息子たち）は中間的な位置にいる（ふたりは同じ位置にはないが、実際、僕たちから見て「最もメキシコ人らしい」方が、触れ合いの必要性は高くなっている）。そして、100%メキシコ人（僕の妻）は、触れ合いの欲求が圧倒的に高く、隔たりの空間に対する欲求が最も低い。ここでもまた、独立と相互依存のマインドセットに関する研究者の言葉を借りれば、アメリカ人は、「（人間という）種の代表性が極めて低い」のだ[*44]。

高校卒業25周年の同窓会で、何年も会っていなかった友人とハグをしようとした時、彼が本能的にひるんだのは（個人的な理由ではないと思うが）、まぎれもない事実だった。そして僕は同じようなことを何度も経験しているので、彼を責める気にはならなかった。ノラ・ヴィンセントの著書『セルフメイド・マン（Self-Made Man）』（女性が男装して男社会に潜入した時のことを記したノンフィクション）に、ある修道院の修道士たちの社会的環境について述べた箇所がある。この議論のテーマは、彼らは、お互いにある種の親密さを経験するが、それは限定的なものであり、時には空虚なものであるということだ。その中で、ある僧侶が愛情を込めて他の僧侶の肩に手を置いた時の言葉を引用している。「こんなに素早く、猛烈な勢いで身体を引いた人を見たことがない」[*45]。

しかし、自分や大切な人が物理的に脅かされていると感じた時は、人と接触することに対する嫌悪感をすぐに捨てることは可能で、実際に接触も発生し、それは暴力的な接触である。作家のスコット・スペンサーは、最近、こう発言している。「『暴力』を忌み嫌う私たちでさえも、男はどこか暴力的であるというのは、文句のない事実だ。私たちは、愛する人のためなら死んでもいい、殺してもいいと思っている。たとえ知的なタイプでも、体型が崩れていても、片目が見えなくても、僕たち男性の多くは、自分の大胆さと攻撃性が、率直に言ってほとんどの女性を怖がらせるレベルであることを自覚している」[*46]。僕は、これは本当だと思う。そして、その根底にあるのは、「自治の自由を踏みにじるな」という言葉に、「僕を踏みにじるなら、それなりの報復をする。そして僕が失敗したら、失敗した自分を憎む」という感情を追加したものだ。スコット・スペンサーはラジオのインタビューで、父親から「女性は男性よりも深く眠れる」と聞かされていたと語った。それは男性が、自分だけでなく愛する人のために、暴力や侵入に対して力で対応できるように警戒していなければならないからだという(睡眠については後述する)。このような心理状態は、他の考え方に注意を向けず、「俺の邪魔をするな」という考え方を固定化し、他者と持続的につながろうとする努力を妨げるものだ。

ここでの話題は、大きく言って他人を守ることについてだが、男としての地位そのものを守ることも含まれているかもしれない。男らしさは、女らしさ以上に、成熟によって与えられるのではなく、むしろ獲得するものだと人々は考えている。この主張には、実証に基づいた裏付けがあり、この点についてはまた後で説明する。ここ数年、多くの人々が自分の退職金口座などを見て学んでいるように、獲得したものは失うこともあり、「男としての地位」も例外ではない。この点について心理学者のロイ・バウマイスターは、最近、次のように書いている。「男らしさを主張することに成功した後でも、男らしさを失うことがある。それは、男がほぼ永続的に、その脅威に気をつけていなければならないことを意味する……男らしさが問われる状況は、いつ起こるかわからない。油断は禁物なのだ」*47。

一見、説明のつかないようなことも、男性が地位を重視するという傾向から見れば、それほど不可解ではなくなる。この視点から、決闘について考えてみよう。決闘というものが、実際にあっただけでなく、何世紀にもわたって続けられ、決闘の傷跡が大きな誇りとなったというのは、不合理なことのように思える。この一見、奇妙なことも、そのすべては「本物の男」としての地位に関するものであり、その地位が不安定で、用心深く守られなければならないものであることに気づけば、見方が変わってくる。これに関係して興味深いのは、数学者エバリスト・ガロアの話だ。彼は決闘で死んだだけでなく、また、数学の一分野を開拓しただけでなく、この二つを21歳までにやってのけた。なぜ、何年もかけて、しかも思春期に、革命的なものを生み出すために数学に没頭したのに、若くして決闘で死んでしまうのだろうか。いろいろな答えが考えられるが、どちらの質問に対しても簡潔な答えとなるのが、「名声」だ。もちろん、革命的な数学や決闘といった活動をするのは、どちらも圧倒的に男性が多く、男女比はおそらく10対1の割合だろう。

ガロアは不運だった（数学ではなく、決闘においてだ）。決闘をする人間は、殺されたり、傷つけられたりすることなど、考えていなかった（もちろん、殺された人もいるが）。むしろ、彼らは、自分が殺されたり傷つけられたりすることを覚悟していると公言することで、自分たちが立派な人間であることを真剣にアピールするつもりだったのだ。それゆえ、傷は敗北ではなく、むしろ、その意思を示すものであるため、傷の持ち主の地位を高めることになった。

オスの決闘は、自然界のいたるところで起きている。オスのヘラジカは巨大な生き物で、恐ろしい蹄と角を持っている。このような2頭の動物が全力で戦うと、最悪の場合、1頭のヘラジカが死に、もう1頭は瀕死の重傷を負うといった、非常に悲惨な状態になる。彼らは決闘をする人間と同じように、より殺傷能力の低い方法を選ぶ。殺す代わりに相手をねじ伏せようと、互いに角を突き合わせ、押し合う。この押し合いでは、死んだり、傷つけられたりすることなく、そして大きなエネルギーを消費することもなく、勝敗が決まる。ハーヴェイ・クレッククレー〔米国の精神科医〕は、その著書『正気の仮面（The Mask of Sanity）』の中で、彼が遭遇した精神病患者の話として、こうした種類の興味深い話を提供している。「彼は警察に勾留された時、多少の抵抗はしたが、それよりもはるかにわめき叫んでいた。抵抗といっても、そのほとんどは、拘束されて戦えない状態でのドラマチックな攻撃的ジェスチャーで、自分の身体能力の高さと凶暴な気性を誇示しているに過ぎなかった。このエピソードでの彼の態度は、少年同士の喧嘩で、仲裁者に取り押さえられた少年が、実際に戦う可能性が低くなるにつれて、ますます過激にわめきちらすという、よくある構図を示している」[*48]。

重要なのは、「俺の邪魔をするな」という感情の中に、「俺と関わるな」という暗黙の感情が含まれている場合があることだ。人と関わりたいと思っても、それを遠ざけるようなシグナルを発してしまうのが、男性が抱える問題の決定的な要因だと思う。そのような例の中でも特に悲しいのは、ゴールデンゲート・ブリッジから飛び降りた二人の男性の話だ。そのうちの一人は亡くなったが、メモを残していた。「僕は橋まで歩いていく。途中で一人でも微笑んでくれる人がいれば、飛び降りないつもりだ」。この男性は人とのつながりを心から願っていたが、実際にそれを自分から求めたかどうかは疑問だ。もし、彼が橋に向かって歩いているとき、僕が臨床現場で見てきた多くの深刻な自殺志願者と同じだったとしたら、彼の表情やボディランゲージは、微笑みはもちろん、何らかの交流を誘うようなものではなかっただろう。2006年のドキュメンタリー映画『ブリッジ(The Bridge)』では、ゴールデンゲート・ブリッジから何人もの死者が出る様子がフィルムに収められているので、自分の目で確かめてみて欲しい。死を目前にした人たちのボディランゲージは、気遣いや交流を求めるものではなかった。

橋から飛び降りて生き延びた(約3%の割合だ)別の男性は、泣きながら橋の上を歩いていた。自転車に乗った警察官が通り過ぎたが、立ち止まって彼の様子を確認することはなかった。男性は、誰かが少しでも気遣う仕草を見せてくれれば、飛び降りるのをやめようと思ったと回想している。その時、一人の女性が声をかけてくれたことで、彼は一瞬、ほっとして、生きる決意をした。その女性が、彼の涙を無視してカメラを差し出し、自分の写真を撮ってくれと言った後、冷たく立ち去ったとき、彼は欄干に向かって走り、自分の死を信じて飛び降りた。

この二人の男性は、つながりや思いやりを求めることと、それを追い払おうとする行動を同時にしていた。否定的なものであっても、肯定的なものであっても、すべての感情や行為には、重要な意味がある。「自治の自由を踏みにじるな」という言葉には、それなりの魅力があるが、タイミングを間違えたり、度が過ぎたりすると、致命的な結果を招くことが実証されている。

「自治の自由を踏みにじるな」という旗を作った人々は、「代表なくして課税なし」という別のモットーも好んで使っていた。特に、甘やかされ、厳しい試練から免れてきた人間が踏みにじられないようにするには、どうすればいいのだろうか。それはお金と地位に走ることだ。つまり、「代表なくして課税なし」は、このお金と地位の話だ。

20代後半から30代にかけて、男たちはお金や地位を重視し、仕事やキャリアというレンズを通してそれを見る。確かに女性も同じことをするが、平均すると男性の方がその傾向が高い。例えば、最近の研究では、週に48時間以上働く人の8割が男性であることがわかった。別の調査では、職場にいる時間の男女差は、年間で400時間と推定されている*1。この考え方は、男性がより働き者であるとか、全体としてより多く働いているということではない（すべての職種を合わせれば、そうではないかもしれないが）。むしろ問題は、男たちが地位とお金に執拗にこだわるということだ。この狂信的な態度は、詩人のジョージ・サンタヤーナの「狂信者は目標を見失ったが、努力を倍加させた」という格言を思い起こさせる。

30代前半だった頃の僕は、同じ年のうちにフルマラソンに2回出場し、自分の専門分野で最も著名な雑誌に全号にわたって学術論文を掲載した（学術論文の方の偉業は、僕の知る限り、後にも先にも誰も達成したことがないものだ）。その同じ時期に、妻は長男を妊娠し、そして出産した。僕には一体、何が起きていたのだろう。

精神分析に基づく説明としては、こんな感じだろう。「マラソンには走ることがつきものです。この事実と、学術研究へのあれほどの熱狂（ある種のランニング）を重ね合わせると、問題の人物は、恐れを抱き、結婚生活や父親業へのさらなるコミットメントから逃げていたことになります」。これまで見てきたように、そしてこれからも見ることになるが、精神分析的な説明は、実に安易な場合がある。僕の考えでは、僕は何からも逃げたことはないし、結婚生活や父親業からも逃げたことは一切ない。それよりも、息子の誕生を間近に控えて、自分の野心が爆発してしまったというのが、もっともな説明だ。僕はおそらく、当時とその先の将来に成長していく家族の安心と安全を守るために、以前にも増して業績にこだわり、言わば熱心に男の巣作りをしていたのだ。

この時期は、実のところ、僕の人生で最も友人が少ない時期だった。もちろんお金やステータスの面も含め、成し遂げることに集中するあまり、友人関係をおろそかにしてしまった。僕がここで主張しているのは、この話が30代の多くの男性に一般化できるものであり、この孤立化のプロセスが40代以降も続けば、その結果、孤独（もし成功を遂げれば、「頂上の孤独」を感じる経験ともなる）と、それに伴う悲哀が生じるかもしれないということだ。

地位といった要素を重視する傾向は、僕たちの進化の過程に根ざしている可能性が非常に高い。以前は、生殖が成功する確率に関して、男女間で強い非対称性があった。ほとんどの女性が子孫を残したのに対し、子孫を残せる男性はごく一部だった。これは単なる憶測ではない。DNAの研究により、現在、地球に住んでいるすべての人の祖先のうち、少なくとも3分の2は女性であることが判明している。一人の男性が多くの女性との間に沢山の子どもを作ることができることに考えが及ぶまでは、この事実は不可解に思えるかもしれないが、祖先の時代でも普通のことだっただろうし、現代の自然界もそうであることに間違いはないだろう。種によっては、女性の割合が10分の9に偏ることもある。これは、いくつかの単純な事実が重なることで起きる。（1）妊娠、出産、産後間もない時期、女性が産める子どもの数が生物学的に制限される。（2）男性には同じ生物学的制限が適用されない。（3）女性の生殖回数が本質的に限られているため、相対的に希少なものと同じように、特に貴重なものとなる。（4）貴重で希少な資源には競争が促される。（5）希少資源をめぐる幅広い競争は、一握りの勝者と多くの敗者を生む――第1章で言及した「椅子取りゲーム」のシナリオである。僕たちの進化の過程においては、一部の男性がすべての父親を務め、ほとんどの男性は繁殖せず、ほとんどの女性は繁殖した。つまり、この文章を読んでいる人は、先祖の半数以上が女性だったということだ。この点について、心理学者のロイ・バウマイスターは、「自然は、より多くの生命を生み出そうとするために生命を作った。この基本的な仕事において、女性は成功する確率が高いのに対して、男は失敗する可能性が高い」と述べている*2。このように考えると、男が地位やお金を求めるのは当然のことだ。それ以外の方法で生殖医療版の椅子取りゲームに参加するチャンスなどあるだろうか。

さらに、原則として、友人関係を維持したり、新しい友人関係を求めたりすることを「排除」して、お金や地位を重視するのは男性だけのようだ（実際、物質的な財へのこだわりがいかに人間の社会的関係を損なうかについての文献もある）[*3]。このような傾向は、一般的な調査でも、学術的な文献でも明らかだ。ある人気雑誌の調査によると、「家族に誇りを与えられる仕事」という成功の定義を支持する50歳の男性は、20歳の男性の5倍も少ないことがわかった[*4]。50歳の男性でこのような他人を巻き込む定義を選んだ人はわずか6％で、自己言及的で他人に関わらない定義を選ぶ人の方が圧倒的に多かった。

物質主義にこだわると、不都合な影響が出ることは、これまでにも知られている。心理学者のティム・カッサーとリチャード・ライアンは、物質主義的な目標は、想定する快適さやステータスを提供するどころか、うつ病、不安、低い自尊心、エネルギーや活力の低下、薬物乱用など、多くのネガティブな要素をもたらすことを示す一連の研究を行った[*5]。これらの研究は、主に米国で行われたが、デンマーク、ドイツ、ロシア、中国、インドなど、他の地域でも同じ結果が再現された。

消費主義は、他人と関わり合いのないプロセスとなる、地位に関連する物事に過剰な注意を向けさせ、その結果、つながりを育むためのエネルギーが制限される。友人や隣人の間で、誰が何を持っているかという、コミュニティを分断させるライバル関係が発生することもある。本質的な問題は、一方ではお金や地位、他方では社会とのつながりという、どちらか一方に偏ってしまう考え方にある。この問題は、女性よりも男性を苦しめていると僕は主張する。前章の「甘やかされること」や「邪魔をするな」といった態度など、男の子の人生で展開され、大人になってからもつきまとうプロセスと同様に、物質主義的価値を過度に重視する傾向は、人生の早い段階から始まっているかもしれない。物質主義は、子どもやティーンエイジャーに対して大人に対するのと同様の影響を与えることが研究で証明されている。物質主義的な子どもは、他の子どもに比べ、深刻な行動上の問題を抱え、学校での成績が悪く、さまざまな危険行動に出る可能性が高いという。

物質主義は、単にモノやお金にこだわることだけを指すのではないことを強調しておきたい。実際、心理学者は物質主義の定義を広げ、地位や身体的魅力に過度にこだわることも含まれるとしている。このように物質主義を広く定義すると、外発的動機づけと内発的動機づけのどちらが重要か、つまり、外的基準を満たすために物事を追求するか、あるいは外的基準に関係なく、自分自身のために、内的に導かれた目標を満たすために物事を追求するかということが、基本的な物差しとなる。外発的動機づけは、地位やお金、外見などに焦点を当てたものであり、長期的にはネガティブな結果をもたらす。一方、内発的動機づけは、仲間意識やコミュニティ、不完全な自分を受け入れることに焦点を当てたものであり、より高い満足感をもたらす傾向がある。重要なことは、この研究が、お金や、地位や、外見に焦点を当てる道が常に失敗するという結論には至らないということだ。外発的な目標を重視し、内発的な目標を軽視することが、ネガティブな結果を生むプロセスであり、それが女性よりも男性に多く見られることを示しているにすぎない。

ダライ・ラマは、この外発的動機づけと内発的動機づけの概念を理解している（実際、彼は心理学への関心が高く、関連文献を読んでいた可能性もある）。ダライ・ラマは、自らの地位の割には、彼が「古い礼儀」と呼ぶ物質的、身分的なものの多くを軽蔑している。2010年の『ニューヨーカー』誌の記事によると、ダライ・ラマが決めた初期の方針転換に、側近や信奉者の多くが悩まされたという。彼は、来客に自分と同じ高さの椅子を出すよう命じた。これは、「肉体的、精神的、感情的に、私たちは同じである」という宗教指導者としての見解と一致する。もちろん、このような感覚はダライ・ラマに限ったことではなく、一例を挙げれば、精神科医のハリー・スタック・サリバンは、「私たちは皆、人間的である共通性を有している」と述べている[*6]。

この椅子の高さに関する方針転換は、ダライ・ラマの来訪者に大きな影響を与えているようだ。僕を含め、トークショーのステージで司会者の椅子が僕の椅子より約1フィート（約30センチ）高かった経験のある人間は、そう断言できる。

地位、名声、物質主義に関する男女の意識について、万引きという意外な分野からの興味深い考察がある。一般的な犯罪は男性に多いようだが、万引きは男女ともほぼ同じ割合で発生している。しかし、万引き犯には興味深い性差があり、その性差は「誇り高き万引き犯」という現象に関係している。その万引き犯は万引きの財物取得効果と同じくらい、いや、それ以上に名声に与える影響を気にしているように見える。この種の万引き犯は、盗みにまつわる話をたくさんし、盗んだものを友人にあげるなどして、さらに名声を高めていく。「誇り高き万引き犯」は、そのほとんどが男性であり、男性一般にとってと同様に、彼には名声が重要なのだ。

万引きにはもう一つ、「秘密の万引き犯」とでも呼ぶべきカテゴリーがある。このタイプの人は、何よりも違法行為を周囲に知られたくない。この動機は物質的なもので、特定の物を欲しがり、危険を冒すことに伴うスリルを味わいたいと考えている。

僕は万引き犯を何人か知っていて、そのほとんどは臨床の仕事を通じてのものだが、同時に僕は10代の頃に友だちもいたし、友だちのいる多くの10代の子なら、少なくとも一人くらいはときどき万引きをしていた子を知っているはずだ。僕のクリニックでは、男の万引き犯を見たことがない。正確には、万引きをしたと明かした男性患者に会ったことがない。僕の経験では、すべてのケースが女性で、万引きのせいではなく、うつ病のせいでメンタルヘルスケアを受診した人たちだった。彼女たちはそれぞれ、万引きに中毒性を感じていること、万引きは恥ずかしいし怖いのでやめたいこと、しかし万引きによってうつ病が緩和されることもあると語った。この最後の主張は奇妙に聞こえるかもしれないが、おそらく実際に何か関係がある。例えば、うつ病の治療に有効な薬と同じ種類の薬には、万引きをやめさせる効果もある。彼女たちは誰一人として万引きを自慢していない。それどころか、自分の行動を公にすることなど想像もできないと思っているはずだ。

僕が知っている「誇り高き万引き犯」は100%男性だった。彼らの偉業となる万引きは、友人に知ってもらうために行われたものだ。自分で自慢話をしたか、盗んだときに友人が近くにいたかのどちらにせよである。万引きの目的を物質的な観点だけでとらえると、実用性はほとんどなかった。盗まれたものは、泥棒自身が見せびらかした後は、ほとんど使うことのない場当たり的なコレクションだった。要は、万引きの動機は物欲ではなく名声であり、物理的に難しいものを万引きすることも多かった。ゴルフをしないのに、ゴルフクラブを万引きしてしまった人の記憶がよみがえる。彼は曲がらない片足を引きずって店に入り、しばらくして、今度はゴルフクラブをズボンの中に入れて、足を引きずって出てきた。男たちは名を上げるために、普通のことも、そうでないことも、いろいろなことをする。

もちろん、男女の内訳は、僕自身の経験からすると、すべてがこの限りではない。例えば、物欲から盗みをする男性もいる。そして、「誇り高き万引き犯」の女性もいるが、それはむしろ稀だ。僕の臨床経験には、妥当な性差が反映されている。「誇り高き万引き犯」は、圧倒的に男性が多いのだ。

こうした万引き行為は、男性や、彼らの地位に対する考え方について、どのような意味をもつのだろうか。それは、男が名声に投資をする価値と、万引きを名声を手に入れられる商品（つまり、失うこともできる商品）と見なすことと、そして名声を勝ち取るためにどこまでやるのかを示していると僕は思う。万引きを自慢するのは、確かに高い地位を得るためのかなり間抜けな方法だ。そうでもあるが、男が名声のために行う多くのことをもまた、同じだろう。

万引きのような特定の行動の動機は、必ずしも地位の獲得とは限らない。万引きという同じ行動でも、その動機は物欲か、名声のためか、あるいは両者の組み合わせの場合もある。ある行動のさまざまな動機は、多数の側面から決定される可能性があり、常にはっきりしているとは限らない。したがって、ある特定の行動の動機が常に地位に向けたものとみなすことには、注意が必要だ。

しかし、疑いの余地がない例もある。2008年に公開されたドキュメンタリー映画『マン・オン・ワイヤー』の物語を例に挙げてみよう。これは、1974年、世界貿易センタービルのツインタワーの間に綱を張ることを決めた男たちの話であり、その中の一人であるフィリップ・プティが、安全装置を一切つけずに綱渡りをしたという驚くような話だ。すべてを成し遂げた彼らのこの話は、地位や名声を得るために、男たちがどんなことでもするひとつの例である。しかし、この映画のすごさは、このようなことを成し遂げるために必要だった不法行為や策略に比べて、比較的小さな達成であるかのように思わせたことにある。

考えてみてほしい。かなり離れたツインタワーの間に、重い綱渡り用のロープをどうやって張るのか（ちなみに、彼らが出した答えは弓矢を使うことだった）。そして、どうやってタワーに侵入し、その間ずっと警備の目から逃れるのか（彼らは何時間も動かず工事用シートの下に隠れていなければならなかった）。これはある種、郊外の住宅街の裏庭で、毎日、子どもたちがやっている、実現不可能なファンタジーのようなものだ。例えばつい先日も、息子とその友人たちは、近所の「全区画」を「軍事作戦」のために「封鎖」した。僕の息子とその友人たちと『マン・オン・ワイヤー』の男たちとの違いは、説明にかぎカッコが必要かどうかだ。男たちは、例えば僕の家の裏庭で、ごっこ遊びとして起こるような「100階以上の高さの電線の上を歩く」

ことはしなかった（子どもたちの裏庭での冒険の無邪気な魅力を否定するわけではないが）。映画の中の男たちは、かぎカッコなど必要なく、現実にやってのけたのだ。

しかし、このような壮大な離れ業は、文字どおり、裏庭のファンタジーから始まっている。ツインタワーの間に渡したワイヤーの上を歩いた30代の成人男性は、3歳の少年時代に自宅の裏庭で、地面から約数フィート〔約1メートル〕の高さに張ったワイヤーの上を歩いたことがあった。

まるで、この映画にもう一つ印象的な要素が必要だったかのように、30年以上経ったいま、インタビューに答える男たちの表情はとても印象的だった。この出来事は、彼らの非常に説得力のある語りによれば、これまで経験したことのなかで最も重要な出来事のひとつだったという。

あるグループの人々が、何の物質的利益も得られないのに、そのうちの一人の命を危険にさらすことを決めた（実際、彼らにはかなりの出費になった）。それはまた、公の名声のためでもなかった（むしろ私的な野心と名声のためであり、僕が、長男が生まれた年にマラソンと出版に熱中したのと同じ理由だ）。自分たちのうちの一人の命を危険にさらすためには、彼らはまず、いくつかの法律（不法侵入や住居侵入）を破る必要があり、さらなるコストや刑務所に入るリスクも負わなければならなかった。しかし、そのリスクを負う前には、彼らは何ヵ月もかけて、アーチェリー、物理学、高所における風速、世界貿易センタービルのオフィスに勤務する人々、清掃員、警備員、その他の人々のスケジュールや仕事の習慣について学習し、計画し、訓練し、マスターしなければならなかったのだ。

マイケル・シェイボンが『アマチュアのための男らしさ』の中で「男性を満足させる典型的な様式」について書いたのは、このような行動を念頭に置いてのことだと思う。その典型的な様式とは「積み上げられた分厚い書物に収められた難解な伝承の習得、無心の反復（少年がカードマジック、バスケットボールのフリースローの練習、ビデオゲームに取り組むことにつながるもの）、そして最終的には、最後のサイコロの一投にすべてを賭ける」といったことだ*7。

いったいどんな人間が、ツインタワー間に張ったワイヤーの上を歩くために、すべての危険を冒すようなことをするのだろうか。「精神障害があるから」と答えたくなるかもしれないが、そうではない。ひとつには、精神障害者は、方向感覚も身体能力も失われているので、こんな偉業を成し遂げることはできない。躁状態で活発になっている人も、制御ができないため、ツインタワー間のワイヤーの上を歩くような壮大な計画にそのエネルギーをうまく作用させることはできない。もうひとつには、『マン・オン・ワイヤー』の男たちが映画の製作者たちから受けた、深く掘り下げたインタビューからは、過去においても、現在においても、誰にも精神障害の痕跡がないことが判っている（僕は大学院で、ノンフィクションのドキュメンタリーや回想録などからニュアンスの異なる精神病理学を見抜くというテーマで講義をしているので、『マン・オン・ワイヤー』の登場人物に精神障害が見受けられれば、それに気づいたはずだ）。「こんな行動をとるのは誰なのか」という問いは、精神障害とは関係なく、探求心を持った男たちに関係がある。この場合の探求とは、血や財宝ではなく、むしろ、名声と友情だ。つまり、彼らは仲間意識の探求をしていたのだ(この重要な概念については後述する)。

悲しいかなおのずと、この綱渡りの離れ業を成功させた二人の親友は、長い年月をかけてお互いに疎遠になってしまった。二人はお互いにとって非常に意味のある深い絆を築いたが、それすらも色あせてしまった。これは、人間関係を軽視する男性によくある傾向の一例だ。こうした傾向に気づいたのは僕だけではない。最近の記事には、「実際、僕の知るすべての女性は、異性愛者の男性の誰よりも友情に優れ、友情に多くの時間を費やし、友情に喜びを感じ、友情に高い価値を置いている。許してほしい、男たちよ、だが、僕らはこれがひどく苦手なのだ」[*8]とある。この「苦手さ」は、こうした解決の難しい、強い傾向を抑制するための実行可能な解決策の必要性を指摘するもので、本書の最後で取り上げる課題だ。

ロイ・バウマイスターは、彼の著書『男に良いところはあるのか(Is There Anything Good About Men?)』(答えは「イエス」だ)の中で、ある大企業の男女社員のキャリアを研究していた同僚との会話を紹介している。その結果、まず、男性の方が女性よりもずっと会社と親密であることがわかった。企業の利益という点ではプラスだろうが、対人関係の維持という点では得策でないことは想像に難くない。もちろん、職場で友人を作り、それを維持することもできることは認められるべきだ。しかし、「できる」と「する」は別物だ。友人を作るのに良く適したプロフェッショナルな場もある。僕自身の仕事である大学教授もその範疇に入る。フロリダ州立大学のフットボールの試合に、今は各々、別の事務所で弁護士をしている高校時代の友人たちを招待したところ、僕が教授仲間たちと試合前に野外パーティーをしたいと言ったことに彼らは啞然とした。ひとりは「僕たちはそんなことは絶対にしない」と言い、もうひとりは、「仕事の後は同僚とはつき合わないな」と同意した。「でも、どうして」と、僕は尋ねた。「まあ、大部分は、お互いに競争しているからだね。かなり熾烈だよ。あとは、お互いがあまり好きではないということかな」。もしかしたら、問題は彼らの会社（あるいは彼ら自身）にあるのかもしれないが、そうではないだろう。これは、女性よりも男性において、そして他の国よりもアメリカにおいて、多くの職場でかなり典型的なことだと思う。

最近、カクテルパーティーで60代の男性二人組とおしゃべりをした。話題は老後について。もっと具体的に言うと、正しい老後の過ごし方についてだ。彼らは自分の両親との経験を振り返り、ひとりは母親の老人ホームについて、こう言っていた。「女性にとっては、ほとんど学生の社交クラブのような環境だよ。多くの交流があって、楽しく、お互いを支え合い、思いやっている。男性たちは、自分は昔、こうだった、昔はこんな仕事をしていたという話をすることがほとんどだ。単純に、女性と同じようにはうまくやれないんだ」。

僕は、加齢やそれによって起こる定年退職といったものに対する偏見には味方をしたくない。上手に引退することは十分可能だ。僕より年上でも年下でも、臨床心理士の同僚にはポール・ミール〔アメリカ心理学会の元会長〕という人を尊敬している人が多い。なぜなら、彼は統合失調症の理解から、科学哲学、診断分類と、それに関連する数学に至るまで、この分野で最も洞察力に富み、影響力のある貢献をしたからだ。その偉大な学者が、もっと早く引退していればよかったと思ったというのは、彼の仕事の天才的な性質とその範囲を考えると驚きだった（「もっと早く退職していれば、読書の時間が取れたのに」というのが、彼の主な理由だった。僕も読む時間がない本の山に目をやると、その気持ちがよくわかる）[*9]。この高名な学者の引退は順調だったが、少なくとも彼の考えでは遅かった。彼の話は参考になる。というのも、彼はある意味で、定年退職によって退屈し、その結果、活動的でなくなり、多くのものを失う人間の典型だったからだ。実際、自分でもそう思っていたようで、その結果、退職を10年ほど遅らせた。しかし、それでも彼は、無事に引退することができた。

この例は、実験に基づいた証拠からも裏付けられている。ひとつの例として、退職が疲労感や抑うつ感に与える影響に関する最近の研究がある[*10]。この報告書では、1万4000人以上を対象に、定年前の7年間と定年後の7年間に定期的に評価を行った。研究者によると、「退職は、精神的・肉体的疲労の大幅な減少と、抑うつ症状の有病率がわずかながらも明確かつ有意に減少したことと関連していた」という。もしポール・ミールが10年早く引退していたら、彼の言う通り、もっとたくさん本を読んでいただろう。そして肉体的な疲労が軽減されることが、その一因だっただろう。

先ほどの話に登場した、過去の自分を振り返り、それを現在の自分のアイデンティティの土台としている男たちは、ボブ・グリーンの著書『喜ぶべきことだとわかっているだろう（And You Know You Should Be Glad）』に書かれている「パワーイヤー（権力の月日）」について話をしていた。「パワーイヤーの頃は、男はオーラに包まれ、他人を仕切るだけでなく、自分のことは自分で決め……自分以外の誰にも報告する必要がなかった」[*11]。しかし、ある友人との会話を通じて著者は、この月日とそれに伴う態度の諸刃の剣的な特質を知ることになった。パワーイヤーについて聞くと、その友人は「40代がパワーイヤーだったとは思わない。40代は権力の日々じゃない。愚かだった月日だよ」[*12]と答えた。そして説明を求められて、彼はこう続けた。「この先も順風満帆だと思い込んでいるようなヤツが、うまくいかないヤツなんだ。その権力は幻想だ。彼らはそれに騙されているんだ」[*13]。この洞察の陰湿なところは、いま、その力に包まれている人間は自分に何が起こっているのかがわからないのに対して、先に語った退職後のステージ上にいる人たちは、これが何の話であるか、すぐにわかることだ。

男性が地位に注目するのは、最低レベルの達成すら保証されていないからだ。例えば、男という地位の獲得そのものを、女という地位の獲得と比較して考えてみよう。シモーヌ・ド・ボーヴォワールは、1949年の著書『第二の性』でこう断言している。「女に生まれるのではなく、女になるのです」[*14]。彼女の言うことはもっともで、ただ性別を間違えていただけだ。研究者は大学生に対して、「すべての男の子が本当の男に成長するわけではない」「男の子は男と呼ばれる資格を獲得しなければならない」といった文言について評価をさせた。学生たちは、21世紀の大学生であり、女性も男性も、この発言に同意する傾向があった。しかし、「男の子」を「女の子」に、「男」を「女」に置き換えた場合、生徒たちには反対する傾向が見られた。例えば、「女の子は女と呼ばれる資格を獲得しなければならない」という発言には反対する傾向があった[*15]。学生の答えの中にある暗黙の見解によれば、女性は本質的に自動的に一人前の女らしさを獲得することになる。男性の場合は、同様の地位を自ら獲得する必要がある。「地位」とは、裕福であること、尊敬されていること、権力を持っていることではなく、単に男として認められていることを指している。もし、この極めて広範な地位の定義さえも実現が微妙であるならば、男が地位に固執するのも不思議ではないが、多くの場合、その関心は過剰になり、不利益がもたらされるのだ。

回想録作家のエリック・ウィルソンは、うつ病が人間関係に与える影響について考え、最終的に失敗した対処法のひとつとして、教授としての仕事を通じた達成感と地位への執着を強調した。彼はこう記している。「この仕事への猛烈なこだわりがもたらした、最も差し迫った結果は、賞賛とは無縁のものだった。研究や執筆に全力を注いでいる間に、妻とつながる機会を失い、お互いの疎外感を硬化させる別の方法を見つけてしまったのだ」[*16]。「硬化」は適切な比喩であり、筋萎縮もそうだが、人間関係の維持は、「使わなければダメになる」という特性がある。僕の知人である高名な教授は、僕が本書の構想を話すと、先ほどの回想録作家の言葉を肯定するような反応を示した。その高名な教授は、「40代になって最初の結婚が破綻するまで、僕はそれを理解できなかった。僕はずっと仕事をしていて、ほとんど成功していたが、いつもイライラしていて、前妻は悲惨な状態だった。離婚後、僕は自分の姿をじっくりと振り返り、もしも、もう一度、結婚することがあれば、違うやり方をしようと決めた。確かに辛い教訓だったが、だからこそ僕は今、幸せで、二度目の結婚もうまくいっている」。この二度目の結婚は、20年目を迎え、少なくとも僕が判断する限りでは、教授が主張するように、二人は強い絆で結ばれている。

悩ましいことに、お金は、ほとんど文字通り、あなたの友人になることができる。このことを示すために、科学的研究を専門とする心理学者のチームは、第1章で説明したのと同じ社会的排除のデザインを使った[*17]。研究者たちは、参加者を三つの条件のいずれかに無作為に割り振った。つまり、社会的に排除されたグループである「未来孤独型」と、「未来帰属型」、そして「不運のコントロール型」である。社会的に排除されたグループは、「あなたは人生の後半で一人になってしまうタイプです……人々が常に新しい関係を築く年齢を過ぎると、ますます一人になってしまう確率が高くなります」と告げられる。「未来帰属型」と「不運のコントロール型」グループの方が、もっと楽だった。前者は、「友達や自分を心配してくれる人が必ずいる確率が高い」と、後者は、「事故が多くなる確率が高い」と、それぞれ告げられた。後者の対照群は、このような研究デザインに含まれることが多く、社会的排除は、全般的に悪い知らせを受け取ることに起因するのではなく、具体的に伝えられた物事に起因するものとなっている。

当然ながら、「未来孤独型」のグループは、他の二つのグループよりも参加者に負担がかかった。また、「未来孤独型」の人たちが、ひとりぼっちの未来の話を聞いた後に白紙を手渡された時も同様だった。しかし、白紙の代わりに現金を手渡されると、参加者のネガティブな反応は緩和された。研究者は「孤独になる」と伝えていたが、彼らはそれほど孤独を感じなかったという。お金は、ある意味、彼らの友人となったのだ。この研究をまとめたニュース記事のタイトルは、「金持ちに友人はいらない」だった。本書が示すようにこれは誤った主張であるが、実験結果を見れば、編集者がこの見出しを思いついたのも無理はないだろう[18]。

社会的排除は、身体的な痛みに影響されるのと同じ、脳の領域を活性化させるため、痛みを伴う。この論理からいくと、お金に触わることで、身体の痛みも和らぐかもしれない。実際、同じ研究チームが、これが事実であることを発見している。この研究では、不快な（身体的に危険ではない）熱いお湯に腕を浸された人の身体的苦痛の評価を調べ、お湯を使わない対照群の評価と比較した[19]。各グループの評価は、当然ながら、まったく異なるものだった。騙されて熱いお湯に腕を浸されたグループの方が、より強い痛みを感じたと回答した。ただし、熱いお湯に腕を浸された参加者が現金を触わっている場合は別で、その場合は、お湯を使わない対照群の評価と同じになり始めた。

論理的な結論から言えば、この研究は、タイレノール〔市販の鎮痛解熱剤〕のようなものが、人間の孤独を軽減することを示唆している。というのも、身体的な痛みだけでなく、社会的な痛みも制御していると思われる痛みの中枢神経に作用することで、社会的な痛みも軽減されるはずだからだ。

しかし、もちろん、お金やタイレノールを配って孤独の解決策とすることは、控えめに言ってもうまくいかない。お金については、「未来孤独型」や「熱いお湯」の研究で得られた別の知見に戻ろう。つまり、お金を使ったことを思い出すことは、お金に触わることと同じ鎮痛効果を持たないということだ。逆に、過去の支出を思い出すことで、ネガティブな反応が悪化することもあった。この実験の参加者は、人生で初めて気づいたわけではないだろうが、「イージーカム、イージーゴー（得やすいものは失いやすい）」ということわざには深みがなく、良くて半分しか真実ではないことを実感するだろう。

　これは、「お金を友として扱う」悩ましさの一端を表している。それは束の間のものであり、束の間でなかったとしても、持続するものではない。もしそれが持続的なものであれば、現在のような困難な不況時に、富裕層（主に男性）の自殺はずっと少なくなるはずだ。もしお金が友人ならば、僕の父はまだ生きていたかもしれない。彼は株の取引で莫大なお金を稼いだ後、数週間で自殺してしまった。しかし、前述の実験が示すように、また僕の父の例が示すように、お金はほとんどあなたの友人になることが可能だ。それだけで人生の満足が得られると錯覚するほど、長く、そして深く、あなたの友人であり続けることができる。このような錯覚が続くと、時間は浪費され、社交能力は衰え、人生の初期にできた友人も、そもそも存在していたかどうかも怪しいが、遠ざかっていくのだ。

　一握りの幸運な人は、その昔に築いた友情に預かることができる。しかし、ほとんどの人はそれができず、時間の経過とともに友人関係から遠ざかり、同時にお金や地位を獲得していく。回顧録作家エリック・ウィルソンの言葉を思い出して欲しい。彼の仕事へのこだわりは「猛烈」だったが、それが裏目に出てしまった。この例は、多くの男性の普遍的な姿と言えるだろう。お金や地位ばかりに目を奪われていた彼らは、不可解で矛盾した立場に立たされていることに気づく。彼らは実際、恵まれていて、それ故、特権を感じるはずなのに、空虚で孤独を感じている……つまりは、「頂上の孤独」ということだ。

第5章　頂上の孤独

僕の父の人生の最後の数週間は、「群衆の中の孤独」だった。父が自殺で亡くなる数週間前、僕が最後に彼に会ったのは、母と僕の二人の姉、僕の友人、そして僕の5人と一緒に行った、家族旅行の時だった。彼はひとりぼっちではなかったが、孤独を感じていたことは想像に難くなかった（これは、決して彼が自殺で死ぬことを予想していたのではなく、それどころか、父の死は僕の人生で最も残酷な衝撃だった）。愛する人々の中にいても孤独を感じていたことは、彼の態度や寡黙さにも表れていたが、僕が臨床の現場で自殺の危険性を示すサインとして見てきた「うつろな眼差し」にも表れていた。それは戦闘経験などのトラウマを抱えた人に多く見られる、目がうつろになる「焦点の定まらない眼差し」だ。人生を終わらせることを決めた人には、困惑した諦めと内に向けた決意の眼差しが現れる。また、このような状態に陥った人を「そこにいない」、あるいは「すでにいない」と表現する人もいる。それは強烈な「非相関性」の一形態であり、孤独そのものだ。

僕の父が命を絶ったのは彼が56歳の時だった。父が亡くなる数週間前に経験したような孤独感、つまり「群衆の中の孤独」は、数十年間、人生を経るにつれて、男性に多く見られるようになるものだ。確かなことは言えないが、父が亡くなる前の数時間、数分、直前の瞬間、父は孤独を感じていただけでなく、文字通り、孤独であったことは間違いないと思う。このような孤独感もまた、加齢とともに男性に多く見られるようになる。

それとは対照的に、若い男性は、僕が先に「孤独だが気に留めない」と呼んだ、第三の孤独に陥りやすい。僕の父もこの形態を示していたが、彼は30代だった。その頃には、彼の友人関係は色あせ始めていて、幼い僕でさえそれに気づいたほどだった。僕は彼にそのことを尋ねたが、彼は気に留めていないようだった（何かを感じていたかもしれないが、幼い息子に迷惑をかけたくなかったのかもしれない）。

前の三つの章では、区別はできるが関連性のある、男性の孤独の原因について説明してきた。つまり、甘やかされること（そして、ある程度甘やかされた状態でスタートする）、「俺の邪魔をするな」という態度に代表される自立性の過度な重視、そして、地位やお金への過剰な執着だ。この三つとも、「孤独だが気に留めない」孤独が支配している。権利、独立心、地位、お金に過度にこだわっている人間は、対人関係による支援が、その間にすべて使い果たされてしまっていることに気づけないことが多い。

これとは対照的に、四つ目の孤独であり最後の原因となる「頂上の孤独」は、通常、人生の後半、自立の魅力が薄れ、地位やお金を手に入れた時期に起こる。しかし、地位やお金の存在は、つながりを求めるニーズを満たすどころか、逆にその関係を悪化させる。一方では、多額の預金口座や高い地位があり、他方では、孤独の空虚さの存在がその対比となる。

この孤独の最後の原因である「頂上の孤独」は、他の三つの形態とは別の意味で区別することができる。最初の三つの形態である「甘やかされること」、「俺の邪魔をするな」、「お金・地位への執着」は、孤独の結果ではなく原因である。しかし、「頂上の孤独」には、明確な結果という要素がある。これは元となる原因というよりは、終着点だ。

この章では、「頂上の孤独」という現象について説明し、探求していきたい。社会学者のデイヴィッド・リースマンは、著書『孤独な群衆（The Lonely Crowd）』〔邦訳みすず書房〕の「孤独な成功」という章で、仕事で成功の頂点に立ったとき、主としてその成功という結果のせいで、「惨めで怯え、高みから突き落とされるのを待っている」男について書いている。その同じ箇所で著者は、「成功は致命的である」と付け加えている*1。「高み」や、特に「頂点」といった言葉は、確かに有名で影響力をもつ立場を意味するが、同時に孤立も意味する。山の頂上の先鋒にはあまり空いた場所がないのだ。

お金が偽りの友となり得ることはすでに述べた。お金によって孤独状態になることもある。バーバラ・エーレンライクは、何が何でも楽観主義を強調するというのは危険だと主張する著書『ポジティブ病の国、アメリカ（Bright-Sided）』の中で、超富裕層の信じられないような、いやらしいとさえ言われるかもしれない富と、それが拍車をかける過剰な消費について書いている。ジャック・ウェルチは、ゼネラル・エレクトリック社のCEO（間違いなく頂点だ）を退任すると、2500万ドルの年俸、ボーイング737型ジェット機の使用、家賃が月8万ドルのマンハッタンのアパートや、所有するさまざまな家の警備員を無料提供された。警備員は彼の部下たちにも与えられた。実際、僕がアトランタの空港にいたとき、シークレット・サービスのエージェントらしき、数人のスーツ姿の男たちが騒ぎを起こした。僕と旅の仲間は、絶対、大統領か閣僚が来るのだろうと思っていたが、それはただのジャック・ウェルチだった。「このライフスタイルの明らかな代償は、極度の孤立である」と『ポジティブ病の国、アメリカ』の中でエーレンライクは書いている[*2]。このような孤立は、CEOの部下や同じような立場の人々が、良いニュースだけを伝えることで彼の好意を得ようとする動機に起因している。あるCEOは、自分は「世界で最も嘘をつかれた男」だと言っている。しかし、これは騙されていることを説明しているのであって、孤独であることとは違う（「孤独だが気に留めない」タイプの孤独の兆候と重なる部分はあるが）。裕福なCEOや彼らと同様の人々が孤立しているもっと深い理由は、彼ら自身の態度や行動に由来している。彼らはお金と地位に執着する傾向があり、その状態には、先に説明したように、彼らの多くが「甘やかされ」、踏みにじられることに敏感になるというプロセスが先行している。このような態度は、前述の嘘をつかれたCEOの言葉に内在している。彼は裕福であり、それゆえに一定の権力を行使していることは間違いないが、彼自身が「世界で最も嘘をつかれた」と語っているように、世界各国の首脳はもちろん、他のすべてのCEOをも凌ぐ重要な位置に自分を置いている。このコメントは、第1章で引用された、自分の夢が世界で最も大切なものだという大学生の言葉を思い起こさせる。これらの発言は、僕たちがナルシシズムの時代にいることを反映している。

ダライ・ラマの地位に就いた多くの人物にとって、成功は致命的なものだった。2010年の『ニューヨーカー』誌の記事によると、現在のダライ・ラマとは異なり、30代まで生きられたのは、歴代ダライ・ラマ法王の約半数だけで、何人かは宮中の暗殺計画で殺されている[*3]。1600年代のある例では、政府の大臣が、当時のダライ・ラマの死を15年間も隠していた。これは頂上の孤独であっただけでなく、頂上で孤立し、世間から隠されていた指導者にしか起きなかった出来事だ。実際、現在のダライ・ラマは、家族と離れ、1000室もある宮殿で暮らした幼少期を、「フクロウのように隠れていた」と表現している。

もちろん、成功が致命的である必要はないし、高い地位にある人が孤独である必要もない。これは初期のアメリカではわかりきったことだった。アレクシス・ド・トクヴィルは、「アメリカでは、より裕福な市民は、民衆から孤立しないように細心の注意を払っている。それどころか、彼らは常に下層階級と友好的な関係を保ち、彼らの話に耳を傾け、毎日、彼らと話をしている」と書いている[*4]。控えめに言っても、これはもはや正確ではない。

最近のある記事では、アメリカの文化生活における、前述と同様の急激な変化を指摘している。「アメリカのエリートが、ますますアメリカンライフから遠ざかっているのは事実だ。これは党派的な現象ではない。あらゆる政治的立場のエリートが、文字通りであれ比喩的であれ、『(防犯のために)ゲートに囲まれた』コミュニティに引きこもるようになっている。そこでは、自分と社会経済的に同等の階級以外の人々と、親密なレベルで交流することはない」[*5]。

ギャラップ社は、Q12と呼ばれる、従業員エンゲージメントに関する一連の質問調査を実施している。これらの質問調査は数百万人のアメリカ人労働者を対象に実施され、そのうち260人に1人は、部長以上のエグゼクティブだった。質問のひとつに、職場に親友がいるかどうかを問うものがある。実際、この質問は、健全な従業員エンゲージメントの最良の指標のひとつであることが証明されており、そして興味深いことに、この質問では、トップレベルのエグゼクティブのスコアが比較的低くなっている。この調査を要約した新聞記事のタイトルは、「トップは孤独なだけではなく、『疎外されてもいる』」だった[*6]。

シェイクスピアはこれを理解しており、『ヘンリー四世』第2幕でそれについて書いている。権力が重荷であることを示唆して、多くの人は（正確ではないことがいずれわかるが）、「王冠を被った頭は重い」という王の台詞を思い出すだろう。

だが、シェイクスピアが言ったのは権力の重圧のことではない。しかも、彼はそんな台詞は書いていない。実際の引用文はこうだ。「王冠をかぶった頭は不安になる」。この引用文は、権力の重荷についてではなく、むしろ不眠の重荷について語っている。ヘンリー四世は、臣民が安らかに眠っているのに自分は眠れないことに憤慨する。この場面の冒頭で、王は嘆く。「私の最も貧しい臣民の何千人が／この時間に眠っていることか！　眠れ、優しい眠りよ、／自然の柔らかな看護師よ……」。本書の最後の部分で明らかにするように、睡眠は実に効果的な「看護師」であり、驚くような方法で孤独感を減少させる、媒介役を果たすことができる。

これは、権力やリーダーシップが重荷になり得ないということではない。もちろん、例えば、大統領の髪が任期中に白髪になる（ビル・クリントン大統領とジョージ・W・ブッシュ大統領の場合、かなりはっきりとそうなった）ことからも明らかなように、権力やリーダーシップが重荷になる可能性はある。2011年に発表された論文で、心理学者のネイサン・デウォールらは次のように書いている。「権力やリーダーシップは定義上、対人関係を担う役割だが、その地位についた人々は、しばしば孤独な仕事に直面する。このような仕事の多くは、本質的に楽しいものではないので、成功するには、辞めたり怠けたりしたいという衝動を抑え、必要とされる高いレベルの努力を持続させる必要がある」*7。研究者たちは、権力を発揮することの負担が、実験室で観察できることを示した。彼らは、強い権力をもつ役割に割り当てられた研究参加者が、実験課題（数学の問題を解いたり、針金にピンセットを取り付けたゲーム「オペレーション」〔手術を模したボードゲーム〕を行ったりする）に一生懸命に取り組み、それによってエネルギーを消耗することを発見した。このような疲労にもかかわらず、強い権力をもつ役割に割り当てられた参加者は、二つ目の実験課題で優秀な成績を収め、また、体力をさらに消耗させた。だが、三つ目の課題では（参加者が予想していなかったものだ）、最初の二つの課題で能力を使い果たしてしまい、力を発揮することができなかった。

これは、人間関係を維持することを犠牲にしてキャリアアップに没頭する人々にとって、少々不吉な調査結果だ。人間関係の軽視は、孤立と孤独の増大を招き、人間関係を構築する能力を萎縮させる。キャリアの成功によってもたらされる権力の重荷は、消耗をもたらすものだ。このシナリオに登場する人物は（多くの場合、男だ）、自分が孤独であることに気づくが、それをどうにかするスキルもなく、もしスキルがあっても、それを使うエネルギーに欠けている。あるビジネス・コンサルタントは、こう書いている。「組織のリーダーたちからは、こんなコメントを頻繁に耳にする。『誰かと話したり、一緒に働いたりしたいものだ』と」[*8]。

マイケル・マコビーの著書『ゲームズマン：新しいビジネスエリート（The Gamesman: The New Corporate Leaders）』〔邦訳ダイヤモンド社〕によれば、成功する経営者は、著者の考えでは明らかに男性だ。1970年代半ばに出版されたこの本のタイトルは、『ゲームズパーソン（The Gamesperson）』ではないからだ。このような時代背景の中で、成功した経営者は、「勝者として知られることを望み、敗者のレッテルを貼られることを最も恐れ……無限の選択肢があるという幻想を維持するため」「個人的な親密さや社会的なコミットメント」のための能力や時間をほとんど持っていない[*9]。親密さについて、『ゲームズマン』の成功したマネージャーは、「それを罠とみなし、代わりにオフィスの『刺激的でセクシーな雰囲気』に惹かれる……そこでは、憧れのミニスカートの秘書たちが絶えず彼の気を惹こうとしている……しかし一旦、若さや活力、そして勝利のスリルさえも失えば、彼は憂鬱になり、目標を失い、人生の目的に疑問を抱くようになる。もはやチームの奮闘から活力を得ることもなく、自分を超えていると信じられる何かに身を捧げることもできない……彼は自分が孤独であることに気づくのだ」[*10]。

「ミニスカートの秘書」といった記述からもわかるように、この文章は数十年前に書かれたものだが、それにもかかわらず、今日でもよく目にする人物を描写している。この描写から伝わってくる悲劇は、自分が重要であり、まさに人生の意義があると熱烈に信じていることに身を捧げてきたにもかかわらず、それが間違いであったことに気づいた時には、手遅れになっている個人の姿である。家族や友人との有意義で長続きする人間関係という、生涯を真に支えてくれる唯一のものを、彼はずっとないがしろにしてきたのだ。一旦このことが身に沁みてわかると、それがもたらす失意の大きさは、解決するのが遅いというだけでなく、遅くなかったとしても、どうやって解決すればいいのかわからないという自覚によって、さらに大きくなる。彼はリア王と同じ立場にあり、自分を侵食し始めた孤独（リアの場合は狂気）を、これまでは有効な戦略であった意志の力で打ち消そうとしても無駄である。リア王は叫ぶ「悲しみが込み上げてくる／おまえの居場所は下だ」。シェイクスピアは、いつものように、「悲しみが込み上げてくる」というフレーズの中に、本一冊分のアイデアを盛り込んだ。

否定的な自己概念であっても、それを確認するような対人関係のフィードバックを求めるという自己証明の現象については、第3章で述べた。自己証明欲求の根底にある動機のひとつは、社会的関係の安定である。つまり、個人の自己観が他者の自己観と調和していれば、評価の再構築やそれに伴う混乱は必要ない。このような混乱は、例えば、それまで控えめだった人物が、攻撃的に権力を掌握したときに顕著になる。リーダーが服従的な態度をとり始めた場合も、同様な逆のプロセスが起こるかもしれない。これまで作り上げられてきた、指導者と被指導者の関係が、疑問視されるようになる。どのように行動するべきかは、必ずしも明確ではなく、新たな関係構造を再構築する努力が必要となる。ここでも、自己概念の変化が、社会的構造の変化に拍車をかける。

うつ病は、こうしたプロセスを検証するための坩堝《るつぼ》である。しかし、これについて掘り下げる前に、あるパラドックスについて考えてみる価値はあるだろう。僕が主張しているように、男性は女性よりも孤独なのだから、女性よりも落ち込んでいるはずではないだろうか。結局のところ、孤独はうつ病の危険因子だ（うつ病の完全な説明にはほど遠いが）。しかし、男性の孤独がもたらす犠牲は、前章で述べたようなプロセスによって遅らされることを忘れてはならない。つまり、男性は無関心で、道具的特性があるので、うつ病から守られている。しかし、このような保護は、やがて損なわれていく。もしそうであれば、うつ病の性差は、特定のパターンに合致するはずである。つまり、男性が保護されている人生の前半では大きな性差があり、その保護が薄れていく人生の後半では、その性差は縮まるはずだ。実際、これがそのパターンである＊11。

階層内で、自分の地位を重視することは、階層内で、人とのつながりを重視することと比べて、あまりお勧めできない。最近、フロリダ州立大学のフットボールのテールゲートパーティー（フットボールの試合前などに行う野外パーティー）で、70歳前後の成功した弁護士に会った。自分と同じような年齢の友人や同僚の経験を振り返って、彼はこう言った。「すべては消えてしまう。何ひとつ当てにならない。頼れるのは友人だけだ」。『ゲームズマン』もこれと同じ点を指摘しており、本に登場する「ゲームズマン」について、「彼は停滞期に達し、キャリアに対する報酬は、ますます満足のいくものでなくなっている」と書いている。『ナルシシズムの時代』の中でクリストファー・ラッシュは、あまりに多くの男性が、「仕事という達成志向の領域においては」「対人関係で優位に立つための戦い。友人を怯えさせ、人を誘惑する命懸けのゲーム」に焦点を当てていると書いている[*12]。1979年にラッシュが主張したことは、数十年経った今も真実だ。

対人関係で優位に立つための奮闘は、必ずしも他者を利用するための奮闘ではない。それはまた、人の面倒を見られるようになるための奮闘でもある。しかし、これも裏目に出ることがある。ノラ・ヴィンセントは著書『セルフメイド・マン』の中で、修道士の修行に参加した男たちについて記している。多くの場合、このような修行の目的は、自分の感情を表現することにあり、それを促進するための活動のひとつは、絵を描くことだった。これは男の孤独の解決策としては、絶望的なやり方だと思うが、これについては後に説明する。そのうちの一人について著者は、「彼は、セーフティネットであり、稼ぎ手であり、家庭の『修理屋』であることの重荷を強く感じていた」と述べている。もう一人は、「私がすべてを持ちこたえ、すべての物事とすべての人の面倒を見れば、やがて愛されるのだろう。でも、その代償は私の命だ。私は不可能を可能にしようとしている。だから私も本当はシーシュポス〔ギリシア神話の登場人物。「シーシュポスの岩」という言葉は徒労を意味する〕なのだと思う」[*13]。男性も女性もこのように感じることがあるが、特に男性は、「やがては愛されるという部分」と格闘する。誰もがそうであるように、男性も家族の土台となることを望んでいる。しかし、女性よりも男性の方が、愛や気遣い、助けに対して心を開くことが苦手だ。この現象は、前述のエピソード（ゴールデンゲート・ブリッジでの自殺の話）や実証（特に男性は助けを自ら求めることが難しいという研究結果）において見たとおりだ。

先日、わが家の愛犬が、18年間連れ添った末に死んだ。死因ははっきりしなかったが、死骸を発見するのは辛いことで、発見したのが妻や息子たちではなく僕だったことに深く感謝している。その日の残りの時間は、犬の死骸を車に乗せ、その後、火葬の手配をするために獣医のところへ車を走らせるなど、皆の世話とあらゆることに費やした。僕はリーダーシップをとり、皆に気を配り、その場では悲しみを覚えながらも、そうすることを誇りに思っていた。ある疑問が浮かんだのは、数日後のことだった。誰か僕の世話をしてくれたのだろうか。

「頂上の孤独」にあるとき、あなたの関心は、社会的孤立と、それに伴う否定的な感情という事実に狭められる傾向がある。あなたは「孤独だが気に留めない」段階を越えている。この段階にいる人々（多くの場合、男性）は、注意の幅が狭まっており、たいていの場合、お金やステータスに関心を集中させている。しかし、「頂上の孤独」を感じている典型的な男性にとって、お金と地位の問題は解決済みだ。実際、お金や地位があればあるほど、人とのつながりや満足感の欠如が際立たせられる。

その理由が何であれ、注意の幅が狭められていることは、現在の問題に解決策を集中させることができる点で有益だ。しかし、自分の意識の外にあるものは、すべて見逃してしまうという問題もある。人々が集中し、問題を効果的に解決できる人間となり、持続的な友情のような、人生の楽しみにも広く注意を向けることができるようになることを望むのは、望みすぎだろうか。

拡張－形成理論は、「それは望みすぎではない」という答えを出している[*14]。この理論では、個人が新しい考えや行動を発見すると、身体的、知的、社会的、心理的なリソースが「形成」されると考えられている。重要なのは、継続的な友人関係の中で生まれるようなポジティブな感情が、人々の思考と行動の幅を「拡張」し、新しい思考や行動を発見するよう促すということだ。このように、ポジティブ感情と対人関係のようなリソースとの間には相互関係がある。別の言い方をすれば、一方が他方を導き、それがまた前者を導くといった具合に、らせん状に上昇していくのだ。このプロセスは、学部生を対象とした研究で、実証的にモデル化されている[*15]。この研究では、自己申告による感情とリソースが、5週間間隔で、2回評価された。実際、理論どおり、ポジティブ感情は、視野の広い対応を向上させることを予測し、視野の広い対応は、ポジティブ感情の促進を予測した。視野の広い対応を向上させることを予測し、視野の広い対応は、継続的に互いを高め合っていた。以前のポジティブ感情の経験をきっかけに、注意力と認知力が広げられたことが、対応を促進し、それが将来のポジティブ感情の経験を予測した。興味深いことに、ポジティブ感情が注意力や対応力の幅を広げる効果は、神経伝達物質であるドーパミンの増加と関連しているという予備的な証拠がある[*16]。

この結果の意味するところは、孤独な男性にとって興味深いものだ。例えば、「頂上の孤独」現象を解決するためには、ポジティブ感情のための小さな後押しが、前向きな姿勢の連鎖反応を引き起こし、最終的には、社会的にもそれ以外の面でも、比較的大きな恩恵をもたらす可能性があることになる。実際、行動の変容に対するこの「後押し」の視点は、男性の孤独の問題の解決策に関する、本書の後の章でも重視している。しかし、解決策という重要な問題に移る前に、次の章では、解決策が特に重要である理由を明らかにする。実現可能で効果的な解決策がなければ、孤独な男には、さまざまな形の不幸が待ち受けている可能性が高い。

第6章 結果

自己破壊行動への道（銃、ゴルフ、NASCAR、アルコール、セックス、離婚）

問題の継続的な原因が、原因ではなくなり、その代わりに結果となるのはいつなのか。僕は哲学者ではないので、この質問に対する答えをもっているわけではないが、さまざまな精神障害の原因と結果について研究する中で、これは定期的にぶつかる質問だ。例えば僕たちは、孤孤独が自殺行動を含む、多くの問題の原因であることを見てきた。孤独な人が自殺未遂を起こし、一命を取り留めた後、未遂の結果としてさらに社会的に孤立するというシナリオを想像してみよう。ここでは、孤独が原因としても結果としても関与している。

それゆえ、ある一連のプロセスを原因的なものとし、別のプロセスを結果的なものとするのは、いささか勝手な方法かもしれない。しかし、物事を整理しておくのに便利な方法でもある。物事を整理しやすくするために、僕は前の章で取り上げた四つのプロセス、すなわち、甘やかされること、「俺の邪魔をするな」、お金とステータスへの執着、「頂上の孤独」を、ほぼ、因果関係のあるものとして説明した。このプロセスは、それぞれ性別と関連性があり、平均して男性の方が女性よりもこれらの特徴を示し、そしてそれぞれが、時を経て展開する男の孤独の物語の一翼を担っている。その過程は、まず、甘やかされた態度や、「邪魔をするな」という態度が、比較的早い時期に芽生え、次に、地位やお金に執着する土台ができ、さらにその後、「頂上の孤独」を感じる土台ができるという連続性があり、どちらの土台も、通常、30代から50歳前後に生じる。この四つはそれぞれ、生涯を通じて男性の孤独を加速させる原因となっていることから、これは妥当な見解と思える。

しかし、これら四つのプロセスを分析するのは難しいことで、実際、男性の孤独という大きな問題を考察するには、孤独がもたらす悪質な結果について話しておく必要がある。健康分野については、すでに見てきたように、孤独がもたらす結果は数多く、多様である。一般に、孤独感が強いほど健康状態は悪化する。健康の分野が精神衛生、免疫機能、がん、脳卒中、心臓病、あるいは死そのものであろうと、孤独は強力な危険因子として立ちはだかる。

喫煙や肥満など、他の危険因子についても、同じことが言える。しかし、二つの理由から、孤独は喫煙や肥満のような明らかな災いよりも、さらに強く健康に悪影響を及ぼすのではないかという主張がある。第一に、脳卒中、がん、心臓病といった主要な健康状態に関する研究では、喫煙や肥満などの要因と孤独感を比較した場合、孤独感が最も強い予測因子であることが判明している*1。これは、孤独の力を肯定するものだ。しかし、二つ目の要因は、孤独が影響を及ぼす範囲に関係している。自殺のような特定の死因を説明する上では、喫煙や肥満よりも、孤独を要因とする方が説得力がある（ちなみに、喫煙が自殺の危険因子であるという証拠はいくつかあるが、孤独よりもはるかに弱いものであることは明らかだ。肥満に関しては、理由はまだ明らかにされていないが、自殺の危険因子となるどころか、保護因子となりうることを示す研究もある）。さらに孤独は、喫煙や肥満よりも、罹患率と死亡率の性別によるパターンを説明する上でも優れている。

このように、孤独が自然の力であることは、健康に関する調査結果が十分に証明している。しかし、それ以上に侮れない結果がある。

僕の全般的な主張は、男性は女性よりも孤独であり、孤独を助長するような愚かなこともするが、愚かさが男性の根本的な問題ではないということだ。実際、すでに見てきたように、男の子と女の子、男性と女性の知能レベルはほぼ同じである。「孤独だが気に留めない」孤独に陥っている20代や30代の男性でさえ、まったく自覚がないわけではない。彼らは確かに孤独を気に留めていないが、相対的にそうなのであって、完全に孤独を気に留めていないわけではない。前に述べた孤独感センサーの話を思い出してほしい。感情的な孤独感は、社会的な孤独環境の方に、より深い問題があることを示唆しているというものだ。センサーとそれが感知するものが調和していれば、問題を特定し、対応することができる。しかし、不調和があれば、問題が生じる可能性があるのに、適切に感知されていないため、適切な対応もできない。

男性は女性以上に、孤独感センサーが適切には機能していない。重要なのは、最大限の能力を発揮できてはいないが、センサーがまだ機能はしているということだ。車のガソリンメーターが、満タンか半分以下かを正確に示すだけで、それ以上の情報を提供しないようなものだ。メーターは動いているが、あまりうまく働いていないのだ。

男性の孤独感メーターも、ガソリンメーターと同様の働きをもつが、あまりうまく作動しないことによって、重要な結果がもたらされる。男たちは、問題があることに、薄々、気づいている。そしてそのおぼろげな自覚が、おぼろげな解決策を生みだす。僕はこの章で、それを「間違った埋め合わせ」と呼ぶことにする。間違った埋め合わせは、孤独感に対処しようとする試みだが、その方向性が間違っているため、根本的な問題を解決するどころか、むしろ悪化させる方向に向かわせてしまう。このような埋め合わせの中には、間違った方向に向かわないものもあるが、中途半端で効果が薄すぎるものもある。それらがどんなものか、考えてみるのも興味深いことだが、同時に、もしその機能を十分に発揮させることができれば、実行可能な解決策を構築できるかもしれない。これが、この後の二つの章の焦点となる。

仲間意識は、男の幸福にとって不可欠なものだ。著名な生物学者E・O・ウィルソンは、こう言った。「人は部族に属さなければならない」[*2]。男の厄介なところは、自分が属する仲間とのつながりを失いがちなことだ。最初は奇妙に聞こえるだろうが、これが、彼らがテレビを観る、特にスポーツ、もっと言えば、ゴルフやNASCARの中継を観る理由だ。生前、孤独に悩まされ、自殺をした小説家デイヴィッド・フォスター・ウォレスは、『一から多へ：テレビと米国のフィクション(E Unibus Pluram: Television and U.S. Fiction)』というエッセイに、「孤独な人々は、家にいて、ひとりぼっちで、心に訴えかけてくる光景や場面、仲間を求める。だからテレビを観るのだ」と記した[*3]。僕がさらに付け加えさせてもらうと、家でひとりぼっちの孤独な男たちは、仲間の再結成を切望している。それゆえ、NASCARやゴルフは、男性にとって、仲間意識を疑似体験しようとする試みなのだ（その試みは、それ自体、失敗する運命にある）。

考えてみてほしい。サッカー、バスケットボール、野球など、男はスポーツ観戦をする。だが、ゴルフとNASCARを観るのはなぜなのか。この二つは、伝統的なチームスポーツではなく、例えば大学や都市、州を代表するようなものでもなく、アクションが満載というわけでもない。NASCARが男にとって魅力的なのは、多くの男性が失い、渇望しているもの、すなわち「偉大な」仲間たちだけで出来上がっているスポーツだからだと僕は思う。ドライバーは、仲間の中で最も目立つ存在だが、他のメンバーの活躍も、いたるところで見ることができる。スポンサーのロゴが、車のあらゆる表面とドライバーの全身に貼られ、ピットクルーは準備万端で、数秒を競う勝負に飛び出すのを待っている。他にも、競い合う素晴らしい仲間がいる。そしてNASCARの場合、あちこちに道具――すばらしい道具があるのだ（ピットクルーの動きを見るだけでわかるだろう）。

男たちの偉大な仲間となる三つの要素がここにある。互いに好意を持ち、尊敬し合う男同士、自分自身が何者であるかを定義してくれる他の競争仲間、そして道具だ。ゴルフもそれを体現している。ゴルファーは決して一人ではなく、常にピットクルーであるキャディーと一緒にいる。他のゴルファーとそのクルーも同じようにそこにいて、お互いに競争をしている。ゴルファーのスポンサー名は、NASCARほど露骨ではないが、帽子、シャツ、ゴルフバッグに表示されている……もちろん、そのゴルフバッグには、ハイテクな道具（つまり、クラブ）がずらりと並んで入れられている。

もちろん、ゴルフをテレビで観るのではなく、実際にプレーをすることで、仲間との絆が深まる可能性もある。だが、ゴルフ番組の視聴率が上がっているにもかかわらず、ゴルフをする人の数は減っている。僕には、これがある種の本音を言い表しているように思える*4。

NFLフットボールのような他のスポーツには、競争、仲間意識、スポンサー、道具などの要素があるが、競技の進行自体が、これらのすべてを覆い隠してしまう。ゴルフとNASCARは競技の動きが控えめで、物事の関心を、男たち、自分のチーム、自分の道具に絞り込み、孤独な男の心を癒してくれる。それは、長い年月の間に失い、再構築させる方法がわからない、男自身の仲間の代用品である。次の二つの章では、男性が「内なる仲間と触れ合う」方法が焦点となる。この章での議論は、ゴルフやNASCARに本質的な問題があるということではない。むしろ、仲間との実際のつながりを補完するものとしてではなく、仲間との実際のつながりの代わりに使われた場合、孤独につながる問題が生じるということだ。このように、ゴルフとNASCARはビタミン剤のようなもので、サプリメントとしては良いが、主食としてはあまり良いとは言えないのだ。僕の家族の間では、典型的な（おそらくステレオタイプ的な）緊張関係が、定期的に繰り広げられている。そしてそれは、妻が僕のスポーツ観戦に呆れていることであり、それは僕が妻のメロドラマ観賞の習慣に対して感じているのとまったく同じ気持ちだ。どちらの活動も、無意味で無頓着なものであることは認めざるを得ない。この無頓着さに疑いを感じるなら、僕の妻が、ほんの5年前に見たドラマのあらすじはおろか、タイトルすら覚えていないことを言っておきたい。一方の僕も、贔屓のフットボールチームが、唯一、スーパーボウルに出場したときの選手の名前を、2、3人以上挙げるのは難しいだろう。この無意味さについて言えば、なぜメロドラマ鑑賞とスポーツファンであることに男女差があるのだろう。NASCARが、「男のメロドラマ」と呼ばれるのを耳にしたことがあるが、レースまでの数日間、クルーたちの活動や戦略を追うことが、NASCARファンの楽しみのひとつであることは事実だが、「男のメロドラマ」というのは、あまり正しい表現とは思えない。スポーツ対メロドラマに関する男性対女性の興味というのは、ほとんどの女性の人生が、人と関わっていることと、多くの男たちの、仲間を切望する寂しい性格に関係していると思う。メロドラマは完全な人間ドラマであり、対人関係の内面を描いている。一方、NASCARやゴルフを含むほとんどのスポーツは、何か違うもの、即ち、仲間意識と競争をテーマにしている。

男の孤独感を和らげる方法として、競争的なことをやめろと言う人はきっといるだろう。2007年のワシントン・ポスト紙の記事は、心理学者マイケル・アディスのアドバイスを伝えている。「グループに参加しなさい……ソフトボールリーグやポーカーゲームの代わりに（あるいはそれに加えて）……（アディス博士は）例えば、読書クラブやアウトドアに焦点を当てたグループを提案している*5。読書クラブやアウトドアの活動は、個人的な問題について一対一で話し合う重要な機会を与えてくれるかもしれません」。これは一般的に適切なアドバイスである。本書の後の章では、男の孤独を解決するための要素として、アウトドアのもつ特別な力について説明する。しかし、なぜソフトボールとポーカーが同じ扱いなのだろう。どうして

「読書クラブに入る代わりに(あるいは、それに加えて)ソフトボールをしなさい」と言わないのだろう。この問いに対しては、たいていの男は、勧められなくても、どうせソフトボールをするからだろうし、男たちにもっと必要で、強く勧められなければやらないのは、読書クラブみたいなものなのだと、もっともらしく言い返す人もいるだろう。

しかし、僕はチームスポーツのようなものが、多くの男たちにとっての真の強壮剤であることが、過小評価されていることを懸念している。クリストファー・ラッシュもこの件に関しては、僕と同じ意見だろう。『ナルシシズムの時代』の中で、彼はスポーツやゲームは、「セックスやドラッグ、飲酒のように、日常の現実の意識を消し去ってくれるが、それは意識を薄れさせることによってではなく、集中力を新たな強さまで高めることによってなされる」と書いている。さらに付け加えれば、スポーツは最も抵抗の少ない、はっきりとした道を示してくれる。そればかりか、「しかも、副作用も二日酔いも、感情的なやっかいな問題もない」と著者は続ける[*6]。魅力的で楽しいだけでなく、他の多くのアプローチと比べ、いま述べた以上に、二つの明確な利点がある。

第一に、チームスポーツの場で個人的な事柄について一対一で話し合うことがないというのは正しくない。僕が一緒にサッカーをする仲間と、長年の間に何度も交わした会話について考えてみよう。いつもの例で言えば、チームメイトがプレーをしているとき、僕らは皆でベンチに座っていた。そこで家族の話などになり、僕は、もうすぐ僕の「赤ちゃん」の妹(14歳年下)が結婚すること、そしてその結婚式で、妹を新郎に手渡す役をやるのを楽しみにしていることを話した。そのうちの一人が、なぜ父親がやらないのかと尋ねたので、僕は、父は亡くなったと答えた。別の人が、「心臓発作だったのかい」と聞くので、僕は、「いや、自殺だったんだ」と答えた。

このような会話は、表面的で、人生に影響を与えるには短すぎると思う人もいるかもしれない。だが、それは違う。これらの交流は、僕が父の死と折り合いをつけるための確かな助けとなった。それだけが助けになったわけではなく、助けとなったものは他にも数多くあったが、助けになったもののひとつだ。さらに、特に僕の悲しみが、何年もかけて着実に穏やかなものとなり、それにつれて父に起きたことについて、よりオープンでリラックスした態度で人と接するようになると、このような会話は、僕の父のことだけでなく、彼ら自身の人生における辛い喪失についての共感を呼び起こすようになった。これらはすべて、ゲームに戻るまでの数分間に起こりうることだ。試合後に飲みに行ったり、ポーカーをやったりすれば、なおさらだ。つまり、試合中にも、そして試合後にも、一対一の真の交流は可能なのだ。この効果は、友人とスポーツをするよりも、スポーツ観戦をしているときに何倍にも増幅されることを僕は保証する。これは、試合会場にいる時は特にそうだが、テレビで観ている時でも、ある程度あてはまる。ブッククラブに参加させるという相当な障壁はさておき、この同じ友人たちと僕がブッククラブで同じような話をするとは思えない（週に1冊以上本を読む習慣のある僕でも、ちょっと乗り気にはなれない）。皮肉なことに、フロリダ州立大学のフットボールや野球の試合で、友人たちと本の話をするのは珍しいことではない。

関連する事柄についても考えてみよう。『ナルシシズムの時代』にはこう記されている。「現代のスポーツは、『参加者本位』ではなく『観客本位』であるという、よくある苦情がある。この考え方では、観客は試合の成功とは無関係となる。これは、人間の動機づけに対する、なんと単純な理論だろう。ある技術を身につけると、それを見せびらかしたい衝動に駆られるのはやむを得ないにしてもだ」。同じ文章の後半で、著者は、観客と選手が、「深い思い入れと、スタイルと調和の感覚をもって、完璧に実行された儀式を共有する」ことに内在する喜びを強調している[*7]。試合観戦には、参加、想像、共感が必要であり、これは受動的な活動とは、ほど遠いものだ。

スポーツファンでいることの強壮剤的作用を疑う人は、第3章で述べたように、1980年の冬季オリンピックでソ連チームに勝利したアメリカのアイスホッケーチームの「氷上の奇跡」について、僕と同僚が出した結果を思い出して欲しい。1980年2月22日のことだ。偶然ではなく、それ以前も以後も、全米で自殺による死者数がこれより少ない2月22日はない[*8]。同じ研究では、スーパーボウル・サンデー当日の自殺による死者数は、その前後の日曜日に発生した死者数よりも著しく少ないこと、そしてオハイオ州立大学とフロリダ大学の地元郡における自殺率は、そのフットボールチームの活躍と著しい相関関係があることを示している。つまりチームが成功すればするほど、自殺者の数は少なくなっていたのだ。僕は時折、スポーツを鼻であしらう教授たちに、彼らが好む活動が国民の自殺率を下げるためにどのような効果があるのかと尋ねることがある。彼らは皆、黙り込み、何も答えられなかったことをここで証言しておきたい(彼らが黙り込むということ自体、まったく起こらないことなのだ)。

チームスポーツには二つの利点があることを約束しよう。そのひとつは、有意義な一対一の交流への道を開くことが可能で、また、その状況を作り出しているということだ。もうひとつは、ひとつ目に関連して、男性が最も得意だと思われる交流方法と関係がある。確かに、一対一の個人的で親密な人間関係は、男の得意分野ではない。これは単なる僕の意見ではなく、男にもっとこのような経験をさせる必要があると主張する人が考えているだけでなく、多くの研究が、この見解を裏付けている。この種の親密な交流は、間違いなく絶対に必要なものだ。しかし、交流の種類はこれだけではない。それを知るために、三つのリサーチ結果について考えてみよう。一つめは、参加者が、ある実験室から別の実験室へと廊下を歩いている途中、表向きは痛みを抱えているように見える人物に出くわすという実験だ。この人物は、参加者が知らないだけで、実は痛みを感じているわけではなく、実験者の共犯者であり、演技をしているだけだ。参加者はどうするか。

それは参加者の性別によっても変わってくる。期待に反して、平均して女性よりも男性の方が、痛みを抱えていると思われる人の手助けをした。この行動は、実験室に限ったことではない。二つめとして、僕は、自殺行動に関する研究や講義のために、自分は死ぬと決意し、死ぬための計画を実行に移し、最後の瞬間に救われた人々のビデオクリップを集めてきた。痛ましい例としては、防犯カメラに映し出された、イスラエルのある女性の行動がある。彼女は線路に近づき、向かってくる電車の前にひざまずき、視線をそらした。最後の瞬間、彼女が顔を上げると、何トンもの鋼鉄が彼女に向かって突進してくるのが見えた。その瞬間、死の恐怖が彼女を襲い、彼女は後方に身を投げ出した。電車が駆け抜ける数秒間の映像が流れた。この数秒間を耐えるのは難しい。なぜなら視聴者は、電車が通過した後、陰惨なシーンが待っていると思い込んでいるからだ。しかし、実際に起きたのは、電車が通り過ぎたあと、女性が立ち上がり、明らかに無傷の様子で立ち去ったということだ。その後の調査で、彼女は無事だったばかりか、かすり傷ひとつ負っていなかったことがわかった。

このビデオでは、別のことが明らかになった。彼女が線路に近づくと、何人もの人が彼女に合図を送り、声をかけて助けようとしていたのだ。その見知らぬ人たちは、皆、男性だった。橋から飛び降りて死ぬつもりでいたが、その場に居合わせた人のとっさの判断によって助けられた人々のビデオでも、飛び降りるのを防いでいるのはすべて男性だったのだ。三つめとして、2011年1月、ジョージア州で車を運転していた女性が道路の凍結箇所でスリップを起こし、夜の池に車ごと落ちてしまった事件がある。車はどんどん沈んでいき、彼女は泳げないことだけでなく、さまざまな理由でパニックになっていた。車が沈む直前、見知らぬ人が現れ、彼女を安全な場所まで引っ張ってくれた。その見知らぬ人は、警官ではなく、単に女性の車が池に横滑りしていくのを見た別のドライバーだった。見知らぬ人は男性で（おそらく南部の人間だろう。この点についてはまた後述する）、名声や金には興味がなかった。彼が誰だったかは誰も知らなかった。警察の報告書には、「ジョー〔名前の分からない人物〕」とだけ記されていた。

公共の場で見知らぬ人を助けることとなると、助ける側は男性である確率が高い（これは助けを必要としている人が男性であろうと女性であろうと同じだ）。なぜそうなるのかを考えるために、テーマは違うが同じような結論に至る、また別の二つの研究結果について説明しよう。まず、ニューヨークの地下鉄で行われた研究で、心理学者のスタンレー・ミルグラムと彼のチームは、見知らぬ人に近づき、何の前置きも説明もなしに、こう尋ねた。「すみません、あなたの席を譲っていただけますか」[*9]。後述するように、この依頼に応じた人は驚くほど多かったが、まずは、女性よりも男性のほうがはるかに多かったことを記しておこう。見知らぬ人（たいていの場合、その人物は若い男性だ）からの依頼に対しては、男性の方が強く反応した。二つめは、研究者のマーク・ヴァン・ヴクトとその同僚たちが、また異なるアプローチで行った研究で、男女が「公益」ゲームに参加するかどうか、またどのように参加するかに影響を与える要因についての研究だ[*10]。ある実験では、学生にそれぞれ少額の資金が割り当てられ、彼らはその資金を維持するか、あるいは模擬的な投資ベンチャーに他の人々と共同出資することができた。グループの少なくとも3分の2が出資に貢献すれば、たとえ利益が出なかったとしても、全員に2倍の分け前が与えられる。参加者の半数は、自分たちのグループが、ライバル大学のグループと競争していると思い込まされていた。

競争がない場合、男女はほぼ均等に共同出資に貢献した。しかし、ライバルの存在は、「公益」への参加に関して、女性よりも男性に対し、はるかに大きな影響を及ぼした。競争条件下では、男性参加者の92%が賭けに出たのに対し、女性は53%だった。

チャールズ・ダーウィンは、この結果を予測していたかもしれない。彼は、「愛国心、忠誠心、従順さ、勇気、そして同情の精神において高い資質をもち、常に互いに助け合い、共通の利益のために自己を犠牲にする用意のある多くのメンバーを含む種は、他のほとんどの種に勝利するだろう。そしてこれが自然淘汰と言える」と書いている[*11]。競争は、それ自体は多くの分野で評判が悪く、時には、それには理由がある。しかし、競争には、忠誠心や勇敢さといった美徳を育む可能性があることを評価しないわけにはいかない。

前述のある研究結果では、男性は女性よりも、苦痛を受けている人を助けることが多く、見知らぬ人からの要求には、より協力的だった。また、男性は女性よりも、公共の利益のために協力する。これらの結果を見ると、男は素晴らしいように聞こえるが、追加の調査結果では、そうでもないようだ。男性は女性よりも、人前で喧嘩をする。「バーでの乱闘」と言えば、バーやそこにいる人々と少しでも接したことがあれば、女性ではなく、男同士の喧嘩を思い浮かべるだろう。見知らぬ人を助ける。見知らぬ人とお金を出し合う。見知らぬ人と戦う。これらの例には、見知らぬ人と関わるという共通点がある。それには関連性がある。つまり、男性が非社会的というわけではないが、多くの男性が苦労している一対一の親密な関係とは異なる種類の関係なのだ。このような「公共の場」での関わり方は、男の孤独を解決するのに十分なほどには、濃密でも親密でもないだろう。しかし、それは、より親密な友情のための中継地点という、手段としての役割を果たすことができる。

ＮＰＲの番組「モーニング・エディション」で紹介された男性も、おそらくそう思うだろう。25年ほど前の感謝祭の日、彼は両親の離婚にまつわるジレンマに直面していた。父親の家に行って母親を孤独にさせるか、あるいは母親のところに行って父親を孤独にさせるか[12]。もちろん、このジレンマには解決策がある。コインを投げて決めるか、毎年交互にそれぞれと感謝祭を過ごすと伝えるか、他の親戚や友人の感謝祭ディナーに行くか、あるいは家で一人で過ごすかだ。本書の全体的な主張からすれば、多くの男たちが最後の選択肢を選ぶことになるだろうし、実際のところ、多くの男たちがその選択肢を選んだ。しかし、「公共の場」での男の見知らぬ人への行動の傾向と一貫して、NPRの記事の男性は、別の選択肢を選んだ。彼は地元の新聞に、12人分のサンクスギビング・ディナーを提供するという広告を出した。反応は上々で、このディナーは毎年恒例となった。2009年には、84人のために料理を作り、それ以降のディナーにも同様の人数を見込んでいる。繰り返しになるが、おそらく「公共の場」での関わりは、男性の孤独を癒すには、それだけでは希薄すぎるだろう。しかし、僕の推測では、NPRの記事で紹介された男性は、感謝祭で食事を提供する何十人かの人たちと一年を通じて友好関係を築いており、実際、何年にもわたってディナーに参加している人たちが大勢いる。つまり、「公共の場」での関わりが、より親密な友情につながる手段としての役割を担ったのだ。

「公共の場」で関わること自体が、目的であることもある。そこで、話をチームスポーツに戻そう。男の社会性は、さまざまな「他人」に関する研究が示すように、幅広く多様であり、そこでは干渉されずに自由に行動するという側面がある。チームスポーツは、競争も含め、このような社会性のための舞台を提供する。お金の投資に関する研究が示したように、競争は男同士の関係を悪化させたり、恨みや怒りといったものを助長したりするどころか、逆に男同士を結びつけることができる（女同士を結びつけることはあまりない）。

チームスポーツにも関連することだが、男が優位を占めるもうひとつの舞台となる、ニックネームの使用とその使い方について考えてみよう。アンディ・ルーニーは、毎週放送される『60ミニッツ』というテレビ番組に出演しているが、番組の中で自分がアンディと呼ばれることを嘆いている。彼にとっては、アンドリューという呼び名の方がいいのだ[*13]。この問題には、個人的に多くの経験があり、僕は興味を惹かれた。彼はさらに、あだ名は男性に多く、女性にはまれであることにも言及した。人気テレビドラマ『となりのサインフェルド』のあるエピソードで、ジェリーの友人のエレインが、スージーという名の別人のふりをしている場面がある。誰かがスージーという名前の代わりに、彼女を「スーズ」と呼んだ時、エレインがどれほど不快感を示したことか！　エレインのリアクションの猛烈さと、彼女が何に反応していたか、つまり自分のものでもない名前の、ごく些細な変更に反応していたことから、僕はこのシーンを面白いと思っていた。しかし、性別によってニックネームに対する反応が違うという、別の角度からの理由でも面白いのかもしれない。

この明らかな性差をさらに理解するために、僕の故郷であるフロリダ州タラハシーで最も有名な人物、ボビー・ボーデン監督の例を考えてみよう。２００９年のフットボールシーズンを最後に引退したボーデン監督は、二度の全米選手権（１９９３年と１９９９年）、そして、14年連続で大学フットボールのトップ５入りを果たすという、さらに感銘的で類を見ない偉業によって、ＦＳＵファンや大学フットボール界に広く記憶されるだろう。

ボーデン監督はまた、ファンや記者など（男であれば）誰に対しても「バディ（相棒）」という愛称を使い続けたことでも記憶に残るだろう。愛想がよく見えるように努め、年間、何千人もの初対面の人と会う米南部のフットボールチームの監督が、このような習慣をもっているのは害のないことだし、驚くことではない。ニックネームは、親しみや好意を伝えるためのものであり、文脈やトーンにもよるが、実際にその効果もある。しかし、会話の流れによっては、空虚で表面的なものとなり、相手に不快感を与え、相手と距離を置くことにもなりかねない。ボーデン監督のニックネームの使い方には、ときどきこうした傾向があった。そして彼の周囲には、彼を愛し、気にかけてくれる家族がいることは明らかだが、コーチが何百人もの人々の中にいながらも、とても孤立しているように見えるエピソードを、タラハシーの人々が見聞きすることは珍しいことではなかった。つまり、「群衆の中の孤独」だ。

なぜボーデン監督は、ニックネームを主に男性だけに使ったのか。ひとつには、女性にはウケが悪いこと、「スージー」と「スーズ」の事件でエレインが見せたような反応を引き出す可能性があることを、多少は意識していたのかもしれない。もうひとつ、女性記者に挑発されたり怒られたりすると、彼は時折、「相手と距離を置いたり、仕返しをしたりするために冗談を言う」モードに陥ることがあった。例えば、ある女性記者が、引退するかどうかというデリケートな話題について質問をした時、監督はユーモアのつもりだったらしいが、明らかに苛立ちを帯びた口調でこう答えた。「女らしい質問だな」。このあまりにもあからさまな性差別的発言に、これ以上の非難が起きなかったことは驚きだ（これ以上の非難が起きなかったのは、タラハシーのメディアが報道しなかったからではない)。また、稀にではあるが、監督は、「ミッシー」や「ダーリン」といった、女性を示すニックネームを口にすることもあった。

これらのニックネームは親愛語であり、このカテゴリーで女性にふさわしいものをいくつか考えるのは簡単だが、男にふさわしいものを考えるのは、はるかに難しい。ボーデン監督の「バディ」は、「パル」「スポーツ」「チャンプ」といった同じジャンルの呼び名と同様に、男のニックネームとしては、親愛語に近い。これまで見てきたように、彼はしばしば、愛情を示すためではなく、むしろ相手との距離を保つためにそれを使った。実際、最も簡単に思いつく男性の名前の短縮形は、ジェームズはジミーやジェイミー、トーマスはトミー、アンドリューはアンディというように、特定の名前の末尾に「-y」や「-ie」をつけることである。アンディ・ルーニーの番組の例が示すように、多くの男性は、特に年齢を重ねるにつれて、このような名前に抵抗感を示すようになる。

僕の名前のトーマスは、メキシコ人の妻とその家族から、トマシートという、さらなる親愛語で呼ばれている。スペイン語にはそうした形式がたくさんあり、二つの点で、この言語について僕はいつも興味をそそられる。そして僕の直感では、それらは偶然ではないと思う。一つには、親しみのある代名詞と正式な代名詞が区別されていることだ。例えば、「あなた」という代名詞の場合、家族や友人などの親しい人には「トゥ」を使い、敬意を表すときには「ウステッド」を使う。フランス語(トゥとヴ)のように他の言語にもこのような区別があるが、僕がこの本を書くにあたって念頭に置いている男たちの母国語である英語にはない。本書の最終章では、この点に立ち返り、孤独な性の問題に、アメリカ的なもの、あるいは英米的なものがあるかどうかを考えてみたい。親しみのある代名詞を使うことで、親しさや親密さを示すことができることは、スペイン語の構造そのものに組み込まれている（理論的には、「ウステッド」が言語構造に組み込まれていることによって、同じように正式さと距離も示すことができると言うべきだろうが、次に指摘するように、僕のメキシコ文化の経験では、これは理論的には正しいが、実際にはそうなっていない）。親密さに関連する言葉のもう一つの側面は、親愛語のイメージの背後にある感情の強さである。英語の「ハニー（はちみつ）」や「シュガー（砂糖）」のようなニックネームには、文字通りの意味でも比喩的な意味でも、確かに甘さがあるが、スペイン語でよく使われる「ミ・シエロ（私の空）」や「ミ・ヴィーダ（私の人生）」のような広大さには欠ける。妻と僕はお互いを「マイ・ラブ（私の愛）」と呼び合っている（ただし、一度だけ、気が動転したときに、妻は僕のことを「マイ・ランチ（私のランチ）」と呼んだことがある。まあ、その時は昼時だったのだが）。そしてそれは、「スウィーティ（可愛い人）」や「ダーリン（最愛の人）」や「ディア（大事な人）」といった表現に比べて、イメージが広大なので、タラハシーの友人たちを笑わせている。

男たちの間ではニックネームがはびこっているが、それは明らかに「ミ・ヴィーダ（私の人生）」タイプよりも「バディ（相棒）」タイプである。男同士のニックネームは、本物の愛情を示すこともあるが、孤独な性の問題を補うものであることが多い。ボーデン監督の「バディ」のように、男同士のニックネームの多くは、表面的な親近感や親密さを表すもので、実質的なものはない。

あだ名をつけることや、ゴルフやNASCARをテレビ観戦するようなことは、最終的には、本物の対人関係の代わりにはならない。従って、結局は間違った埋め合わせなのだ。失敗の主な理由は二つある。第一に、テレビで何かを見ることは、他人の経験を自分のことのように味わう行動であり、他者との実際の交流からは、かけ離れている。この背景から、シカゴ大学の研究者が35年間にわたって4万5000人のアメリカ人を対象に行った最近の研究によると、10ほどの日常的な活動のうち、幸福な人は、不幸な人よりも日常的な活動を多くする傾向があったが、ひとつだけ例外があった。その例外とは、テレビを観ることだ[*14]。研究者の一人は、次のように述べている。「私たちは、幸せな人が行う8から10の活動を調べたが、他人を訪れることや教会に行くことなど、それぞれ、そうした活動をより多く行っている人ほど、より幸せだった。否定的な関連性を示したのは、テレビを観ることだった。不幸な人は、より長い時間、テレビを観ており、幸福な人は短かかったのだ」[*15]。NASCARやゴルフのテレビ観戦が、対人関係の代用品として失敗する第二の理由は、NASCARやゴルフが持つ魅力にある。そう、その魅力のひとつは、すでに述べたように、仲間意識だ。しかし、男がこれらのスポーツに惹かれるもうひとつの理由は、その無骨な個人主義にある。これらのスポーツは、「マノ・ア・マノ（一騎打ち）」だ。NASCARやゴルフのテレビ解説者は、1回のイベントに最低1回はこの言葉を使う。男たちがこうしたスポーツに惹かれるのは、個人主義を損なうことなく賛美できるからだが、それだけではなく、個人主義が、仲間意識的な環境の中に位置づけられているからでもある。

男は仲間を必要とするが、特に、年齢を重ねるにつれて仲間がいなくなりやすい。NASCARやゴルフでそれを補う人もいる。彼らは酒も飲むが、飲酒もいくらか効果がある。なぜなら、NASCARやゴルフの要素が、いくつかそこにあるからだ。たとえば、スコッチに関して、議論をし、ウンチク本を熟読し、ボトルを購入をする男たちの注意深さと知識には、道具に対するのと同じ態度が見受けられる（これを疑うなら、雑誌『Malt Advocate』を読んでみるといい）。そしてゴルフと同じように、ある活動を一人でするのと、テレビで見るのと、他の人と一緒にするのとでは違いがある。友人とゴルフをすることは、問題を解決するか、少なくとも和らげてくれるかもしれないが、一人でテレビを観ることでは、そうはならない。スコッチやビールを友人と飲むことは、助けになるかもしれないが、一人で飲むことは、助けにならないかもしれない。もちろん、アルコールは社会の多くの分野で悪者扱いされてきた。それはある程度、理由があってのことだ。アルコールは確かに人を殺したり傷つけたりする。しかし、それを禁止したのは明らかな失敗だった。禁酒法がアルコール消費量の「増加」につながった可能性を示す証拠があるが、強い酒は密輸に有利であったため、入手しやすく人気があったことも一因だ。さらに、当然ながら、非常に暴力的なアルコールの闇市場が繁栄し、その収益は税金の財源に回されることはなかったのだ。

飲み過ぎを除けば、実験や報告書における証拠で明らかなように、アルコールはおそらく害よりも益のほうが多いだろう。実験的な観点からは、適度な飲酒は、飲み過ぎや、まったく飲まないよりも健康に良いという見解でコンセンサスが得られつつある。ダニエル・オクレントがその著書『ラスト・コール（Last Call）』に記しているように、建国の父たちは、日常的な酒飲みで、そして時には、大酒飲みだった。ジェームズ・マディソンは、合衆国憲法前文の「われら合衆国の国民は……」や、残りの部分の合衆国憲法の草案を練りながら、毎日1パイントのウイスキーを飲んでいた。トーマス・ジェファーソンも、「われわれはこれらを自明の真理であると信じている」という文言を考え出した時、同じように酒を好んでいた。

僕は、アルコールを生活から排除したことにより、予想外の悪影響を受けた例をいくつか知っている。詩人のジョン・ベリーマンと小説家のジャック・ロンドンは、それぞれ、自殺で亡くなる前の数週間から数ヵ月の間、酒をやめていた。断酒は彼らの幸福に貢献するどころか、社会的孤立を加速させ、その結果、悪化に拍車をかけたようだった。ウィリアム・スタイロンは、『見える暗闇（Darkness Visible）』〔邦訳新潮社〕という、うつ病に関する洞察力に富んだ回顧録の中で、自身の人生における同様のプロセスを指摘している。アルコールが突然、不可解なことにスタイロンを体調不良にさせた。そこで彼は、合理的に考えて、酒をやめることにした。しかし彼は、この決断が、致命的ともいえるうつ病に至るプロセスを引き起こしたと信じている。僕は臨床の場で、スタイロンのような経験をした、心理療法を受けていた患者を何人か知っている。

これらの例では、何が起きているのか。そのメカニズムには、アルコールが社交性に及ぼす影響が関係していると僕は考えている。アルコールの摂取は、社交性を高め、孤独感を和らげる。アルコールを止めると、人によっては社交的な欲求が激減し、やがて、孤独とそれがもたらす悪影響が襲ってくる。

社交の機会を、そして実際に社会的なスキルを妻に全面的に依存する男性も、これと似たようなものだ。そういう男性が妻を失うと、その損失は、社交性の喪失によって、さらに大きなものとなる。同様に、（一部の）男性は、アルコールを失うと社交に対する欲も失い、スタイロン、ベリーマン、ロンドンなどの例が示すように、非常に悪い結末を迎えることになる。

ここでの問題は、アルコール（あるいは妻）への「依存」についてではなく、むしろ「過剰な依存」についてである。アルコールが単なるセッティング条件で、社交の車輪に油を差すだけのものであれば、問題は最小限になる傾向があり、社会的なつながりが強まるという利点の方が、かなり大きくなる。しかし、すべての社会的なつながりが飲酒に依存し、アルコールがなければすべての社交が枯渇するとすれば、その危険性はもう明らかだろう。

アルコールには、銃と同じような、魅力的な性質がある。銃と同じように、アルコールにも「自分のことは自分でやる」という性質があり、危険な側面があり、その長い歴史、さまざまな種類、製造方法、その言葉の使い方（ジェームズ・ボンドがマティーニを注文する際の有名な台詞。「ステアではなくシェイクで」）に関連した高い評価がある。アルコールを使うことは、テレビでゴルフやNASCARを見るのと同じように、多くの男たちにとって潜在的な解決策のように思われる。というのも、それは、霧の中にいるような漠然とした男の孤独感をいくらか和らげてくれるが、それでも自立は守られているからだ。孤独と問題のある飲酒習慣の間には、実証に基づいた関連があり、そしてこの関連は、孤独がさらなる飲酒を招き、それがさらなる孤独を招くというような、負の雪だるま式的な効果の基礎となるものだ。

ある人気雑誌に掲載された、男性の意識調査において、20代と50代の男性であまり差がなかったのは、銃に対する考え方だった（「銃規制」全般に関する非常に簡潔で広範な質問の答えを評価したものだ）。どちらのグループでも、銃規制に対して肯定的な感情を抱いている人は半数以下だった[*16]。

何千年前の世代の多くが武器に憧れを抱いていたように、多くの男は銃に魅了される。道具であることはもちろん、仲間意識や競争心も生まれる可能性があるといった、いくつかの要素があるため、これはアルコールと同じように、孤独感の軽減に多少の効果はある。しかし、最悪のシナリオでは、彼らは自分自身に向けて……銃を放ち、その結果、男（主に年配の男性）の自殺率が非常に高くなるのだ。

死亡当時、高齢ではなかったが、ニルヴァーナのミュージシャン、カート・コバーンの生と死は、銃と男の関係についての、これらすべての要素を物語っている。コバーンは銃所有の趣味に目覚め、友人たちと射撃場に出かけるのを楽しんだ。「目覚めた」というのは、正しい表現だと思う。というのも、13歳くらいの子どもの頃の彼は、銃は野蛮なものだと信じていて、銃には関わりたくないと思っていたからだ。しかし、何度も銃に晒されることによって、彼は嫌悪感を失い、自ら進んで銃を求めるようになっていった。このプロセスは、コーヒーやニコチン、極端に辛い食べ物などを、最初はすごく嫌っていたのに、その物質に対する嫌悪感を失うだけでなく、その物質に対して渇望を抱くようになるのと似ている。コバーンにとって銃は、多くの人々にとってそうであるように、楽しい娯楽だった。それは彼を夢中にさせ、同じような思いを抱く人たちともつながる活動だった。残念なことに、深い断絶と疎外感の中で、彼は銃の一撃を自分自身に向けた。彼は1994年に27歳で亡くなった。

コバーンや他の人々は、他の人が道具や車を見るのと同じように、銃を見ている。道具や物や銃が魅力的な理由はたくさんある。それらは道具的特性を表現し、したがって、自主性を表現する手段である。あるグループにおいては、ステータス（地位）を表現する手段でもある。そしておそらくそれに関連して、鋭く危険な一面も持っている。しかし、それだけではなく、サブカルチャーの愛好家仲間と熱中し、交流する場ともなる。こうした物とのつながりは、持続可能なものだが、それが失われれば、銃と同じように、その道具を自分自身に向けることも珍しくない。ナイフや刺し傷による自傷、ガレージでの首吊り、車内やガレージでの一酸化炭素中毒、意図的な自動車事故による死（あるいは、移動中の車内で銃による自殺――奇妙なことだが、驚くほどめずらしいことではない）はすべて、銃、道具、あるいは車が、熱中と交流のための道具から、死の召使いへと変化した例である。

男たちが道具のようなものに興味を持つのは、ステレオタイプに見えるかもしれないが、それでもその中には真実がある。クリント・イーストウッドの映画『グラン・トリノ』では、主人公がガレージにたくさんの工具を持っていて、その道具自体を楽しんでいる。しかし彼は、近所の一人の少年に、工具に関する知識（そしていくつかの道具そのもの）を与えることにも喜びを感じている。これは単なるフィクションではない。なぜなら僕の知り合いにも、このイメージに当てはまるような実例をたくさん思い浮かべることができるからだ。

この文脈で、「男と出会うためのオフビートな10の場所」と題された、男の本性を暴くという、女性向けの記事について考えてみよう[*17]。この記事の冒頭は、気の利いた面白い指摘から始まる。「ウィリアムズ・ソノマでランチョンマットを見ていて、素敵な男性と出会った女性の話を聞いたことなんてある？　私もないわ」。そして、最初のオフビートな場所である「近所のDIY工具店」に話は移る。記事は続く。「近所の工具店は、高級アパートを所有する手先の器用な人だけでなく、すべての男たちのたまり場です……。道具に囲まれていると、男の男らしさが引き出されるのです……DIYプロジェクトについて彼にアドバイスを求めてみましょう（『大きな鏡を吊るすには、特別なフックが必要ですか』）」。そして、工具店に続くオフビートな場所その2とは、どこだろうか。それはゴルフの練習場だ。

男の孤独の根本的な原因のひとつは、男たちが、この問題が自分に迫ってきていることに気づいていないことだ。しかし、彼らもまったく気づいていないわけではなく、問題の兆候を感じ始めると、自分では正しいはずだと感じられる解決策に頼るが、最終的には、それは正しい解決策ではない。銃への憧れや、ゴルフやNASCARのテレビ観戦（男性に多い）など、これらの解決策は有効なものに感じる。なぜなら、それらは、大切にしている自己の独立性をそのままに、同時に仲間とのつながりを匂わせる側面も持っているからだ。

NASCARドライバーや多くのゴルファーの、熱く激しい独立心はよく知られている。しかし、NASCARのドライバーは、サポートやスポンサーのスタッフを含めると、何十人という人数のチームの中に組み込まれている。孤独を感じ始めてはいるが、独立心を大切にしている人にとっては、なんと魅力的なことだろう。男たちはアスリートたちに共感し、癒される。だが、癒されることでは解決にならない。しかし、癒されることは、解決への道を示すことはできる。解決策のセクションで詳しく述べるが、長続きする行動の変化は、すでに根付いている習慣の上に構築するのが最も簡単で、最も成功しやすい。一人でNASCARやゴルフをテレビ観戦する習慣は、友人と一緒にNASCARやゴルフを観たり、友人と一緒にレースやトーナメントに出かけたり、友人とゴルフをしたりといった形に変えることができる。

孤独のもうひとつの破滅的な埋め合わせとして、男性の不倫がある。これは一時的かつ破壊的な解決策であり、離婚率の上昇の一因となっている。『エスクァイア』誌の「アメリカ人男性調査」（２０１０年10月）によると、離婚について次のような意見を支持する男性は、20歳よりも50歳の方が多かった。「選択肢の一つだし、悪いことだとは思わない」。

アルコールと同様、セックスは強力な気晴らしになり得るし、セックス自体（親密さや近しさとは対照的に）は、確かに、ある種のつながり……を可能にする。しかし、感情的な親密さがなければ、セックスは濃密であっても、束の間のつながりを意味する。その激しさが、それが一時的なものであることを覆い隠している。セックスは、性的欲望や性的征服のような自己中心的な満足感を得ることを可能にしながらも、つながりの幻想を可能にするものだ。アルコールの使用と同様、加速する孤独を解決するためにセックスを使うことは、本物の持続的な対人関係を伴わない限り、絶望的である。それがない場合は、連続不倫、破滅的な結婚、家庭の崩壊につながるのだ。

女性よりも男性の方が、離婚後や死別後に苦労する傾向がある。最近、妻を亡くした男性が、僕にこう言った。「僕の男友だちは、どうしたらいいのか、何を言ったらいいのかわからないようだ。女同士なら、そうした時、お互いが寄り添い合えるように思える。僕にもそういうものがあったらいいのに」。

第3部

解決策

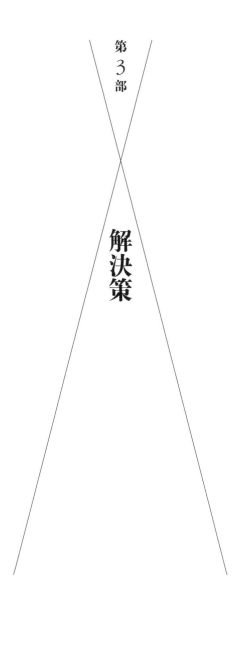

第7章 自然を愛し、健康を取り戻す

男の孤独が作り出す悲惨な状況に希望はあるのだろうか。ウィリアム・フォークナーは、1950年代後半、ヴァージニア大学のアーティスト・イン・レジデンスに選ばれていた。(その立場とそれに伴う多くの講演会への招待について、彼は、いかにも彼らしく、自分はスピーカー・イン・レジデンスではなく、ライター・イン・レジデンスであると語ったが、これまた彼らしいことに、招待を承諾した後、聴衆に対しては、時には感動的なほど優しかったという)。ある質疑応答の席で、若い女性がフォークナーにこう尋ねた。「あなたは人間の心の秘密について書いていると言われていますが、人間の心には、一つの最も重要な真実があるのでしょうか」。

この質問は明らかにフォークナーの心を動かした。彼は間を置き、「それはほとんど形而上学的な質問だね」と言った。そして再び間を置いてから、より真剣な面持ちで、慎重に言葉を選びながら、こう言った。「人間の心の真実が一つあるとすれば、それは心を信じること、今よりも良くなろうとする能力を信じることだろう」[*1]。

フォークナーが一瞬ためらったのは、その質問についてあまり考えていなかったからではないことは確かだ。若い女性が指摘したように、彼の小説の焦点は、この問いに答えようとすることだった。それだけでなく、彼は数年前にノーベル賞を受賞した際、ストックホルムでこのように語っていた。

単に耐えることができるから、最後の赤い夕陽の中で、潮の干満にも濡れない価値なき最後の岩から、運命の最後の鐘が鳴り響くとき、それでもなお、取るに足らない、疲れ知らずの声が、まだ話しているのが聞こえるから、人間が不滅だと言うのはあまりにも容易です。私はそうしたことを認めることを拒絶いたします。私は、人間は耐えるだけでなく、勝つことができると信じています。人間は、多くの生き物の中で、唯一、疲れ知らずの声を持っているから不死なのではなく、魂があるから、同情と犠牲と忍耐を可能にする精神があるからこそ、不死なのです……人間の過去の栄光であった勇気と名誉と希望と誇りと思いやりと哀れみ、犠牲的精神を思い出させることによって、人が耐えることの手伝いをするのが、作家に与えられた特権なのです[*2]。

フォークナーのような芸術は、人間の魂や心を高揚させ、孤独から実際に身を守ってくれる障壁となるもの、つまり思いやりや犠牲といったものを引き出すことができる。しかし、フォークナーの小説や、ルーブル美術館の絵画のような芸術は、本書で提案する男の孤独の問題の解決策にはならない。現実的に考えて、芸術を享受できる人の数は少なすぎる。そして、享受できる人であっても、自ら関わろうとする人は比較的少ない。残念なことだが、それは事実だ。

孤独な性の問題に対する解決策は、思いやりや犠牲といった、フォークナーの言う真理を培うことを試みなければならないが、一部のエリート層だけでなく、一般的な男性をターゲットにした方法でやる必要がある。

心理学者のアラン・カズディンは、これに関する問題について、幾分、似たような結論に辿り着いている。質の高いメンタルヘルスケアを広く利用できるようにする問題について、この心理学者は、通常のメンタルヘルス治療の形態である個人精神療法を、あまりにも「エリート」向けであると評した[*3]。彼は冗談半分に、「少数の人々だけを対象とし、困っている人々、特にマイノリティの人々、特に地方の人々、特に高齢の人々、特に若い人々を排除することが目標なら、私たちは素晴らしい仕事をしている」と述べた。それとは対照的に、うまくいく可能性があるのは、民衆の、民衆に対する、民衆によるアプローチであるという言葉で言い表せるものかもしれない。そのことを指摘する記事には、こう書かれている。「インターネット番組やスマートフォンのアプリは、幅広い地域の人々に訴求できる。思春期の友だちといった素人のセラピストが、10代後半の若者の助けになる。オフィス、学校、店舗といった日常的な環境で発せられるメッセージは、介入策を提供する新たな手段となりうる」。記事は、「なぜ日常的な場面で治療を行うのか」と問いかけ、そして答えを出している。「そこに精神病理学があるからだ」。「そして、そこが人々のいるところだからだ」と付け加えたかもしれない。

この議論は、前述の芸術に関する議論と似ている。問題は、芸術や心理療法そのものにあるのではない——控えめに言っても、どちらの分野にも問題はあるが。むしろ問題は、アクセスと普及にある。個人あるいは集団心理療法に参加したり、美術教室に通ったり、定期的に美術館巡りをしたりすることを男に求める解決策は、ほとんどの男にとっては、絶対に乗り越えられない巨大な壁を見るようなものだ。

男の孤独を和らげられるという希望はあるのかという問いに対する、もう一つのアプローチは、次のような質問を投げかけることだ。即ち、男の脳は単純に異なる配線がされていて、孤独とそれを引き起こす傾向が、ハードウェアに埋め込まれているのだろうか。繰り返しになるが、希望はある。こうした傾向は、生まれつき埋め込まれているものではない。後者については、グレッグ・ハジャック研究員〔FSUの心理学科所属〕らによる一連の研究が参考になる*4。この研究者たちは、人がさまざまな刺激、特に感情的な内容を含む、視覚的な刺激を提示されたときに脳が発する、即時的な電気信号に関心を持っている。これらの信号は、高速で記録され、意識的な思考は、ほとんど捉えられない。測定されるのは、オリエンテーション反応〔脳が示す反射的な方向性〕と同類のものだ。無生物ではなく、人が写っているイメージの場合、電気信号は、大きく明瞭なものとなる。脳が興味を示しているということだ。比較となる無生物のイメージが、特別に興味深く、複雑でカラフルなものであっても、脳は人のイメージの方に、より強い興味を示す。人物イメージというカテゴリーの中で、調査チームは、イメージを内容に基づいて次の三つのグループに分けた。それらは、エロティックなイメージ、親和的なイメージ〔他の研究者は育成的なイメージと呼ぶ〕、刺激的なイメージである。この研究でのエロティックなイメージとは、例えば、シーツの下で男女が明らかにセックスをしている様子、親和的なイメージは、母親が赤ちゃんを世話している姿、刺激的なイメージは、サーフィンでチューブライディングをしている、波しぶきを浴びた人物のクローズアップを映し出すといったものだ。脳は、どのようなイメージを最も強く志向するのだろうか。

この種の研究からは、二つの興味深い結果が浮かび上がってくる。まず脳は、エロティックなイメージと親和的なイメージに対しては、同様に高い反応を示し、刺激的なイメージに対しては、それほど高い反応を示さなかった。脳を人間の生存に不可欠な装備の一部と考えれば、これはある程度、理にかなっている（遺伝子を受け継ぐための生存という進化論的な意味においてだ）。この文脈では、僕たちの神経系は、生殖や養育に関わる場面を優先的に志向するはずである。というのも、それらは進化上、スカイダイビングやサーフィンのようなエキサイティングな刺激よりも、重要なものだからだ。第二に、これらの研究結果では、男女に差は見られない。より正確には、脳の即時的な方向づけ反応に男女差はない。しかし、写真に対する自分の内発的な興味を評価するよう求められたときの参加者の事後反応には、違いが生じる。

想像してみよう。典型的な19歳の男子大学生が、前述のような実験に参加したとしよう。参加するにあたって彼は、この研究について知らされ、内容を説明するインフォームド・コンセントの書類に署名し、電極キャップを装着するなどの準備をする必要がある。電極キャップが装着され、赤ちゃんの目を見つめる母親の映像が映し出される。数ミリ秒のうちに、装置は、イメージに対して青年の脳がどういう方向づけをしたかの反応を記録する。反応は、このような親和的なイメージにありがちな、健全なものである。それから数秒後、リサーチ・アシスタントは青年に、その絵に対する内発的な興味を1点から10点までの点数で評価するよう求める。10点は非常に関心が高いことを示す。彼は次のような思考回路を経て、「6点」と答える。「5点以上でないと、赤ちゃんや母親のイメージに抵抗感をもっているように思われるし、いずれにせよ、良いイメージだ。でも、あまり高く評価しすぎると、こうしたことに興味がありすぎて、男性的なことには、あまり興味がないように思われるかもしれないからね」。つまり、「6点」だ。

エロティックなイメージに対しては、そのようなジレンマはない。脳は数ミリ秒のうちに力強く方向づけを行い、その普通の男子大学生は、すぐにそのイメージを「10点」と評価する。

次は、ミラーバイザー付きのフルヘルメットなど、魅力的なスキーウェアに身を包んだ若者のイメージだ。その人物はスノーボードをしていて、常緑樹の林を背景に、雪しぶきをあげながら、懸命にターンを繰り返している。装置が作動し、健全な方向づけ反応を示す、イメージに対する反応を記録する。しかし、その反応は、母親と赤ちゃんのイメージや、エロティックなイメージに対する反応ほど顕著ではない。人間の脳のハードウェアは、そのように設計されているのだから、これがあるべき姿だ。そして若者は、1点から10点までの評価を求められる。ここでは、彼はあまり考える必要もなく、しかも母親と赤ちゃんに対する反応とは対照的に、自分の思考プロセスを声に出して言う。「スノーボードは最高だ。スノーボードは大好きだよ。写真はカッコいい。9点だ」。

ここで起きていることは、厄介であると同時に、期待のもてることでもある。少なくともあるレベルでは、この男子学生の脳は、親和性という、人のもつ本質的な力を理解している。このことは、母親と赤ちゃんのイメージとスノーボーダーのイメージに対する、彼の即時的な方向づけの反応に見ることができる。この点で、彼の脳の反応は同世代の女性と似ている。この結果には、期待と可能性がある。なぜなら、孤独感を減少させる基本的なハードウェアが男性の脳に存在することを示唆しているからだ。

もちろん、厄介なことに、男性は、このもともと組み込まれているプログラムを上書きすることを学ぶ。それはまさに、前章までで説明したプロセスを経て行われる。しかし、もしも彼らが孤独を誘発するような行動を学ぶことができるなら——僕は彼らがそうしていることに異論はない——それならば、おそらく彼らは、それらの行動を捨て去ることもできるだろうし、あるいは、孤独な性を生み出す態度や行動を相殺する、新しいことを学ぶこともできるはずだ。この「捨て去ること」と「新しく学ぶ」ことが、本書の第3部の焦点となる。

自然の力

次の話は、牧歌的に聞こえるようなものもあるが、これはまさに、僕が勧めたくない非現実的なアプローチだ。そして、解決策の内容があまりにも薄っぺらでリアリティがないため、うまくいく見込みがない場合も明らかにあり得る。バーバラ・エーレンライクは、著書『ポジティブ病の国、アメリカ（Bright-Sided）』の中で、そのような例の一つを指摘している。舞台は保険会社の営業研修で、研修は毎日、全員が拳を振り上げながら、「私は健康で、幸せで、素晴らしい気分です」と大声で叫ぶことから始まる。こうした拳のことをトレーニング指導者は、「勝利の拳」と呼んだ*5。アムウェイ社の販売集会でも、同じようなことが起こる。群衆の一方が「すごいだろう」と叫び、もう一方が「すごいよ」と返す。大半の人は、これらは何かを解決するには、表面的で効果のない、くだらないアプローチだと考えるだろう。

しかし、なぜくだらないのだろうか。トレーニングは積極性に欠けているわけではなく、はっきりとした特徴を持っている。保険研修のスローガンは、健康についてさえ、言及している。しかし問題は、外の世界、つまり他の人々や自然につながる、現実社会への関連性が含まれていないことだ。保険の営業研修の例よりも自己中心的なスローガンや、アムウェイの例よりも意味不明なかけあい言葉を作るのは、至難の業だろう。

自然に対する生来の一体感を満たすのが簡単なように、無分別なことを唱えるのは簡単なことだ。しかし、そこには違いがある。自然とのつながりがもつ力を疑うべきではないということだ。自然とのつながり以外にも、加速していく男の孤独感に対して効果的だと思える解決策はある。そのうちのいくつかは、他のものよりもうまくいく可能性が高いのは間違いない。しかし、アウトドアに焦点を当てることは、特に他の人々を巻き込むのであれば効果的だ。しかし、仮に人を巻き込まなくても、おそらく、自ら手を伸ばし、自分の殻を破り、より大きな周囲に関わることに興味を抱かせることができる点で、効果的だろう。

著名で急進的な社会生物学者E・O・ウィルソンは、「人間と他の生物との、生来の感情的な結びつき」をバイオフィリア*6と呼んだ。ここで僕は、その定義を他の自然現象にも広げてみたいと思う（人工的な現象でさえ、その役割を果たすことがある）。エリック・ワイナーの著書『世界しあわせ紀行（The Geography of Bliss）』〔邦訳ハヤカワ文庫NF〕では、毎年の動物園の入園者数が、全てのスポーツイベントの参加者数を上回ると指摘し、人の自然を愛する力を強調している。この著者はまた、入院患者に関する有名な研究についても触れている。ある患者の部屋からは木々が見え、また別の患者の部屋からは向かいの建物のレンガの壁が見えた場合、前者の患者は、入院期間が短く、身体やその他の状況に対する苦情も少なかった。これは、観葉植物を世話することが、老人ホーム入居者の死亡率低下と関連するという研究を思い起こさせる。

メアリー・ローチは著書『火星への荷造り（Packing for Mars）』〔邦訳『わたしを宇宙に連れてって』NHK出版〕の中で、「人は自然との接触を奪われるまで、自分がどれほど自然を恋しく思うかを予想することはできない」と書いている。彼女はこう続ける。「潜水艦の乗組員がソナー室に出没し、クジラの声やスナエビの群れの音に耳を傾けているという話を読んだことがある」*7。実際、潜水艦の艦長が、乗組員のやる気を引き出し、報酬として使うものの一つに、「潜望鏡使用の自由」がある。それは、潜望鏡を通して、海岸線や星や、雲や鳥を眺めるチャンスだ。自然との接触を大幅に奪われると、自然界のありふれた部分との基本的なつながりへの渇望が生まれるのだ。

宇宙飛行士にも同じことが起きる。『火星への荷造り』によれば、「ガーデニングにまったく興味のなかった宇宙飛行士たちが、実験用の温室の手入れに長い時間を費やしている」という。この本には、ソビエト初の宇宙ステーションであるサリュート1号で、彼と同僚が育てていた小さな亜麻植物について語った、宇宙飛行士の言葉が引用されている。「これは僕たちの愛だ」[*8]。海底や宇宙のような環境で芽生える渇望や愛情は、自然とつながる力を示す指標となっている。そして、宇宙飛行や潜水艦勤務のような稀な状況で、その渇望が最も強く現れるという事実は、あるジレンマを指し示している。

そのジレンマとは、孤独な男性も含む事実上すべての人が、さらに言えば、刑務所にいるほとんどの人間でさえも、自然と十分に接触していれば、自然に対して強い渇望を抱くことはなく、そのため、自然との接触が増えることによる有益な効果を過小評価してしまうということだ。僕は最近、この本を締切りまでに書き上げるために、積極的に自分を孤立させる道をとった。それにもかかわらず、僕はいつも、自然のグリッドから外れることに失敗する。逆に、自然の方が僕を捕まえに来るのに失敗することは、めったにない。独りの時間を確保するための努力が、比較的うまくいっているときでも、ブラインドの隙間から、陽の光がオフィスに差し込んでくる。あまりうまくいっていないときは、子どもたちや、犬や、猫や、妻に呼び出され、何かをしたり、話し合ったり、掃除をしたりすることになる。僕は強い苛立ちを覚えるが、彼らの表情や、期待や、ユーモア（これは犬や猫に対しても言えるが）の輝きの中で、それが素早く消え去る「ことがある」ことに（「苛立ちが消え去る」とは言っていないことに注意）、僕は心を打たれる。つまり、それが彼らの「自然性」と言えるものだ。

世界で最も孤立した状態にいる男が、まさに自然に浸っている。宇宙飛行士のように、彼は自分の狭い空間だけで過ごし、その中に閉じ込められ、完全に独りだ。こうして彼は、約15年間生き延びてきた。彼は宇宙ではなく、正しくはブラジルの大自然の中にいる。彼は、他の人々と持続的な接触をしない部族の、最後の生き残りだった。彼は侵入者を、時には力ずくで撃退する。少なくともひとりの部外者を弓矢で射ったこともある（前述の男性の反応的な暴力についての話を思い出してほしい）。その男はどうやって生きのびているのか。どうやって孤独に耐えているのか。

本当に孤立しているにもかかわらず、彼が人間関係を活発に続けているという証拠がある。つまり、彼は、亡くなった先祖たちの霊的な世界と定期的に交信し、彼らのために定期的に樹木に儀式の印を残すことで、人間関係を続けているのだ。そして彼は、自然と深く関わり合いを持ち、狩猟をし、トウモロコシなどの作物を育て、野生のミツバチからハチミツを採取している。

僕の何人かの幼なじみは、長年にわたって自然に浸ることの力を理解していたが、僕は最近まで彼らを疑っていた。僕がスモーキー・マウンテン〔テネシー州とノースカロライナ州の境界に沿って伸びる山脈。国立公園〕に彼らを訪ねると、彼らはごく自然に、僕をハイキングに連れて行こうと考える。そうあるべきだし、それは素晴らしいことなのだが、最初の数回は、僕は疑ってかかっていた。彼らはカッコいい山男たちだったが、少し現実離れしているように、僕には感じられた。もちろん、現実から離れていたのは僕のほうで、特にカッコよくもなかった。この点では、僕は多くの男たちのひとりだと思う。実際、自然界は僕の周囲に十分に存在しているので、強く自然を切望することはなく、そのため、自然ともっとつながることが幸福感を高める機会であることの真価をわかっていないということだ。ほとんどの男は、潜水艦乗組員の「潜望鏡の自由」程度に自然に触れるだけで、どうにか生きていく。つまり、それほど多くなくとも、もう少しだけ自然に浸る機会を増やせば、健康や幸福を目に見えて向上させることができるのに、時々、自然を垣間見ることだけで済ませているのだ。

自然との結びつきを、医療効果が薄いだけでなく、絶望的に浅はかだとして拒否する人もいるだろうと思う。自然との交流は、特に、深刻な孤独感や、それにしばしば関連する精神障害のような、潜在的に危険で致命的ですらある心の状態に、どのように変化をもたらすことができるのだろうか。重度のうつ病で自殺寸前まで追い込まれた回想録作家にとって、自然とのつながりは、大きな違いをもたらした。エリック・ウィルソンは、この経験を綴った回想録の中で、次のように書いている。「より大きな世界と関わり始めた……自己中心主義から抜け出し、囲いのない空中に飛び出した。それは小さなことから始まった。例えば、自分の娘が、葉っぱや、松ぼっくりや、マネシツグミをどのように見ているのかを想像することで、僕は自然に新たな喜びを感じるようになった」。同じ箇所で著者は、「自然と触れ合うのは簡単だった。人とつながる方がもっと難しかった」[*9]と述べている。これは重要な洞察だ。自然とつながることは、それだけで孤独感を軽減する効果がある。しかし、その真の価値は、人とつながる、あるいは再びつながるという目的のための手段であることだ。

『火星への荷造り』の中で、ローチは、南極基地で冬を過ごした男性から聞いたエピソードを紹介している。その男性によると、彼と一緒に南極点に行った男たちは、帰国後2、3日、ただ、花や樹木などを眺めて過ごしていたという。グループのひとりが、ベビーカーを押した女性を見つけ、興奮した様子で「赤ちゃんだ！」と叫んだ。男たちは一団となって赤ちゃんに向かって突進し、母親はベビーカーを方向転換させて逃げた。これは、白昼、人通りの多い安全な場所で起きたことだった。

このエピソードは、少なくとも三つの理由から示唆に富んでいる。第一に、自然界が僕たちを支配していること、そして僕たちがそれをいかに当然なこととして受け止めているかを如実に物語っている。例えば、水がなくなって、水のもつ本質的な力を思い起こさせられるまでは、自然は少し平凡なものに思えるということだ。第二に、南極の研究者たちは、花や樹木といったものに強い興味を持っていたが、それが男たちを文字通り興奮の渦に巻き込むことはなかった。だが、赤ちゃんはそうさせた。自然界のあらゆる側面は、僕たちの自然への愛を満たす可能性を秘めている。しかし、経験によって満足度は異なり、この特別なヒエラルキーの最上位にあるのが他者との交流だ。第三に、この同じエピソードで、もしも南極の研究者たちが全員女性だったら、どうなっていたかを考えてみよう。赤ちゃんの母親は逃げ出しただろうか。おそらくそんなことはなかっただろう。大勢の女性が近寄ってくるのは、彼女にとって初めての経験ではないはずだ。一方、男の一団がそんな行動をするのを目にしたのは、おそらく初めてだっただろう。

少なくとも表面的に考えれば、男の「そうした振る舞い」は、奇妙なことのように思える。しかし、もっと深く考えてみると、僕たちの種の半分が、赤ちゃんという輝かしい存在への関心が欠如していることは、十分に予想されることではあるが、男が赤ちゃんに興味がないように見える時、それがほとんど彼らの「意識に残らない」ことは、僕には奇妙なことに思える。多くの霊長類のオスは、少なくとも人間と同じほどには、この無関心という傾向を共有していない。もちろん自然界には、オスが生まれたばかりの子どもに牙をむく例もある。例えば、オスの成獣が、ライバルのオスの子どもの母親と生殖するために、そのオスの子どもを攻撃するような場合だ。ここでも、オスの態度は、悪意があるとはいえ、無関心とは言えない。

日常生活では、自然が十分に足りているため、自然に対する強い欲求は生まれにくい。これは、「ギリギリで十分」か「最適」かという概念の違いであり、重要な意味で、非常に残念なことだ。炭鉱労働者が鉱山で働くように、男たちは日常を歩き回る。カナリアがまだ生きていれば、「それで十分」なのだ。この傾向には、二つの重大な問題がある。第一に、カナリアのセンサーは鈍い。つまり、カナリアは最も有毒な環境になった時に死んで、炭鉱労働者に問題を知らせることになる。同じように、自然に対して「それで十分」な態度で自分の環境を歩き回っている男性は、自然に対する強烈な渇望を避けることができるが、自然により深く関わることで得られるメリットも、無視することになる。この議論は、第1章の「男性の鈍った孤独感センサー」を思い起こさせる。第二に、それに関連して、潜水艦や宇宙にでもいない限り、カナリアは決して死なない。それゆえ、男たちが受け取るメッセージは、「それで十分」となる。孫や、甥っ子や、姪っ子に会いに行く必要もないし、散歩に出掛けて、その季節に特有の木漏れ日の光に気づく必要もないし、周囲にどんな植物が生えているかも、気にする必要はない。「それで十分」

だからだ。

しかし、それは、宇宙飛行士や潜水艦乗組員がもつような深い渇望を回避できるという意味においてのみ、十分なのだ。これは、日常生活に当てはめるには、かなり奇妙な基準だが、それが男というものだ。男の孤独を解決するための一つのアプローチは、たとえ少ない時間であっても、自然との定期的な触れ合いを、より自然な状態に戻すことだ。例えば、窓の外を10秒間、見つめる。あるいは、外を歩いて、棒や葉っぱのような、自然界の何かを実際に触る（もちろん、ウルシのような葉っぱに触れないように注意する）。はっきり言って、これは強烈な孤独に対する包括的な治療法には、ほど遠い。しかし、本書の要点は、孤独を癒す総合的な治療法など存在しないということだ。そのアプローチは、もともとそこになかった新しい社交性を外から設計することではない。そうではなく、事実上すべての人間の細胞や魂に備わってはいるが、男性では萎縮してしまっている、自然な内的傾向に火をつけることだ。自然との相互作用は、そうした火花の一つとなる。十分な火花を散らせば、周囲に可燃物があれば火事になる。ここで、周囲にある燃えやすい物質とは、生まれつき群生的であるという人間の性質である。

すべての火花が、同じように作られるわけではない。文字通りの火花は、自然界では簡単に手に入る。二つの石をぶつければ、たいてい火花が散る。しかし、火花の中には、実際に何かを燃やすには、あまりにもはかなく、冷たいものもある。これとは対照的に、火打石を鉄や硫黄を含む岩にぶつけたときに出る火花は、優れた火種となる。つまり熱い火花だ。社会的なつながりの火をつける「熱い火花」とは何だろうか。社会的な炎を生み出す火打ち石、鉄、硫黄とは何だろうか。葉っぱや星に手を伸ばしただけでも火がつくほど、人間の社交性は燃えやすくできている。

　先の段落を書いた翌日の夜、理由はわからないが、僕は真夜中に目が覚めた。一瞬、混乱した。度重なる旅のせいで、「自分は家にいる」というデフォルトの想定が狂ってしまったのだ。家にいることに気づいてから数ミリ秒後、時計の赤い数字に目をやると、午前3時49分だった。次に僕は、自分が独りであることに気づいたが、すぐに妻が旅行中であることを思い出した。この時点で僕が目を覚ましていたのは、合計で3秒か4秒くらいだったと思う。過去の経験では、この数秒間で不眠症になることもある。より正しくは、この時点で腹に強い苛立ちを感じ、そして「しまった、もう目が覚めてしまった。寝直すのは大変だ」と思い、そのあと翌日の仕事について、あるいは妻の旅行は大丈夫だろうかと考えたりもするだろう。

　しかし、この夜は違った。文字通り、僕の腹の筋肉が締め付けられるように痛み始めたとき、この夜が、いかに暗く、静かであったかを思い知らされた。いつもそうではないが、わが家の電気はすべて消えていたし、近所の家の電気も消えていた。月は出ていなかった。僕は少しリラックスしたが、静寂について思い違いをしていたことに気づいた。穏やかな虫の鳴き声が、静寂の別バージョンと思えるほど静かに響いていた。僕は暗闇と静けさに身を沈め、1分もしないうちに再び眠りについた。

　これは明らかに個人的な話で、おそらく単なる偶然だろう。だが、僕は少なくとも月に数回は、夜中に目が覚め、不愉快さを感じて苛々する。虫の鳴き声の優しさなどに感傷的になったり、気づいたりするのは僕らしいことではない。しかし、僕が自然を愛することの効果について書いていたまさにその日、わずか数秒の間に、静寂のような落ち着くものの存在に気づかされた。それに、気分も良くなった。これが単なるエピソードや偶然ではないことの一つは、シンプルなことが、睡眠や他の問題にも大きな効果があるということだ。この点については、また改めて述べよう。

もちろん、物事は無意味なまでに単純化できる。この引用の原典を突き止めるのは、意外に難しいが、「物事は可能な限りシンプルであるべきだが、これ以上、単純であってはならない」という言葉は、しばしばアインシュタインの言葉とされている。それは、本書の僕のひとつの目標を的確に表現している。即ち、シンプルだが単純すぎるものではないということだ。

イギリスの新政権〔2010年キャメロン政権〕の「大きな社会」構想には、「アクティブ・アット・シックスティ（60歳でも現役）」というプログラムがある。このプログラムは、シンプルさの例ではなく、単純すぎることの例かもしれない。もっと具体的なプログラムにしなければ、簡単に失敗する可能性がある。年金担当大臣は、このプログラムについて次のように説明した。「私たちは、アクティブ・アット・シックスティが、高齢者の地域社会での活動を支援することで、彼らのウェルビーイングを向上させ、高齢化に伴う社会的孤立のリスクを防止することによって、定年退職を間近に控えた人々や、定年退職したばかりの人々の生活の質に真の変化をもたらすことを願っています」。彼はこう続けた。「選ばれた地域内の各コミュニティ組織は、アクティブ・アット・シックスティ・コミュニティの代理人を少なくともひとり採用します。代理人は、地域社会の人々が、身体的、社会的、精神的にもっと活動的になるよう、人々の意欲を高め、励まし、組織化を支援するためにボランティアとして自分の時間を捧げます」[*10]。人々を励まし、外出を促し、幸福感を向上させることは、どれも称賛に値する目標だが、その目標に向けた具体的で実現可能な手段がなければ、達成できない。

人とつながるシンプルな方法

社会とのつながりは、例えわずかでも効果の高い薬になる。毎日コレステロールを下げる薬を飲み、毎日アスピリン一錠の3分の1を飲んでいるなら、まずは社会的な薬も毎日飲んで、誰かに電話をかけてみよう。

僕が知っている、尊敬する心理科学者であり、教授であった人物は80代まで生きたが、彼のキャリアを祝う一連の講演会では、全国から彼の同僚や、かつての教え子が講演会場に詰めかけるため、立ち見席しかなかった。それはなぜだろうか。彼の仕事の素晴らしさと影響力によるところもあるが、別の要因もあった。彼はEメールを使うことを避け、その代わりに電話で話すことにこだわっていた。彼は社交辞令で電話をかけることはめったになく、ほとんどいつも仕事の話だった。この点についてだけなら、彼のやり方は間違っていただろう。しかし、このような仕事の電話の最後には､必ず､家族や趣味の話などをするために話を引き延ばしていた。

ノーラ・エフロンは著書『何も覚えていない（I Remember Nothing）』の中で、年をとって物忘れの増えた父親について、こう書いている。「彼が決して忘れなかったのは、電話番号でした。晩年には、1日に少なくとも100回は電話をかけていました」。彼が100回できるのなら、誰でも1回はできるはずだ。

ソニア・リュボミアスキーのようなポジティブ心理学の研究者たちの研究は、電話で連絡を取るといったシンプルなことが、潜在的な力を持っていることを示している。彼らの研究の一つでは、参加者に週に一度、研究室に電話をかけてもらい、感謝の気持ちを感じた人や出来事について報告してもらっていた*11。この電話の効果はどうだったか。参加者は、血圧が明らかに下がり、敵意が減り、減量や禁煙などの成功率が上がった。週に一度、見ず知らずの研究者に電話をかけるだけでこのような効果があるのなら、毎日の友人への電話も効果があると考えていいと僕は思う。最近の記事にはこう書かれている。「過去10年間に行われた研究によると、感謝の気持ちを持つ大人は、そうでない人に比べてエネルギーがあり、楽観的で、社会とのつながりが多く、幸福感が高い。また、彼らは落ち込んだり、妬んだり、強欲になったり、アルコール中毒になったりすることも少ない。彼らはより多くの収入を得て、より熟睡をし、より定期的に運動し、ウイルス感染に対する抵抗力がより高くなる」*12。その影響は子どもたちにも及ぶ。感謝の気持ちが強い子どもほど、成績が良く、友人関係に満足感を覚え、腹痛や頭痛が少ないという。まとめると、これはかなりの効果であり、定期的に自ら他者とつながろうとすることによって有益で深遠な効果が得られるという主張の裏付けとなる。キケロの次の言葉は的を射ていたように思われる。「感謝の心は、最大の美徳であるだけでなく、他のすべての美徳の源である」。

毎年、感謝祭になると、H・U・ウェスターマイヤーの言葉とされる次のような言葉がインターネット上に出回る。「ピルグリムたちは、小屋の7倍も大きな墓を建てた。彼らほど貧困に喘いだアメリカ人はいないが、それでも感謝祭の1日を設けた」。言うまでもなく、彼らの中にはひどく困難な打撃を受けた人々がいる。それゆえ、感謝の念を抱いてもらうことは無理な要求のように見えるかもしれない。しかし、このエピソードによれば、そんな人々が感謝の気持ちを持つことには、ほとんど支障は見られない。実際、大事にされ、甘やかされて育った現代人よりも、彼らにとって感謝の気持ちを抱くのは、ごく自然なことだったのだ。

毎日、電話をかけるという解決策で問題になるのは、一言で言えば、「誰に電話をするのか」ということだ。ほとんどの場合、「電話をする相手がいない」というのは言い訳として説得力がない。マルコム・グラッドウェルは著書『ティッピング・ポイント(The Tipping Point)』(邦訳飛鳥新社)の中で、友人や知人の数を大まかに推定するテストについて紹介している。彼は200人以上の珍しい名字を挙げ(よくあるジョンソンやジョーンズ、スミスなどは除く)、参加者には、ただ、そのリストを見て、自分の知っている人物に該当する名前に1点ずつ加点していくという課題が与えられる。グラッドウェルは、このテストを多くのグループに対して行った。成人のサンプルでは、彼が報告した最低スコアは、200人以上のリストから思い起こされた名前が9人というものだった(平均は30人以上)。最低でも9人ということは、何百人、何千人という人がいる中で、一番少ない人でも毎日1人、1週間以上電話をかけても大丈夫なことになる。叔父、叔母、いとこ、甥、姪、兄弟、姉妹、妻（そう、彼女に電話をしてもいい）、義理の両親を加えると、「電話をする相手がいない」というのは、実に弱い言い訳だ。さらには、小学校、高校、大学、前職、ビジネススクール／大学院／法科大学院／医学部からの知り合いもいるはずだ。

それに関連した言い訳として、電話口で気まずい瞬間があるかもしれないというものがある。「なぜ私に電話をしてきたのか」といった種類の瞬間だ。まったくその通りだが、僕にはいくつか反論もある。まず、継続的なつながりの中で時折生じる気まずさと、持続する孤独のどちらが望ましいのか。第二に、継続的な労働によって手の皮が硬くなるように、魂も、時折起こる社会的気まずさに慣れるものだ。そして第三に、人は驚くほど大量の社会的な不快感に耐えることが可能であり、しかも、永続的な影響を受けることは、ほとんどないのだ。

僕は臨床の現場で会った社交不安障害（社交恐怖症としても知られている）の患者から、この第三の事実を知っている。社交不安障害は、パーティーに行く、会話を続ける、人前で話す、といった社交の機会に対して強い恐怖を示すことを特徴とする、苦痛を伴う症状を指す。社交不安障害の本質的な特徴は、他人から批判されたり、恥をかかされたり、嘲笑されたりするような振る舞いに対する極度の不安である。社交恐怖症の人は、誰もが自分のことを見ていると思っている。パーティーなどの社交の機会では、不安はエスカレートし、動悸、息切れ、大量の発汗などの症状を伴うパニック発作を起こすことさえある。このような辛い経験から、社交恐怖症の人は、通常、どんな手段を使ってでも自分が恐れる社交の機会を避けようとする。社交の機会は人生の重要な部分を占めるため、このような状況に対する恐怖や、それを回避することは、孤独感や、恋愛や、仕事の機会の減少など、さまざまな困難を引き起こす。

製薬会社がテレビ広告で何をほのめかそうが、あるいは他の誰かが何を主張しようが、この症状に対する明確な治療法は、患者が恐れているもの、つまりこの場合は、社会的な監視や否定的な評価への恐怖にさらされる機会を徐々に増やすという行動療法である。別の言い方をすれば、行動療法では、患者は社交上のぎこちなさに慣れ、気にしなくなることを目標とする計画的なプログラムに参加させられる。

社交不安障害のタイプによって、医者はそれぞれに合った「社交上のぎこちなさ」を処方する。食事中、他人に事細かに観察されることがすごく気になり、レストランでの外食は無理だと感じ、家で他人と食事をすることさえ厳しい試練となるような人のためのプランには、食事の時間帯に意図的に人前でミスをすることが含まれる。例えば、フォークを落とすとか、ケチャップを自分の顔につけるとかといったことだ。人前で話すのが怖い人のためのプランには、他人の前でスピーチをするだけでなく、その際に失敗をすることも含まれている。社交不安障害の患者がこうした課題に取り組むとき、言うまでもなく最初は……不安だ。しかし、与えられる経験の中で、あるいは繰り返される経験の中で、不安は薄れていく。これはかなり注目に値することだ。というのも、患者が破滅的だと信じていることに関わることは、社交不安症状を抑制する効果をもたらすからだ。

この例は、ある人を健康で活気のある生活に戻すというシンプルな介入を示したものだ。そして、もし社交不安障害の患者がこのような試練を経験できるのならば（それは僕のクリニックも含め、世界中のクリニックで毎日起きていることだが）、前述の「1日ひとりの友人に電話をする」という練習が、電話で気まずい思いをすることがあるからできないというのはありえないことになる。このような患者が、最初は結果的に悲惨なことになると考える恐怖に直面することができれば、時折起こる、「なぜ私に電話をしてくるのか」という質問にも耐えることもできるはずだ。ノラ・ヴィンセントはその著書『自ら身を投じた精神障害の世界（Voluntary Madness）』の中で、この問題に釘を刺している。「私は社交的な気分になれないことが多いし、友人との約束もキャンセルしそうになることがよくある。実際、キャンセルすることもある。でも、必ず後悔する」。著者は、「人間関係を維持するために必要な努力に腹が立つ」と続ける。「……でも、孤立することは自分にとって、とても悪いことだとわかっている。私の幸せは、人との触れ合いや親密さに大きく依存していることを私は知っている。そして、他のすべてのことと同じように、私はそれをやって報酬を得るか、あるいはやらないで結果に苦しむかのどちらかになる」[*13]。この指摘は的を射ている。そして僕がこれまで診てきた、ほぼすべての心理療法患者に、これと同じような感情を何らかの形で見たことがある。実際、こうした理解は、心理療法の進歩にとって悪い指標ではない。それとは対照的に、これを理解できない、あるいはもっと悪いことに、理解しても行動に移さないのは、心理療法にとって効果的な指標にはならない。

それでも、電話による訓練が誰にでも効果があるわけではないのは、運動が誰にでも効果があるわけではないのと同じ理由だ。それはやる気の欠如だ。とはいえ、心を決めれば成し遂げられるということは驚くべきことだ。この点に関して僕が好きな例の一つは、作家のフラナリー・オコナーである。彼女は紅斑性狼瘡《こうはんせいろうそう》と診断された後も、そのせいで死ぬと理解した後も、教会で臨終の秘跡を受けた後も、毎日2時間、書き続けた。

誰もがこのようなやる気を持てるわけではない。ここで、「友人に電話をする」のが通用するのはアメリカ人男性の5分の1程度としてみよう。これは3000万人をはるかに超える人数となり、ばかにできる数字ではない。しかし、これでは約1億2500万人の男たちが放置されたままであり、おそらくもっと重要なのは、他に何を試せばいいのか悩んでいる何百万人もの絶望的な妻や、その他の人々の存在である。だが、少なくとももう一つ、うまくいく可能性の高い選択肢がある。

それは若い頃からの親友と再会することだ。12歳から25歳までのある時期、人は自分らしさを発揮するようになる。彼らのアイデンティティは統合され、一生、その人らしく生きていくことになる。ほとんどの人が青春時代の親友として振り返るのは、その頃の友人たちだ。高校や大学の友人であることが多いが、中学時代の友人、就職後の友人、大学卒業後の友人であることもある。もしも本人が、それがいつ起きたことなのかを言えなくても、その当時、最も楽しかった時期について質問をすればわかるはずだ。彼を笑わせたり、彼の顔を輝かせたりするような話がそれだ。

彼は友人と再会する必要がある。再会は彼らにとって、できる限り子どもっぽい時間である必要があり、そして理想的には、およそ年に1回、定期的に行われる必要がある（年1回の健康診断や、半年に1回の歯医者通いのように）。再会の目的は、男の社会的つながりがピークに達していた頃を復活させることだ。より簡潔かつ正確に言えば、彼が再び遊び仲間の一員になることが目標なのだ。

どうやらドジャースとヤンキースの元監督ジョー・トーリも、この哲学に賛同しているようだ。トーリの恒例行事の一つが、新聞記事で次のように紹介されている。「トーリの短い休暇旅行は、90年代半ばに数人の友人たちと始まった。それは数人の男たちが少年に戻るための方法だった。妻も彼女も子供も来ない。男同士の絆というコンセプトは、彼にとって魅力的だった。今年の休暇には18人が参加し、中には半世紀を超える絆で結ばれている人物もいる」[*14]。トーリと何人かの仲間たちが50年以上の付き合いであることは、決して些細なことではない。また、トーリがまだ監督だった頃、この恒例行事を優先して野球のウィンター・ミーティングを欠席したことも、同様に些細なことではない。「彼が旅を続ける限り、この旅は続くだろう」。

そして彼らは騒々しく楽しい時間を過ごし、それを単なる楽しみ以上のものと感じている。記事によれば、「トーリは、この旅行の夕食会は神聖なもので、3時間続くこともある騒々しいものだと語った」という。トーリの仲間たちの他のメンバーも、明らかにそれを高く評価している。記事によれば、「ジョーの弟であるフランク・トーリは、もうすぐ77歳になるが、まるで6歳児がサンタクロースを絶賛するように、この集まりについて熱く語っている」という。

男たちの中には、特に驚くほどの割合で、友情の価値を否定したがる人がいるのは意外なことではない。彼らは例えば、友人関係に家族関係以上の価値があるのか、疑問に思うかもしれない。家族も大事だが、友情も大事であり、おそらく家族以上に大事なものかもしれない。ある社会学の教授が、家族関係と友人関係に関する研究記事を引用した。「家族や結婚に関する資料はたくさんあるが、友情に関するものはほとんどない。不可解なことだ。友情は、家族関係よりも心理的な幸福に大きな影響を与えるというのに」*15。

あるいは、確かに友情には無形の利点があり、困ったときに職場から家まで送ってくれたり、引っ越しを手伝ってくれたりといった有形のものもあると評論家は言うかもしれない。しかし、結局のところ、経済的に価値のある友人とは何なのだろうか。２００９年、社会経済研究所〔Institute for Social and Economic Research：ISER〕は、この質問にこう答えている。「高校で友人が1人増えるごとに、半年分の教育費に相当する所得が増加する」*16。言い方を変えれば、青春時代に8人の友人を増やすことは大学教育全体と同等の価値があり、大学教育は生涯を通じて100万ドルの収入増に簡単につながるということだ。収益的に考えれば、友人1人は約15万ドルの追加収入の価値がある。これは、30年間の仕事人生では、友人1人当たりにつき、年間5000ドルのボーナスを受け取るのと同じだ。

先日、フロリダ州立大学キャンパス内のセルフサービスのカフェテリアでランチを取ろうとしていた時、僕は自分の世界に入り込んでいて、カウンターにいた男性のひとりが、僕に話しかけていることに気づかなかった。彼が言ったいくつかの言葉で、僕は我に返り、僕たちはFSUフットボールについて、簡単な他愛のないおしゃべりをした。オフィスに戻ると、カフェテリアに行く前よりも、明らかに気分が明るくなっている自分に気づいた。気分が明るくなったのは、僕が自分の運んでいたランチを食べるのを楽しみにしていたからだろうか。そうかもしれない。僕は食べ物や、その食事への期待から何らかの元気をもらうような人間ではないが。さらに考えてみると、気分が高揚したのはFSUフットボールについての短い会話のせいだと気づいた。そう、それは短く他愛のないものだったが、僕に影響を与えた。これは驚くことではない。僕たちは、生物学的に人付き合いを強化するようにできているのだ。

温かいランチのことを考えていた矢先の出来事だったのは、偶然ではないかもしれない。温かい食べ物や飲み物は、寂しさを紛らわせてくれる。社会的排除の実験においては――以前にも紹介した、参加者の何人かを無作為に選び、「孤独な将来を送る可能性が高い」というフィードバックを受けさせるというものだ――社会的に排除された参加者は、他の参加者よりも、実験後の飲み物に、冷たいものよりも温かいものを選ぶ傾向があり、そして温かい飲み物を飲むと、排除による影響がいくらか解消された。哲学者のアラン・ド・ボトンは、「ありそうもない饗宴（Improvable Feasts）」と題したエッセイの中でこう書いている。「食べ物を摂取している時間は道徳教育に特に適している。ズッキーニのフリッターや、グラブラックス〔スカンジナビアの魚料理〕とバタートーストを前にすると、テーブルが私たちに示してくれたのと同じ寛大さを他の人にも示すよう、そそのかされるような気がする」*17。

原則として狩猟採集社会では、食事の時間は競争心を示すことが禁止される時間であり、思いやりと対人関係の繊細さが規範となる。ニャエ・ニャエ・クン〔南アフリカのカラハリ砂漠のブッシュマンのグループ〕に関するこの記述は、それを示している。「礼儀を欠く行動も……食べ物を横取りする行為も見られなかった……食べ物を受け取る礼儀正しい作法は……両手を差し出し、その中に食べ物を入れてもらうことである。片手を伸ばすということは、クンに摑みかかることを意味する。食が常に不安の種で、痩せていて、お腹を空かせていることの多い人たちが、食べ物を受け取ることをこれほどまでに自制しているのを目の当たりにして感動を覚えた」*18。僕が思うに、これが感動的な理由の一つは、クンが食事の基本的な儀式に連帯感を織り込んでいることだ。それによって彼らは、食という本質的な問題以上に社会的な調和を達成しているのだ。

典型的な勘違いであるが、フロイトは、火は自制心を植え付けるため、人類の進化において重要だと考えた。より具体的に言えば、自制心が生まれたのは生命を育む火を小便で消したいという強い衝動に抵抗することを学ぶ必要があったからだと彼は考えたのだ。実際に火がどのように機能したかについては、リチャード・ランガムが、著書『火の賜物』の中でうまく描写している。「焚き火を囲んで寝食を共にするため、私たちの祖先はお互いに近くにいなければならなかっただろう。癇癪が爆発して乱闘に発展するのを避けるため、近くにいることには、かなりの寛容さが要求されたはずだ」*19。あまりに攻撃的だったり不遜だったりする人間は、焚き火の恩恵や、焚き火に必要な協力的な態度の恩恵に預かることができず、時間の経過とともに競争に敗れ、死んでいったのだろう。

食べ物を分け合うのは人間らしいことだ。狩猟採集社会の男女がお互いを補完し合う食料をそれぞれ別に探す傾向にあることについて、ランガムは『火の賜物』の中で次のように記している。「男女はそれぞれ、自分で集めた食料だけでなくパートナーが見つけたものも食べる。人間以外の霊長類には、この相補性の気配すら見られない」[*20]。

男女の相補性は人間特有のものかもしれない。しかし、食料を分かち合うこと、そして食料の分かち合いという行為に内在する寛容性は、そうではない。僕たちの霊長類のいとこであるボノボは、食べ物に関しては、お互いに気前がいい。これを証明する典型的な立証実験がある。まず、果物のかけらがテストルームに置かれる。テストルームの隣には檻で仕切られたエリアがあり、その中にボノボの1匹が座って、その様子を観察している。檻の中にいるボノボはテストルームのドアを開けることはできないが、テストルームの中にいるボノボは、その気になれば檻のドアを開けることができる。2匹目のボノボが餌のあるテストルームに入れられ、餌を全部食べるか、檻のドアを開けてもう1匹のボノボに分け与えるかの選択を迫られる。一般的にボノボは、かなり気前よく餌を分け合う。例えば、1匹のボノボが、餌をほとんど食べ終わってから檻を開けて残りを他のボノボに食べさせることもできる。しかし、ボノボの最初の行動の一つは、通常、檻のドアを開けることである。

一緒に食事をするという儀式だけでなく、僕たちに連帯感を与えてくれる他の儀式もある。

僕は最近、米軍基地にしばらく滞在した。午後の遅い時間になると、僕はたいていホテルの部屋で、独りでパソコンに向かったり本を読んだりしている。時計が午後5時を告げると、国歌が流れてくる。それは基地内のどこにいても聞こえてくる。何度も経験したことだが、まず驚かされ、そして窓の外を見ると、賑やかな基地が完全に静止しているのを目の当たりにし、心を動かされる。そのわずかな時間、僕は独りだが、孤独とはほど遠い場所にいると感じている。共有された儀式、特に、活力となる考えや意味のある歴史と結びついた儀式に参加することは、孤独を軽減させる。

僕の友人と僕はFSUフットボールの試合のシーズンチケットを持っているが、そこでの儀式も例外ではない。その儀式は団結を生む。ここでは軍事基地と同様、国歌斉唱はそのような儀式の一つであり、僕の友人たち（全員40代以上の男性）が「米空軍の編隊飛行」に抱く少年のような魅力がある。軍用機やジェット機の編隊がスタジアムの上空をスリリングなまでに低空飛行し、国歌斉唱の最後のいくつかの単語と正確にタイミングを合わせるのだ（ここで僕が一番好きなのはステルス爆撃機だ）。

その後すぐに、さらに別の儀式が行われ、スタジアム全体が一つになる（もちろん、相手側のファンは除く）。通常は男子大学生で、この役割のために選抜され、訓練を受けた学生が、レネゲードと呼ばれる馬に乗ってグラウンドの中央に向かう。この学生はFSUセミノール校の正装に身を包み、炎の槍を持っている。馬にもそれにふさわしい飾りが施されている。選手たちが興奮して一斉に飛び跳ねる中、学生はレネゲードを後ろ足で立ち上がらせる。そして彼は、グラウンドの中央にあるセミノールのロゴの中央に槍を突き刺す。その瞬間、ＦＳＵのファンたちが、「フーン！」と叫ぶのだ（もちろん、これが適切な演出かどうかは多くの人が心配しているが、大学はフロリダ先住民セミノール族の指導者の全面的な支持を得ている）。

最近、僕は仕事でクリーブランドに行ったが、偶然にも僕の（本来の）地元チームであるアトランタ・ファルコンズが、クリーブランド地元のブラウンズと対戦するために街を訪れていた。旅行には息子のひとりを連れて行ったので、ふたりで試合を見に行くことができた。ブラウンズのファンにも儀式があることを僕はこの時知った。それは敵チームの色の服を着た運の悪い人物をひとり選び出し、その人物（たいていは男だと思うが、そうであってほしい）が、例えば売店に向かう途中、スタジアム全体の観客の多くがその人物を指差し、「くそったれ！」と繰り返し唱えるという儀式だった。これを知った結果、息子と僕はファルコンズのユニフォームを着ないという決断をし、お唱えの儀式から救われただけでなく、僕らの近くに座っていたファルコンズファンに向かってご丁寧に届けられた、「くたばれ！」という罵声を浴びずに済んだ。（ファルコンズが勝ったのが、おそらくこの日の憎悪の理由だろう）。

ブラウンズファンたちは、物理的に同じ場所にいて同じような反応を示したという点で、共にそうした憎悪の感情を抱いていたのは間違いない。しかし、このような特別な儀式において、お互いにシンクロしているという意味では、特に、一緒にいると「感じていた」とは思えない。孤独の解毒剤である「帰属意識」は、他人がいるときだけでなく（それはそれで助けになるが）、実際、他人がいないときにも起こりうる。すでに述べたように、人は群衆の中でも間違いなく孤独を感じることがある。一体感とは、他人が一緒にいるだけでなく、他人との（あるいは記憶された他人との、あるいは自然界との）調和が必要とされるようだ。

怒りには不和があり、団結して応援することには調和がある。ブラウンズファンは、怒りの言葉を爆発させている間、同じスタジアムにいたが、実際には調和していなかった。それが一変したのは、スピーカーから流れてきた曲の中で、O・H・I・Oと唱え、それぞれの文字ごとに腕を頭の上に伸ばして文字を作るというものだった（オハイオ州立大学のファンも似たようなことをする）。この儀式は調和のとれたもので、スタジアムに親しみの感情を漂わせた。

多くのスタジアムで行われる、また別のアクティビティで、僕たちが団結しようとする性質と、ある種の団結の形が他の形よりも有意義で長続きすることの両方を示しているものとして、ボブルヘッド・レースがある。それはフットボールの試合のコマーシャルのタイムアウト中に、ジャンボトロンのビデオスクリーンに映し出されるレースである。ボブルヘッド人形のような3人のアニメキャラクターがスクリーンに映し出され、ありきたりに「1番」「2番」「3番」と表示されている。一方のゴールラインから、もう一方のゴールラインまでの100ヤード（約91・44メートル）を疾走するレースに備え、彼らがストレッチやウォーミングアップをする姿が映し出される。観衆の大部分が自分のお気に入りのキャラクターを選び、自分の選んだキャラクターがランダムに決定されるレースで勝利するよう熱烈な声援を送る。例えば、「3番」を選んだ人は、3本の指を立てて応援する。そのキャラクターが勝利した人は、同じキャラクターを選んだ人とハイタッチをするなど心から喜んでいるようだ（スポーツファンでない人たちは、スポーツそのものが、このようなランダムな性質を持っていると感じているようだが、僕はそれには共感しない)。

人々はベースボールのスタジアムで、「ウェーブ」に熱狂的に参加する(そして、スタジアムにいる人々の大半は男であることを忘れてはならない)。「ウェーブ」とは、観客が次々と立ち上がって両腕を振り上げることで、最近では定番となっているが、比較的最近、生まれたアイデアだ。その連続性は、スタジアムに波が押し寄せるような印象を与える……イギリス人なら、「メキシカン・ウェーブ」と呼ぶだろう(1950年代にメキシコで開催されたサッカーの試合で始まったというウェーブの誕生秘話の一つにちなんでいる。僕が知る限り最も古い起源は、1930年代のスペインの闘牛である)。このウェーブは、メタクロナール・リズムの一例であり、ヤスデの足の動き、単細胞生物が運動するために使う繊毛と呼ばれる毛のような構造の動き、多くの身体器官(腸や胃など)のうねりなど、自然界全般に見られる動きの一種である。スタジアムのウェーブが、例えばバクテリアの動きのパターンと同じ、根本的な構造を持っているのは興味深い。細菌が移動するのと同じこの動きが大規模になることもある。例えば、インディ500のグランドスタンドは、約25万人を収容し、世界最大のスタジアム・ウェーブが発生する場所だと言われている。

ウェーブやボブルヘッド・レースのようなものは、僕たちについて何を語っているのだろうか。僕が思うに、僕たちは生まれつき団結するように作られており、そのための備えも出来ているということだ。どんな機会でも、小さくてもそうでなくても、無作為でもそうでなくても、その機能は発揮される。しかし、もちろんすべての機会が平等というわけではない。確かに「ボブルヘッド」の体験は誰にも害を与えないが、それが呼び起こす一体感は、おそらく特に深いものでも長続きするものでもない（しかし、僕が主張しているように、驚くほどシンプルなことが、重要かつ永続的な方法で人々を一つにするという目的を果たすことはあり得るし、実際にある）。ウェーブは、僕の度重なる経験からすると、ボブルヘッド・レースよりも、群衆に少しまとまりを与えるようだ。これは自然との結びつきに関係していると思う。ボブルヘッドのレースとは異なり、ウェーブは群衆の共同貢献から生まれる。そしてそれは、自然界を貫くメタクロナール・リズムの正確な反映なのである。

ジョン・カシオポとウィリアム・パトリックが2008年に出版した『孤独の科学（Loneliness）』〔邦訳河出文庫〕という本の中でうまく示しているように、僕たちの生物学は、友好的な出会いが報われるように進化している。このふたりの著者はまた、孤独に対する治療法も提案しており、その要点は、ランチカウンターの向こう側にいる男性とFSUフットボールについて話したという僕の経験に本質的に集約されている。つまりは他人に親切にしなさいということだ。この提案は、まったくその通りであると同時に問題もあると思う。その真意は、ほんの一例を挙げれば、FSUフットボールについて他人と少し話しただけで僕の気分が高揚したことからもわかる。一方、深夜のテレビの宣伝番組になぞらえてこの本を薦める書評では、その問題性が指摘されている。「（著者が）勧めているアドバイスはすでにご存知だろうから、本代を節約させてあげよう……自分がしてもらいたいように、人にもしてあげなさい……もちろん、素晴らしいアドバイスだ。時を超えた内容で、それに覚えやすい。そして、それを実行に移せる人たちにとっては間違いなく効果的だ。しかし、状況や習慣、脳内化学物質にとらわれすぎて、意志の力だけでは自分のやり方を変えられない人には役に立たないだろう」[*21]。

僕が院長を務める心理療法クリニックでは、これと同じ動力学を、事実上、毎日、目にしている。僕たちはしばしば、本当に効果があり、場合によっては驚くべき結果をもたらすシンプルでわかりやすいステップを勧める……それを実行さえすればの話だ。この点で、伝記作家ボズウェルが記したイギリスの文学者サミュエル・ジョンソンのアドバイスに共感する。「もしもあなたが何もしないでいるなら、孤独であってはならない。もしもあなたが孤独なら、何もしないでいるべきではない」[*22]。

例えば、睡眠習慣について考えてみよう。これから説明するように、人は眠っている間、何もしていないわけでもなければ、（必ずしも）孤独でもない。そして睡眠の問題は、いくつかのルールや習慣に驚くほど敏感に反応する。例えば、毎日朝晩、ほぼ同じ時間に寝起きをしてみよう。寝室は睡眠（とセックス）のためだけに使う。眠れない時は、ベッドに横になっていないで、起きてリラックスできることをする。時計を見てしまう人なら、時計が見えないように時計の向きを変え、見ないで済むようにする。これらの行動は本当に効果があるもので、睡眠を改善することは、うつ病や双極性障害などの多くの症状の改善に非常に役に立つ……また、睡眠を改善すれば、男の孤独感を悪化させることはないだろうし、おそらく多少は解消できるだろうと僕は確信している。運動についても同じことが言える。

適度な睡眠と運動が身体に良いことは、皆、少なくとも薄々気づいている。そしてもしも強く問われれば、ほとんどの人は、それが事実であることをはっきりとさせ、それに同意するだろう。しかし、人々はまた、これらの解決策をわかりきった薄っぺらなものだと見なして試そうともしない傾向がある。より正確には、中途半端に、あるいは1日、1晩か2晩かだけ試して、細菌感染したときに抗生物質を1日だけ飲むのと同じような結果になる。睡眠習慣や運動といったことは、当然だが、継続的に行えば驚くほど強い薬にもなる。だから、人々にその効用を信じさせ、賛同してもらうことが重要だ。ごまかしなく、本当に賛同してもらうのだ。

ダンテは『神曲』の中で、「小さな火花には大きな炎が続く」と書いている。この格言は次のように書き換えることができる。「小さな火花の後には大きな炎が続くかもしれない。そして火花のなかには他よりも大きな炎を生み出すものもある」。火花をつなげていくのは、簡単なことではあるが、意外に難しいことでもある。これが簡単であるのは、他者とのつながりを促す活動は文字通り何百とあるからだ。僕が院長を務めるクリニックでは、すべての診察室にそうした活動のリストを置いている。「タラハシーには何もすることがない」という患者の訴えには、タラハシーでできる250以上の活動をリストアップしてある（この点では、「タラハシー365」というブログに最近、負かされた。このブログでは、1年365日それぞれに興味深い地元のアクティビティが紹介されている）。しかし、これが難しいのは、何をすべきか、あるいはどのようにすべきかではなく、むしろ、それをしようとする意志、忍耐強く続けようとするやる気の問題だからだ。これは年配の男性には特に難しいことであり、だからこそ、それを克服するために、あらゆる手段を講じる必要がある。

　僕たちは気軽に、そしてゆっくりと始めることで、このジレンマに対処する。睡眠習慣については、時計を見ないルールから始めてはどうだろう。時計の向きを裏返しにするのは難しいことだろうか。運動については、家でできる簡単な運動から始めるのがいい。少なくとも1日1回、椅子に座ってテレビを見たりネットサーフィンをしたりしている時に、少なくとも5回は立ったり座ったりを繰り返す。それは可能であり、スタートとなる。

　また、僕たちは、すでに前述したゴールデンゲート・ブリッジから飛び降りた二人の男性が、ひとりは死亡し、もうひとりは重傷を負ったが助かったという説得力のある話もする。どちらの男性も、誰かが笑顔や気遣いのような簡単なジェスチャーをくれたなら、文字通り命を救っただろうと言っていた。そして、そのようなジェスチャーはもらえなかったので（そして、重要な点は、彼らが自ら求めようとしなかったことだ）、ふたりとも飛び降りた。簡単なこと、つまり笑顔や短いおしゃべりが大きな違いを生む。ここでもまた、多くを求めず、まずはスタートを切ることが大切となる。

　僕たちは、厳密な調査によって自らを裏付けている。うつ病に対する代表的で最も研究されている三つの心理療法（すなわち、行動活性化、対人関係療法、認知行動療法）のうち、二つは「もっと活動的に、もっとつながろう」という言葉で要約できる（行動活性化と対人関係療法）。三つ目の認知行動療法は、これらの要素を含むが、否定的な思考に挑戦することに重点を置いている。しかし、僕はそう信じているが、認知行動療法を追加することが、あまり効果がないことを示す証拠もある。例えば、行動活性化のみでも、行動活性化＋認知行動療法と同程度の効果がある[*23]。もしもこれらが重大で深刻な病気の治療に対する効果的なアプローチであれば、男性の孤独（本書の冒頭の章に記されているように、それ自体が深刻である）にも効果的であろうというのは当然のことだ。

僕らはまた、すでに習慣化されている現在の行動から、より適応的な行動に作り変えられるものを探すという意味で、最も抵抗の少ない道を模索する。例えば、喫煙や飲酒は、健康に与える潜在的なコストのすべてにおいて、その行動が社会的つながりのパイプ役になれば、健康上の役に立つこともある。これは禁煙（もちろん、真剣に検討されるべきだが）と比べても、孤独でなくなることの方が、健康を改善するために同等か、それ以上に強い効果があるという証拠を含む多くの理由から、重要な視点である。

そして僕らは忍耐強く、根気強く対処する。僕たちは、禁煙のような試みが成功するまでに失敗する回数は通常6回であり、これが行動変容に関する一般的な真実であるという事実を念頭に置いている。習慣というものは、本当に頑固なものだ。陳腐なことかもしれないが、多くの陳腐なことと同じように真実でもある。その習慣が喫煙であれ、睡眠習慣であれ、運動であれ、社交であれ、同じだ。

シェイクスピアは『ハムレット』の中で、「もし美徳がなければ、持っているふりをしなさい……習慣は生まれながらの性格をほとんど変えてくれる」と書いている。人は悪い習慣を取り除くだけでなく、良い習慣を培うこともできる。毎日、シンプルで前向きなことを自分に強制することには、「生まれながらの性格をほとんど変えてくれる」可能性がある（シェイクスピアは「ほとんど」という一言で重要な真理をとらえている）。美徳を忍耐強く養うことは、木材に紙やすりをかけることに似ている。木材の本質的な構造を変えることはないが、引っかかる尖った部分を取り除くことができる。コメディアンのルイ・C・Kは、離婚後、子どもたちに対する新しい役割に放り込まれたときに、この教訓を学んだ。「僕は落ち込みがちで、よく眠り、よく食べる人間だ。子どもたちと一緒にいるときは、誰も僕をかばってくれないので、そういうことはできない。朝6時になると、彼らは人生が与えてくれるチャンスを逃すまいと、そこに待ち構えていて、僕は眠りに戻るわけにはいかない。僕は起きて、彼らを学校まで引っ張っていかなければならないんだ」[*24]。彼の強制された習慣は、美徳へと成長した。彼は自分自身を、ただベッドから起き出して子どもたちを学校に連れて行くだけの父親としてではなく、より良い、より熱心な父親として見るようになった。彼は美徳を身につけ、それがほとんど彼の本性になった。

この考え方によれば、自分に習慣と日課を課すことで、美徳を植え付けることができる。だとすれば、極端な言い方をすれば、少なくとも一部の人々は、不自由な状態から利益を得るだけでなく、実際に不自由な状態を楽しんでいることになる。突拍子もない話に聞こえるかもしれないが、僕が院長を務める心理療法クリニックでは、まさにこの現象を何度も目にしてきた。その見本として、犯罪で有罪判決を受けた人の例がある。判決前、当人の弁護士は、新たな将来への真剣さを意思表示する方法として心理療法を勧める。おそらく、それによって裁判官を説得し、量刑を比較的軽くしてもらうためだ。判決前の数週間、そして判決後も、心理療法は収監への恐怖に焦点が当てられる。数週間か数ヵ月後、刑期を終えたその人に再び会うと、刑務所から何かしらを学んだと報告されることが多い。スタッフは、「どのようにですか」と尋ねる。よく聞くのは、「日課に慣れたのには驚いた。いままでにないほど深く、ぐっすり眠ることができた。体調も良くなり、健康的になり、集中力も増し、頭もはっきりするようになった」という返事だ。その理由の一部は飲酒や薬物摂取がなかったことで説明できるが、それがすべてではない。この効果の大部分は、良い習慣と日課に関係している。毎日、ほぼ同じ時間に寝起きをする。規則正しい食生活。そして運動をしない日に比べて、少なくとも少しは運動をする日が多いことだ。

この現象に気づいているのは、決して僕だけではない。歴史家のスティーブン・F・コーエンは、その著書『犠牲者の帰還（The Victims Return）』の中で、1950年代にスターリンの強制労働収容所から解放された人々について、次のように書いている。「長年の投獄生活によって、彼らは家族、キャリア、財産、帰属意識を奪われた。自由という不確かなものよりも……収容所の日常を好む者さえいた」*25。また別の一節で、著者はこう記している。「帰国後、心が混乱してしまった人は、『家族のような』他の被害者たちの輪に慰めを求めた。中には収容所のサバイバル的な仲間意識に郷愁を示す者さえいた」*26。リズムのある生活と、一体感がもつ魅力とパワーは、残虐行為の真只中でも感じられるものなのだ。

精神科医のA・M・ダニエルズ（セオドア・ダーリンプルのペンネームで執筆）はこの効果に

ついて、何度もコメントしている。彼は刑務所の精神科医として働く中で、それを観察する機会を十分に得てきた。彼のエッセイ集『セカンド・オピニオン（Second Opinion）』の中で、彼は囚人と自分との間に交わされた次のようなやりとりを紹介している。

ダーリンプル「これが、あなたが受ける最後の刑になるでしょうか」
囚人「そうでないことを願っています」
「ここに戻りたいということですか」
「この10年のうち、刑務所の外に出たのは1回だけです、先生」
「ここの方が良いのですか」
「実際、そう思っています」

僕自身や同じようなことに気づいている多くの同僚たちはともかく、ダーリンプルの経験に限ってみても、これは特異なやりとりとは言い難い。『セカンド・オピニオン』の別の一節で、その精神科医は、過去16年間のうちの3ヵ月を刑務所の外で過ごした男性について、こう書いている。「刑務所での生活の方が良いのですか」と尋ねると、男は、「ここにいる方が安全だと感じています」と答えたという[*27]。

僕たちの社会には、幸せが牢獄の中だけに保証されているような人々が少なからずいるという、このような現状を嘆く声があるのも確かだ。その気持ちを共有しながらも、こう答える人もいるだろう。「この極端な規制の原則が適用されるのは、犯罪者に限ったことだ。他の人々にとっては、私たちの自由、ひいては幸福の追求に対する冒瀆だ」。

僕にはそうとも言い切れない。一つには、この効果が強制収容所の囚人（もちろんごく少数だが）に見られたことであり、その中に本当の意味での犯罪者が、ほとんどいなかったことがある。もう一つには、彼らと同じような意見を持つ何千人もの人々がいて、その大多数は犯罪者とは遠い存在であることだ。その人々とは、軍隊という極めて規則正しい環境で過ごしたことを好意的に振り返る人たちだ。アフガニスタンでの「不朽の自由作戦」で米軍を指揮したスタンリー・マクリスタル将軍は、個人的な模範を通じて規則正しいスケジュールを提唱している。マクリスタルは、たいてい夜12時頃には眠り、朝4時に起きる。仕事のある日は（つまりほぼ毎日）、彼は6～7時間、仕事をし（多くのスタッフや補佐に囲まれて）、そして、その日、唯一の座ったままの食事（ここでも大人数で）となる朝食と昼食を兼ねた大きな食事休憩をする。彼はさらに2、3時間働き、それから毎日8マイル〔約12・87キロ〕のランニングに出かける（これもひとりではない）。その後、たいていは仕事に戻り、時折、休憩やスナックを取る以外は夜中まで働き通しで、毎日このパターンを繰り返す*28。

ダライ・ラマの一日のスケジュールは、マクリスタルと似ているところがある。法王は午前3時半に起床し、瞑想をする。瞑想の後には、身体的・精神的な運動も含めた全身を使った平伏が行われる。次に、運動のために屋外かトレッドミルで歩く。朝食をとり、さらに瞑想し、主に哲学書を読む。その後、ダライ・ラマは一日中仕事をし、さらに1、2時間瞑想し、午後

8時半に眠りにつく。

マクリスタルとダライ・ラマは、言うまでもなく並外れた人物であり、それゆえ他のすべての人に、ここまでのスケジュール調整を期待するのは非現実的だ。これに対する将軍の返答は、僕の推測では、「何を自分に求めるかで、自分の成果の程度が決まる」というようなものだろう。そして、法王もおそらくこれに同意するだろう。このような規則正しさをストイックさや人との疎遠性と結びつける人もいる。しかし、マクリスタル将軍や、特にダライ・ラマは、あまり遠い存在ではない。法王に関しては、ある記事が彼に詳しい人物の言葉を引用している。「私たちはロサンゼルスのダウンタウンにあるホテルにいて、彼らは法王をある場所からある場所へ連れて行こうとしていた……そこで突然、驚いたことに彼は、店の女の子に挨拶するために、チューインガムや『アイ・ラブ・L・A』のテディベアを売っているギフトショップに入ったんだ」[*29]。

マクリスタルやダライ・ラマが体現する極端さは、最適な社会関係や健康のためには、まったく必要ない。しかしながら、その原則は必要だ。睡眠スケジュールを規則正しくすること、運動を毎日のスケジュールに組み入れること、社会的な相互作用が内在するように生活パターンを構築すること。これらは多くのことを要求することなく命を救うものである。

また、国立精神衛生研究所（NIMH）の精神科医が報告した次のようなエピソードについても考えてみよう。その医師は、双極性障害の患者と仕事上で関わったことがあった。双極性障害は、極端で破壊的な「高揚感」、つまり躁状態や深い抑うつ状態を含む状態であり、その患者は薬物療法をきちんと守っていなかった。この患者が躁病を発症したとき、他の重症患者の躁病期と比較しても、その躁状態は特に激しく活発だった（この症状に詳しい人なら誰もがわかるものだろう）。

その精神科医は、患者に症状が出ていない時期に、本人とその家族から次のような取り決めへの同意を得た。次にその患者が重度の躁状態になったときには、NIMHに連れてこられ、外見上は立派なホテルの一室のような部屋に移されることになっていた。この部屋は、臨床スタッフが患者を直接に観察したり、ビデオや音声機器でモニターしたりできるようになっており、患者自身にも、さまざまなモニター（血圧や心拍数を把握するためのものなど）が付けられた。それらのモニターの一つは、かさばる腕時計のようなもので、スタッフに患者の活動レベルを示すアクチグラフ（地震計のような継続的な読み取りができる）を提供するためのものだった。彼が眠っていれば、アクチグラフはゼロに近い値を記録し、飛び跳ねたりしていれば、はるかに高い値を記録する。この男性が部屋にいる間、薬を服用していなかったことは、重要なポイントだ。彼が双極性障害を患っていたこと、しかも、かなり重症であったことを考えると、これは大きなことだ。

この部屋には、他にもいくつかの特別な機能が備えられていた。外からは鍵がかけられ、男性は部屋から出られないようになっていた。転倒時のケガを防ぎ、また、万が一の自殺行為に備えるため、テーブルの端にはパッドが貼られ、安全な仕様になっていた。そして何よりも重要なのは、温度は快適なレベルに保たれていたものの、それ以外の部屋の電気は午後10時半にすべて消灯され、午前6時半に点灯されたことだ。夜に電気が消されたのは劇的だった。文字通りの消灯で、真っ暗闇になった。点灯もまた、ドラマチックだった（電気の点灯が成功しなかった場合、スタッフが部屋に入り、患者を揺すって目覚めさせるなどの手段は用意されていた。しかし、その必要はなかった）。

最初の晩、その男性は一晩中起きていて、真っ暗闇の中を歩き回り、しゃべり続けた。彼のアクチグラフは、まるで大地震の時の地震計のようだった。ちなみに彼が一晩中、活動的だったことは、双極性障害の重症度の高さを物語るものだ。2日目の夜も同様のパターンが繰り返されたが、患者は合計、約1時間ベッドに入り、その間に約30分眠った。3日目の夜もその傾向は変わらず、ほとんど起きていたが、ベッドで眠っている時間もあった。5日目の夜までに、起きている時間と眠っている時間の比率は睡眠に有利にシフトした。そして7日目の夜までに、患者の睡眠覚醒サイクルは正常化した。彼は、消灯後30分以内に眠りに落ち、朝6時半の点灯まで一晩中眠り続けた。同じように重要で注目に値するのは、睡眠パターンが正常に戻ると、それ以外の躁症状も改善したことだ。彼は、入院当初にしていたような、思いつきでしゃべり続けることをやめ、精神状態も回復した。

深刻な病気（定期的に患者を苦しめ、「自殺によって」死に至らしめる病）の特に重い病型を患い、その病気の急性で危険な段階である躁状態に陥っていた男性が、毎日の規則正しいスケジュールをこなすだけで、薬も飲まず、数日で健康を取り戻した。このエピソードでは、自然の力である双極性障害と、僕が主張する自然の力でもある規則正しい生活と毎日のスケジュールのリズムが対決し、後者が勝利したということだ。

僕の博士課程の学生のひとりが、学位論文のために、約50人の大学生をアクチグラフ装置につなぎ、3週間にわたって睡眠をモニターした。これに基づいて、僕らは、「野生における大学生の自然な睡眠習慣」というようなタイトルの論文を計画していた。というのも、彼らの睡眠習慣は明らかに野生的だったからだ。大学生の両親の睡眠を妨害するかもしれない発見として、彼らの就寝時刻の平均が午前2時をかなり過ぎていたことが挙げられる。繰り返しになるが、これはたまに寝る時間が遅くなるという意味ではなく、午前2時以降に就寝することが普通だったという意味である。さらに、この平均値には1・5時間の標準偏差があった。つまり、これらの学生の大部分の平均就寝時刻は午前3時をかなり過ぎており、午前0時前に就寝した学生は、ほぼ皆無だったのだ。

睡眠時間も短かった。彼らの平均睡眠時間は6時間強だった。そして、この平均値を中心とした標準偏差はかなり小さかった。つまり、ほぼすべての大学生にとっては一晩7時間未満の睡眠が日常で、6時間未満が、かなり一般的だったのだ。

この論文の主な目的は、睡眠指標と自殺願望との関連性を評価することだった。これは適切な視点だ。というのも、これまでの章で明らかにしたように、自殺念慮や自殺行動を起こしやすい孤独な性にとって、睡眠の改善は一つの目標であるべきだと僕は主張しているからだ。このプロジェクトでは、実際に両者の重要なつながりを発見した。アクチグラフで評価された睡眠障害は、3週間の研究を通して自殺願望の増加と関連していた。そして重要なことに、この関連は、うつ病を考慮に入れても観察された。睡眠障害と自殺念慮が関連するのは、単にどちらもうつ病の特徴だからだという十分にもっともらしい考え方が除外される点で、これは非常に興味深い。

マクリスタル将軍、ダライ・ラマ、そしてホテルのような病室で睡眠と覚醒に厳しく制約を受けた躁病の男性に関する前述の議論を踏まえると、おそらくさらに興味をそそられるのは、この論文で検討されたすべての睡眠指標の中で、睡眠変動が最も一貫して自殺願望と強い相関関係があったという事実である。睡眠変動とは、寝る時間と起きる時間が不規則であることと定義され、マクリスタル将軍と法王は、この不規則性を許さず、そして、躁病を経験した男は、電気の消灯と点灯によって不規則性が抑えられた。マクリスタルとダライ・ラマの睡眠変動を示すアクチグラフの数値は、「ゼロ」を示すだろう。躁病が寛解した後の躁病患者も、同様に「ゼロ」を示すだろう。自殺願望の予測因子としては、睡眠時間や睡眠効率よりも、睡眠時間の不規則性の方が重要であった。

50歳以上のアフリカ系アメリカ人を対象とした最近の調査でも、同様の結果が得られている[*30]。睡眠のばらつき（研究者たちは、ある夜の平均睡眠時間との差と定義している）は、翌日の認知能力を予測した。認知能力は、記憶力、言語的流暢性、および、研究者の説明によれば、「参加者が指定された時刻の時計を描く能力（例えば、11時から10分後、3時25分、9時から10分後、6時55分、6時から10分後、1時45分、4時から5分後、そして9時40分というように）」を測定する時計描写テストなどのその他の課題で測定された[*31]。睡眠の変動性がこうした課題のパフォーマンスに大きく影響することは、その重要性を強調するものだ。

先に言及した学位論文の結論部分からの次の引用も同様である。「薬物乱用・精神衛生サービス局（SAMHSA）は、自殺の兆候のトップ10のひとつに睡眠の不満を挙げており、我々の結果はSAMHSAの勧告と一致している。今回の研究において、睡眠障害の指標は自殺傾向の急激な上昇を予測し、うつ病の影響以上のリスクをもたらした。このように睡眠障害は、自殺の警告サインかもしれない。リスクを予測する、他の主観的あるいは客観的な睡眠障害、例えば不眠症や悪夢（悪夢については後ほど詳しく述べるが、かなり重要である）と並んで、我々の結果は、睡眠変動が現在の自殺リスク評価モデルに統合して評価するのに適切なリスク因子である可能性を特に示唆している。他の自殺リスク因子に比べ、睡眠は修正可能であり、治療が可能である。また、他の精神的苦痛の症状よりも否定的に見られることが少ないかもしれない」。

この結論部分の最後の二つの文章は、シンプルで効果的、そして患者に受け入れられるという精神医療の未来を象徴する重要なポイントである。

この学位論文のポイントは、睡眠の問題を自殺念慮に結びつけることにあった。若い男女の睡眠の違いには焦点を当てていない。それを知るために、僕は論文の著者にデータを再検討してもらえないかと頼んでみた。彼女は快く応じてくれたが、その調査結果のいくつかは、本書のテーマである「孤独な性」、そしてこの問題のさまざまな原因や解決策に関して示唆に富むものだった。

この研究の参加者は大学生であり、男女の平均年齢は約19歳であることに留意して欲しい。こんな若い年齢でも性差は現れ始めていた。この調査によると、男子学生は全体的に睡眠時間が短く、睡眠効率も低く、ベッドに入ってから眠りにつくまでに時間がかかった。これらの結果は、既に述べた、父親がいつも「男は用心深い保護者でなければならないから、眠りが浅いのだ」と話していたと回想する作家〔第3章に登場するスコット・スペンサー〕の話を思い起こさせる。

最近の臨床経験や、自殺行動に関する科学的研究（特に軍隊内での研究だが、軍外でも同様だ）を通じて、悪夢は、それ自体が独立した特別な問題であることが次第に明らかになってきている。悪夢は睡眠を妨げるが、それだけではない、悪夢はまた、不眠を引き起こすだけでなく、人を動揺させ、やる気を失わせる。サミュエル・テイラー・コウルリッジ〔イギリスのロマン派詩人〕は、悪夢は、「迎え来る日を悲しませ、呆然とさせる」「夜の動揺」を表すものであると書いた。『ハムレット』の中でシェイクスピアはこう書いている。「私は木の実の殻のなかに閉じ込められても、自分のことを無限の空間を統べる王であると思うことができるのだ。そのなかで悪夢を見ることさえなければ」。悪夢に悩まされている人たちは、この言葉に同感するだろう。頻繁に見る悪夢に悩まされている患者の多くは、次のような言葉をつぶやくだろう。「眠っているときに快適でいられず、最も快適で平穏であるはずのときに恐怖が訪れるなら、私に快適さや平穏の望みがあるだろうか」。

この最後のフレーズが示すように、悪夢は自殺行動のリスク要因として立証されている*32。

そして、このようなリスク要因の多くがそうであるように、その不吉な結末の可能性は、臨床の場で管理されるシンプルさとは裏腹である。悪夢を見る回数を大幅に減らしたり、なくしたりすることは特に難しいことではない。そのテクニックとは、悪夢を書き直し、新しく書き直されたイメージを一日中リハーサルするというもので、優れた臨床試験によって説得力のある裏付けがされている[*33]。例えば、暗い路地でそびえ立つような大男に追われ、その足音が早くなってくるという悪夢がある。悪夢の中にいる男が振り向くと、ちょうど自分の胸にナイフが突きつけられているのが見えた。その時、彼は、はっと目を覚ました。やるべき作業とは、物事をコントロールする力が夢を見ている人物の手の中にあるように、悪夢を文字どおり書き直すことだ。その患者は先ほどの例について、こう書くかもしれない。「暗い路地にいたとき、後ろから人の気配がした。彼は僕に向かって早足で歩き始め、やがて走り出した。振り向くと、彼はナイフを持っていた。僕はすぐに、自分はスタンガンを持っていて、それ以上近づいてきたらスタンガンで撃つと叫んだ。彼は警告を聞かなかったので、僕は彼の胸にスタンガンを押し当てて足止めをした」。この書き直されたイメージ（警告を発した後、スタンガンを成功させる）は、一日のうちに数回、精神的にリハーサルされる。この例からもわかるように、多くの人が口うるさく主張するにもかかわらず、精神医療の分野では、シンプルさと有効性は、しばしば両立する。

最近、悪夢から解放されることの重要性と、その比較的簡単な方法について講演する機会があり、僕は複数の精神科医から相談を受けたが、それぞれが、頻繁に悪夢を見る複数の患者の症状が、降圧剤プラゾシン〔高血圧、前立腺肥大症などの治療薬〕でかなり緩和されたと言っていた。納得のいくことに、これらの主張は研究によって裏付けられている[*34]。ちなみに、降圧剤が悪夢を軽減する理由は、全てが明らかにはなっていない。この疑問に答えることを目的とした調査研究は、今後、重要となっていくはずだ。その結果が出るまでの間は、頻繁に悪夢にうなされる人には次の二つの治療法がある。イメージリハーサルとプラゾシンである。

悪夢やその他の睡眠の問題は、男の孤独の問題と何か関係があるのだろうか。大学時代の知人が、彼と彼のガールフレンドは忙しい毎日を送っていて、ほとんど顔を合わせなかったと言っていたのを思い出す。この問題を解決するため、ふたりは同居を始めた。これは助けになったが、彼らが予想したような形ではなかった。ふたりは忙しく、一緒に暮らしていても、ほとんど顔を合わせることはなかったが、毎晩一緒に寝ていた……僕の友人はセックスのことを言っていたのではない。あるいは、セックスのことだけを言ったのではない。寝ている間もベッドを共にすることで親密さと一体感が得られるという意味だった。僕は、これは少しばかげていると思ったことを覚えている。話したり何かをしたりすることなしに真の一体感が本当に得られるのだろうか。またしても僕は間違っていた。僕の友人の経験には意味があり、彼の名誉のために言うと、彼は性別や若さにもかかわらず、その意味を理解していた。僕の知る限り、この特別なケースに関する調査研究はないが、本書のテーマに忠実に言えば、20歳の男の大多数は僕のような反応を示すだろうが、女子大学生でそのような反応を示すのは少数派だろう。妻がこの原則を僕よりもずっと深く、ずっと長い間、理解していることは確かであり、僕はその事実を証明することができる。

睡眠中にも他者に帰属しているという意識は、存在するだけでなく、健康にとって重要であることを裏付ける研究文献も出てきている。ある著名な睡眠研究者の言葉を引用しよう。「睡眠は、基本的な愛着行動と考えることができ、それは意識の相対的停止と警戒心の下方制御を必要とする行動状態で身体的・精神的に安全や安心を感じているときに最適化されるプロセスである。歴史を通じて人間は、特に現実の脅威や想像上の脅威があるときに、親しい他者とのつながりによって肉体的・精神的な安全や安心を得てきた」[*35]。このような研究が明らかにしているように、こうしたつながりは夜になっても絶えることはない。

睡眠研究者が、29組の異性カップルを対象に、睡眠日誌を記録してもらうという調査を実施した。日誌のデータはアクチグラフによって補足された。アクチグラフは、先に述べた、躁病の男性の睡眠を評価するのに使われたのと同じ手法であり、「野生における大学生の自然な睡眠習慣」に関する学位論文の研究でも使われた。さらに研究者たちは、「経験サンプリング法（生態学的瞬間評価）」と呼ばれる手法を用いて、カップルの日中のお互いの関係に関する行動を追跡した。後者の方法は、参加者が携帯電話のような端末を持ち歩き、一日に数回、端末に表示されるいくつかの質問に答えるよう合図を送るというものである。この特別なケースでは、人間関係の親密さ、協力、対立に関する質問となる。カップルは睡眠日誌を記入し、アクチグラフでモニターされ、生態学的瞬間評価の信号に7日間、毎日返信した。

興味深い結果がいくつか出た。例えば、カップルの睡眠がどの程度調和しているか、つまり、ほぼ同じ時間に眠りに落ちているかどうかの度合いは、翌日のパートナー関係の良好さに関係していた。眠りに入る時刻の一致は、翌日のケンカの減少や人間関係の充足につながるようだ。全体的な睡眠の質に関しても同様のエビデンスがいくつかあった。パートナー双方にとって、より良い睡眠は、翌日のお互いの関係の質の向上を予測する傾向があった。この関連性は（少なくともいくつかの分析では）、相互的に作用した。日中の人間関係の質は、その夜のより良い睡眠につながる傾向があった。

「睡眠は、孤独な時間の、偉大な保護者である」という、精神分析学の論文にある見解に反して*36、これらの発見やその他の多く知見は、僕たちは、眠っている間にも人間関係を築いているという見解を裏付けている。僕たちは、なんと社交的な生き物なのだろう。睡眠でさえ、僕たちの社交性を妨げることはできない。

睡眠は、バイオリズムの重要な側面であり、それが調和していると、人は社会的に同調しやすくなる。バイオリズムのもう一つの重要な側面は、食事の摂取であり、睡眠と同様、この紛れもなく生物学的な現象は、社会的・文化的な意味を持つようになった。食事、特に夕食は、事実上すべての人間社会において、身体的・社会的な糧を得るための時間である。夕食は、豊かで古い過去を持つ儀式であるが、残念なことに、少なくとも世界の一部では、その未来が危ぶまれている。現代もまだ続いている狩猟採集民に関する次の記述は、少なくとも過去10万年の人類の歴史において一般化できる可能性が高いものだ。「猟師たちは薄暗くなったキャンプに戻り、暗くなった後、それぞれの家族が焚き火を囲んで夕食をとる……家族全員が集まってしっかりとした食事をするのは夕食だけだ」[*37]。

日没後、家族が一緒に火を囲んだり、食卓を囲んだりすることには、シンプルさと安定感がある。加速する男の孤独の問題に対する解決策に求められるものは、食事の時や眠っている時でさえも親密であることの力と、そして、先に述べたイメージリハーサル療法やプラゾシンのようなシンプルで効果的なものがもつ原則に耳を傾けることだ。解決策はシンプルでなければならず、できれば最も抵抗の少ない方法で、少しずつ段階的に進めることが可能で、簡単な第一歩を踏み出せるものであるべきだ。それらには、科学的データか、魅力的なエピソードか、できればその両方の有力な根拠がなければならない。そしてその応用には、忍耐と粘り強さが必要だ。

理にかなった説得力もまた、不可欠だ。自殺という深刻化しつつある問題に対処するために米海兵隊が開発した、ある有望なプログラムは、説得力という側面ではよくできている。このプログラムでは、下級将校に対し、個人的に部隊に関わり、精神医療の問題を含め、隊員の問題に注意を払うことを課している。ある新聞記事は、プログラムリーダーのピーター・プロイエット曹長の言葉を引用しながら、このプログラムを次のように紹介している。「我々はお互いに大勢でハグをするつもりはない」。4回の戦闘に参加経験のあるプロイエットはこう続けた。「だが、海兵隊らしく対処する。『海兵隊諸君、どうしたんだ。問題があるなら解決しようじゃないか』と言うつもりだ」[*38]。ちなみに、これが口先だけの表面的なアプローチだと感じる人がいたとしても、僕はその反応は理解できるが、軍隊がこれまでになく自殺予防に真剣に取り組んでいることは断言できる。彼らは自殺予防の取り組みにかなりの投資をしてきており、前述したように、それは僕がフロリダ州立大学で指揮を執る数百万ドルのもの資金によって運営されている「軍人の自殺に関する研究コンソーシアム」も、その一つだ。

このコンソーシアムの主な目的は、軍事環境における自殺行動の理解に貢献し、アフガニスタンの山岳地帯のような遠隔地でも実現可能な解決策を提案することだ。当コンソーシアムの最初の作業仮説は本書のテーマとも一致するものだが、多くの軍人の自殺の特徴として、他の皆が強い仲間意識を感じているにもかかわらず、ある個人が突然、疎外感を味わうというものだ(例えば、部隊を失望させた人物などだ)。

現実的に妥当でシンプルな手法は、精神医療現場では悩ましい問題となる。この分野の精神科医や心理学者の多くは、成人してからの人生の大半を心理療法などの訓練に費やしてきた(その訓練に資金を費やしてきたことは言うまでもない)。彼らはしばしば、もっともな理由によって、自分たちを洗練された賢明な人間だと考えている。そのため、「毎朝、同じ時間に起きなさい」といったシンプルなアドバイスをする医者と見なされることは、彼らの自尊心を傷つける可能性がある。僕は、かなり規則化された心理療法を行うよう訓練されている上級セラピストたちの間で、このような状況を目の当たりにしてきた。セラピストのトレーナーたちは、セラピストたちが処方されたとおりの治療を行うことにこれ以上ないほど固執し、セラピストたちが定期的にその治療方針から逸脱することに、これ以上ないほど苛立った。臨床研修を始めて1、2年の若いセラピストにも、それは見られた。初級セラピストも上級セラピストも、処方された治療方針から逸れた行動について尋ねられたとき、ほぼ全員が、規定の方法から離れることで直感や洞察力、知恵といったものを発揮できるからだという内容の話をした。

この種のセラピストの多くは、実に直感的で洞察力に富んでいる。しかし、問題なのは、たとえ患者に感銘を与え、自分たちが懸命に心理学的な仕事をしていると感じさせることができたとしても、それ自体が患者の持続的な行動変容にはつながらないということだ。僕は、自殺で亡くなったランダル・ジャレルという心理的な悲惨さをよく知る詩人に同意する。彼の詩の一つに、痛みと知恵を混同するのは見当違いであると主張するものがある。というのも、痛みは不必要で、無機質で、何の救いもないものだからだ。そして僕は、筋萎縮性側索硬化症（ALS）の影響について書いたトニー・ジャットの、「損失は損失であり、それをもっと良い名前で呼んでも何も得られない」という言葉に同意する[*39]。これらの発言が、抽象的でロマンチックな苦悩を思い浮かべる人々ではなく、実際の苦悩（一方の場合は重度のうつ病、もう一方の場合はALS）を身近に感じている人々によるものであることは、偶然の一致ではないと僕は思う。

最近、僕の机の上にあった心理学鑑定書からの引用の中に、非典型的とは言い難いものがあった。それは、「彼女は自分の感情について話すために、自由会話形式の個人セラピーに参加した。彼女は、この経験がその時は役に立ったと感じたが、長期的には効果がなかったと感じている」というものだった。クリストファー・ラッシュは、このような経験を念頭に置いて、『ナルシシズムの時代』で次のように書いたのだと僕は思う。「人々は、重要なのは精神的な自己改善であり、自分の感情に触れること……東洋の叡智に没頭すること……『関わり方』を学び、

『快楽への恐れ』を克服することだと思い込んでいる」[*40]。彼は、こうした自己改善は単独で見れば何の問題もないが、生活様式と合わせて見た場合は、公共の場とその豊かな歴史の両方との真のつながり(「関わり方」という引用符に注目)を損なうことになると指摘した。

洞察力のあるプロフェッショナルが、患者を治療しているにもかかわらず、その病状が時には何年も改善されないという重大な事実にどうして気づかないのだろう。僕はこの質問に対する包括的な答えを持ち合わせていないが、部分的な答えとしては、自然を前にして謙虚であることの必要性を理解していないことが挙げられると思う。直観的な洞察を重視する心理療法は、心臓や股関節や膝を取り替えたり、がんに放射線を照射したりするのと同じように、人間性は、ある程度、設計したり、再構築したりすることができるという(一部の人には魅力的な)考え方に基づいている。「魂の再構築」は、(20世紀の専制君主の政治哲学としては言うまでもなく)心理療法に対するスタンスとしては、あまり印象的な実績がない。

これに代わる姿勢とは、人間の心は、相対的に言えば探索すら成功していない未開拓の領域であり、ましてや地図に描いたり、会得したりすることはできないというものだ。たとえ他のもの(心臓のような非常に複雑なものを含む)を構築・再構築できたとしても、人間の心を構築・再構築できるほど僕たちは進歩していない。それならば、適切な態度とは、自然の成り行きに任せ、それがうまくいかなかったときに物事を自然の流れに戻そうとする介入を試みることだ。人々を自然な流れに戻すための「後押しをする」ことは、それ自体が心理療法の一つの手法とみなすことが可能であり、この点については、後に詳しく述べよう。シンプルなことでも、最初は驚くような力を持つことがある。少し考えれば、それは明白だ。ちなみに真理そのものの定義として、この考え方は合格点だろう。この姿勢には謙虚さが必要だが、高度な訓練を受けた者にとっては、受け入れがたいことかもしれない。

心理療法における「後押しをする」手法に関する二つの発見について考えてみよう。一つは、これから述べる治療法に関するものであり、もう一つは、後述する、僕が臨床現場で経験したエピソードだ。これまで見てきたように、うつ病の治療法の一つは、人々がいくらか活動的になるように仕向けることだ。行動活性化と呼ばれるこの治療法は、シンプルで軽い快楽を伴う活動を計画し、その妨げとなる問題を解決するものである。魅力的で重厚で、時々は予見的だった『憂鬱の解剖』という本の著者ロバート・バートン〔イギリスの古典文学研究家〕は、個人的な言葉で、行動活性化という治療法を支持した（この本の出版時期が1621年であることを考慮すれば、洞察不足は許されるべきだろう）。彼は、「私は憂鬱について書いている。憂鬱を避けるためには、忙しくしているのが一番だ」と書いている[*41]。一冊の大きな本を書くというアプローチは、誰にでもできるものではない。だが、近所を散歩したり、友人に電話をしたり、庭仕事をしたり、本を読んだりすることは可能だ。こうした治療アプローチの一つの仮説は、このようなことを頻繁に定期的に行えば、うつ病の苦痛や障害となる症状を大幅に軽減できるというものだ。

この仮説は成り立つのだろうか。僕たちはすでに、強い躁症状を示していた人物の睡眠を規則化する実験で、シンプルなアプローチがもつ力を見てきた。行動活性化に対しては、厳密な実証検査が行われてきた。臨床試験では、認知療法と抗うつ薬という二つの強力なライバルと比較された[*42]。治療効果だけでなく、その持続性も評価できるように、臨床試験に参加する患者は、2年間にわたって追跡された。というのも、単に人々の病状を素早く改善させることだけでなく、改善が持続することが重要だからだ。臨床試験は、薬物療法部門で治験を受けた一部の患者に対しては、薬物療法を中止してプラセボを投与し、他の患者は薬物療法を継続するようにデザインされた（インフォームド・コンセントの条件下では、すべての患者はこの研究の側面について知っていたが、プラセボを投与されたのか、薬を引き続き投与されたのかは知らなかった）。全ての治験者のうち、薬物療法を開始したが錠剤プラセボに変更された患者は、うつ病の再発が最も多かった。他の三つの条件下の（薬物療法の継続、事前の認知療法歴あり、事前の行動活性化歴あり）の患者たちは、一様に良い成績だった。

これは、主に二つの理由から驚くべき発見パターンである。第一に、中断された二つの治療法（行動活性化と認知療法）は、継続された強力な治療法（薬物療法）と比較しても、なお効果が持続していた。第二に、どの治療法の効果も、行動活性化を上回らなかった。行動活性化という極めてシンプルなアプローチは、心理学的に複雑なアプローチ（認知療法）や生物学的に複雑なアプローチ（抗うつ薬物療法）と、少なくとも同等の効果を示した。そしてそれが、苦痛を伴い、死に至ることもある疾患に関して起きたということを忘れてはならない。

このことは、二つの互いに矛盾する考え方のどちらかを意味していると思う。一つは、うつ病は人間の本性そのものと同様に非常にシンプルなものなので、行動活性化がかなり深く影響するという考え。もう一つは、行動活性化は複雑でよく理解されていないシステム（僕たちの感情的・精神的な装置、哺乳類や霊長類の何年にもわたる進化の結果）を元の軌道に乗せるための後押しの役割を果たすという考えだ。うつ病の複雑さと悲惨さについて考慮することはもとより、人間の本性について、単に表面的に考えたとしても、結論が後者であるのは明らかである。

この発見と、それを裏付ける再現実験は、心理療法における「シンプルな後押し」の手法が信頼に値するものであることの実証的な証拠を示すものである。この視点は、魂や精神を再構築することは僕たちの手に負えないという前提に立っている。それならば、人間に本来備わっている力によって、正常で自然な健康のリズムに戻るよう後押しする方がずっといいという考え方だ。では、どのように後押しをするのか。睡眠、食事、活動、そして他者との関わりをより健康的なものにし、人のいる場所に顔を出し、人々に助けを求め、人の輪に参加するよう指導することは、合理的な答えの一つだ。先の章で述べたように、少量のポジティブな感情は、視野を広げ、ポジティブな体験のための他の道を開き、さらにポジティブな感情をもたらし、そうしたポジティブな連鎖反応を起こす傾向がある。小さな後押しが、こうした連鎖反応によって大きな変化につながることもあるのだ。

先ほど約束した、僕が臨床の場で体験したエピソードについて話そう。これは、僕が「後押しをする」手法を勧める理由の一つだ。それは、うつ病にかかったある人物の治療に関するもので、その人物は50代の男性で、とても孤独だった。実際、うつ病の症状を定期的に何年も抱えていた彼が、最終的に治療を受けることになったのは、彼の孤独が原因だった。最初のセッションは、その年の1月に行われた。1月という詳細が重要な意味を持つことになる。彼は30代半ばから重度のうつ病を経験し、それ以来、ほぼ毎年、うつ病を発症していた。彼の記憶では、これらの症状はすべて11月頃に始まり、春になると自然になくなったという。

この段階で2、3の注目すべき事実を指摘させてもらいたい。第一に、僕の患者の発症年齢は異例だった。再発性のうつ症状を経験する人は、通常、20歳前後で最初の症状を経験するが、僕の患者は30代半ばで発症した。第二に、彼の症状は冬のパターンに従っており、季節性感情障害（うつ病に非常に類似した症候群）である可能性が高まっていた。しかし、本当の季節性感情障害は、冬の日照不足に関係するため、南緯（当時、僕たちがいた）では、それほど問題にならない。さらに、本当の季節性感情障害の場合、患者は過眠や過食といった睡眠障害や食欲障害を経験する傾向があるが、非季節性うつ患者では、不眠と食欲不振が典型的な症状である。僕の患者は不眠と食欲不振を経験しており、南部という土地柄もあり、季節性感情障害に関しては、僕は疑問を抱いた。

僕はこれらの疑問について長くは考えなかった。なぜなら、その男性は重度のうつ病で、深い孤独を抱えており、一刻も早く治療を始める必要があったからだ。彼のうつ病の深刻さを示す一つの指標は、自殺の危険性が高いことで、強制入院を強く考えたほどだった。すぐに入院することが良いと思った要因の一つは、彼の自殺に関する考えが大量出血死というような暴力的なものだったことだ。それでいて、彼がこうした考えについて話す時は、まったく動揺していないかのように理性的で冷静だった。彼は入院をせず、セーフティチェックを通じて慎重に経過を見守ってもらうことを選択した。その理由は、自分の入院が、そして自殺で死ぬかもしれない可能性が、当時14歳ぐらいだった彼の息子に与える影響について強く心配していたからである。その子は明らかに彼にとってすべてであり、実際、彼の対人関係の、ほぼ全てを意味しているようだった。

その時僕の頭の中には多くの疑問が浮かぶべきだったが、経験不足と治療開始の緊急性が重なり、そうはならなかった。例えば、その子が14歳だったことと、父親の症状が14年ほど前に始まったことは、偶然だったのだろうか。なぜ僕の患者は子どもの母親について、何年も前に別れたとだけ言い、彼女のことは話題にせず、その話はしたくないからとだけ言い、極端に口を閉ざしたのだろうか。彼はもともと寡黙でストイックな性格で、それが彼にとってプラスに働くこともあった。しかし、なぜ息子の母親の話になると、ストイックさが頑なな拒否に変わったのだろうか。そして、発症年齢が比較的遅く、冬のパターンが完全には腑に落ちないというのは、どういうことなのだろう。

僕たちは認知療法を開始した。行動活性化に関する臨床試験が示しているように、これは、合理的で実証的に裏付けられたアプローチだからだ。しかし、5週間の治療を終えても、息子とのつながりが続いていることと、僕との信頼関係が深まっていること以外は、ほとんど何も効果がなかった。5週間あれば、少なくとも症状は少しは改善するはずだ。そして、それがない場合は、治療法を反省し、おそらく作戦を変更することになる。僕は最初の査定時のメモを見返し、特に彼の子どもの母親について疑問が残っていることにようやく気づいた。僕は次回のセッションで、これらの質問に対する答えを出すことを決意した。

僕の決意と患者の反応は、僕のそれまでの臨床経験の中で最も記憶に残るものとなった。これは、心理療法の「後押し」が孤独な男性を助けたことを明確に示すものだ。次のセッションの前半は緊迫したもので、僕は彼の子どもの母親について、より多くの歴史を話して欲しいと頼んだ。僕の患者は話をそらしたり、逃げたり、ますます緊張して怒り出したりした。そして彼は泣き出した。

最初は、まだ表情にストイックさを残す彼の頬に涙が流れた。しかし、そのストイックな態度は崩れ、痛々しい嗚咽に変わった。これは僕たちふたりには長く感じられたが、実際には5分ほどだっただろう。この数分の間に、彼は2、3回話そうとし、嗚咽の合間に二言、三言、言葉を発しようとした。僕はそれに対して「急ぐことはない、ゆっくりでいい」などとつぶやいていた。

嗚咽は収まり、再び小刻みな嗚咽になり、彼はこう言った。「このことは、あまり話したことがなかったのですが、息子が生まれて数週間後に彼女は僕のもとを去っていったんです。子どもを産んだ後、彼女の心の中で何かがおかしくなってしまったのだと思います。彼女はただ出ていってしまった。時々、意味不明なハガキが送られてきて、僕はあらゆる手を尽くして彼女に電話をかけ、行方を突き止めようとしました。一度、電話で話したことがあります。彼女の声は憎しみに満ちていて、もう二度と僕に会いたくない、話したくないと言っていました。僕は、『でも、どうして、息子はどうなるんだ』というようなことを言ったと思います。彼女は電話を切ってしまった。その後も何度かトライしましたが、結局、あきらめました。もう10年以上、彼女とは話していないし、彼女について聞いたこともありません」。


「それが起きたのはいつですか」

「言ったように、息子が生まれた直後です」

「はい。でもそれはいつですか。息子さんの生年月日は」

「14年前の10月です。彼女は、その11月にいなくなりました」

「11月ですか。あなたはボロボロだったでしょう」

「そんな時間はありませんでした。生まれたばかりの赤ちゃんにミルクをやり、服も着せて、仕事も続けなければならなかったし、息子の世話を助けてくれる人も見つけなくてはいけなかったし……それで妻を探すことを後回しにしたんです」

「それでは悲しむ暇もなかったでしょう」

「なかったと思います」


僕は患者に、彼がなぜ落ち込んでいるのかについて新しい考えが浮かんだと話した。なぜうつ症状が始まったのか、なぜ11月に発症したのか。僕の考えは一言で言えば「未完の悲しみ」*43というものだった。この特殊な状態に対する効果的な治療法は、心理療法の「後押し」の手法と同様に、自然な悲嘆のプロセスを再開させ、解決させる歯車に油を差すことだった。その

「後押し」、そして「油を差す」作業は、患者が失ったものについて話すよう強く求めるという、僕がいま説明したような患者とのやり取りで成り立っている。セラピストの仕事は、「親切にするために残酷になる」やり方で、時間と根気さえあれば行き詰まった悲しみのプロセスが解消されると信じて、患者について調べ、彼に思い出させ、さらには優しくおだてて、失った人について回想させることだ。

僕のうつ病患者の場合、その1回のセッションだけでなく、その後のセッションでも、確かに同じことが起こった。それぞれのセッションで、最初は消極的だが、強い感情的な苦痛を突破口にして時間をかけて話すうちに、その強さが和らいでいくというパターンをたどった。しかし、セッションが進むにつれ、消極的な態度は薄れ、痛みの強さも和らいでいった。セッションを8回ほど重ねる頃には、彼は喪失感について感情を残しながらも、その感情は我慢できる対処可能なものとして話せるようになっていた。そして最も肝心なことに、このプロセスが進むにつれて彼の抑うつ症状は消えていった。また重要なことに、彼は新しい友人を作り始めた。

その後、3月下旬ごろに心理療法をやめることで合意したが、治療がうまくいったかどうかを確認するために、次の11月か12月に電話をしてもいいかと彼に尋ねた。このことが重要だったのは、彼に対する治療効果が持続していることを確認したかったからだけでなく、それに関連して、彼の改善が単に春に自然に良くなるいつものパターンによるものである可能性を排除したかったからだ。そして12月に彼に電話をしたとき、彼がうつ病から解放され、私生活も調子が上がっていると聞いて安心した。何か変わったことがあれば連絡してほしいと頼み、連絡がなければ翌年の12月に様子を見るために電話をすることを提案し、その通りにした。彼は症状もなく、友人や家族とのつながりもますます強くなっていった。

彼の回復に僕がどのように貢献したかについて考えてみよう。つまり、僕は、その主な障害だと考えていたことがようやく理解できた。僕は彼の人生における困難な時期について質問した。そして、その話題に留まるように促した。彼が号泣しているとき、僕は「ゆっくりでいいですよ」などと言った。別の言い方をすれば、それは高度な理屈ではなかった。同様に、僕が認知療法というアプローチから始めたことを思い出して欲しい。認知療法もまた、難しい論理ではなかったが、僕が最終的にとった治療法よりも複雑なものであり、認知療法では、結局、どこにも辿り着けなかった。僕の役割は、ただ自然の働きかけを後押しすることだったのだ。

僕が時折ニューヨークタイムズ紙で見かける記事から判断すると、アメリカには心理療法に対して複雑なアプローチを好む地域がある（ニューヨーク市、そして程度の差こそあれ、ニューイングランド地域が思い浮かぶ）。「全ての場所には、その土地独特の特異性があり、それは他の場所からすると風変わりに見える」ということだ[*44]。しかし、精神障害とその治療法に関する複雑な見解がタイムズ紙に定期的に掲載され、アメリカ北東部（およびヨーロッパの多く）で広まり、アメリカ南部のような地域では見られないのは偶然なのだろうか。日常生活から切り離された考え方は、人との真の接触の欠如から生じることがある。サルトルの小説『嘔吐』に登場する、孤立することで現実そのものを疑うようになった人物を思い出して欲しい。あるいは、隔離室実験の参加者（と呼べるのであれば）について考えてみよう。ニューヨークは孤独の部屋ではないと言っていい。しかし、ニューヨークの人々が、アメリカの他の地域よりも、いくぶん孤独であるという証拠がある。数百万人もの人々の中で孤独を感じている人たちがいるのだ[*45]。

カール・マルクスは、「田舎暮らしの愚かさ」についてコメントした。おそらくだが、大都市に住む人々は、マルクスが田舎で感じた、「愚か者」に比べ、少し孤独であることに加えて、仲間の市民に対する手助けが明らかに少ない。この事実を実証するために、心理学者のスタンレー・ミルグラムたちは、ニューヨーク、フィラデルフィア、シカゴに住む人々と、それぞれの都市のある州の田舎町の人々に電話をかけた。電話の発信者は、長距離電話の番号を間違えたふりをし、近々、旅行の予定があるため、電話を受けた相手の地域の天気に興味があると言って会話を始めた。次に電話の主は、「少々お待ちください」と言って、1分間、電話を置いた。受け手がまだ通話を切っていなければ、発信者は地元地域のホテルについて尋ねた。研究者たちは、電話を受けた人の親切さを「すぐに電話を切った」から「すべての要求に全面的に協力した」までの尺度で評価した。田舎町で電話を受けた人は、大都市に住んでいる人よりも、「全面的に協力した」寄りのスコアが高かった。助け合いと開放性は一体感を促すものであり、孤独を退ける武器となる。

僕の研究グループは、「失われた手紙」に関する最近の研究で、これと同じ現象に気づいた。このテクニックもまた、心理学者スタンレー・ミルグラムの想像力に富んだ頭脳から生まれたものである。このテクニックは、物議を醸すような話題やデリケートな話題に関する世間のムードを分析するために使われるもので、あらかじめ宛名が書かれ、切手が貼られた手紙を意図的に「紛失」させるというものだ。僕の研究グループがこの手法を使ってタラハシーで行った研究については追って説明するが、まずはこのアプローチの感覚をつかむために、次のような例を考えてみよう。手紙の3分の1は民主党、3分の1は共和党、3分の1は共産党に宛てたものだ。送り主の住所には私書箱が記され、それはすべての手紙に共通で、研究者自身に送り返せるようになっている。研究者たちは「紛失」した手紙の数を知っており、何通が返送されたかを数えることができるため、住所が「民主党」「共和党」「共産党」のいずれであったかに基づいて、返送された手紙の割合を計算することができる。もしも紛失した手紙を郵便の流れに戻すように受け取った人々がわざわざ手助けをするのであれば、その人たちは平均して、記されたトピックに何らかの関心を持っていることになり、したがって、戻ってくる割合が高いほど、そのトピックに対する世間の好意的なムードを反映していることになるという仮定である。例えば、「民主党」対「共和党」対「共産党」の手紙紛失調査を実施した場合、「民主党」と「共和党」の手紙は、ほぼ同じ割合で研究者の私書箱に戻ってくるが、一方で「共産党」への手紙は、現在の世論を反映して、その割合がかなり低い。

僕たちが実施した失われた手紙の研究は、自殺予防に対する一般市民の態度に関するもので、自殺予防団体から送られた手紙の返送数が、心臓病や糖尿病などに焦点を当てた比較団体から送られた手紙の返送数と同数であったという心強い結果だった*46。しかし、地域によって人に対する親切さの度合いが異なるかどうかに関する、ここでの論点にとっては、それは重要なことではない。重要なポイントは、フロリダ州タラハシー地域の全体的な返送率が、いかに高かったかということだ。僕たちが「失った」600通の手紙の70%近くが、僕たちの手元に戻ってきた。注目すべきことは、これらの手紙はタラハシー市内の、所得、年齢、民族などの点において典型的なタラハシー住民が住むとされる地域で「失われた」ものであることだ。一方、例えば、アメリカ北東部での同様の調査では、全体の返送率は、はるかに低かった(40%前後が普通だ)。南部のホスピタリティは、こうしたさまざまな調査で実証されている。人に対する親切な態度は、南部だけでなくアメリカの田舎町によく見られており、これは、他者とのつながりの糸口となり、孤独に対する防波堤となるものだ。

この論点は相対的なものであり、もちろん、大都市の人々が、まったく助け合わないというわけではない。実際、先に述べたニューヨークの地下鉄での興味深い実験で、研究者たちはそのことを実証している。ある研究チームのメンバーが地下鉄に乗っている人々に近づき、詳しい説明もなく、「すみません、あなたの席を譲っていただけますか」と平然と尋ねる。研究チームは、3人に2人近くがその要求に協力し、そのまま席を譲ったり、場所を空けたりするために横に移動したという驚くべき結果を出した。

大都市は、必ずしもシンプルなライフスタイルには適していない。特に、洗練されたものに惹かれる人にとっては、シンプルなことや、その驚くべき効果を否定したくなるものだ。しかし、こうした態度は危険であり、命取りになることさえある。エリック・ウィルソンが精神障害を克服した（危うく自殺で亡くなるところだった）のは、こうした姿勢から抜け出したことが重要な要因だったようだ。シンプルなことを否定したくなる誘惑について、彼はこう書いている。「私はこの誘惑に打ち勝ち、『最もシンプルなことが、最も楽しい』という最も広く浸透している決まり文句が、思いがけない奥深さを持っていることを知った。高尚なものと低俗なもの、優雅なものと平凡なもの、繊細なものと明白なものという、私の粗雑な区別を放棄することで、私は、子どもと遊ぶようなありふれた経験が、想像力豊かに精力的に取り組めば、限りなく魅力的なものになることを知ったのだ」*47。この著者は、ここで重要な指摘をしている。シンプルなことは、努力を要しないことではない（ありふれたことでもない）ということだ。シンプルなことであっても、人間関係の維持であっても、努力することを学ぶことは、孤独な性を解決するために不可欠な要素なのだ。

男性の孤独に対するいくつかの解決策は、これまでに説明したとおりだ。毎日、誰かに電話をかけること。同窓会をすること。睡眠を規則的にとること。そして、自然とつながることだ。最近、読んだ記事に、自然に浸ることに関して追加情報があった。著者はこう書いている。「2年前、ふたりの社会学者が買い物客を尾行し、最初はスーパーマーケットを、次に地域のファーマーズ・マーケットを回った。後者では、買い物客はピグリー・ウィグリー〔アメリカ南部および中西部で展開するスーパーマーケット・チェーン〕に行った時よりも10倍も多く会話していることがわかった」[*48]。具体的で実行可能な小さな解決策があるとすれば、それはファーマーズ・マーケットに行くことだ。

これに関連して、また、自然とつながるという解決策の別バージョンでもあるのだが、僕は最近、裏庭でキュウリを育て始めた（これも近所の人たちと時折、接することになる活動だ）。近所の人が出かけて来ない時には孤独な作業になることもあるが、自然とつながる解決策の重要な側面であることを心に留めておくことが大切だ。ただ独りでいるよりは、独りで自然とつながっている方が良いということだ。さらに、ガーデニングに手を出したことで、他の人たち、特に僕の趣味（スポーツ、ビール、仕事）を僕ほどは魅力的に感じていない人たちと別の話ができるようになった。ガーデニングに対して非常に情熱的な人もいれば、肥料や害虫駆除などについて知識のある人に興味を持ち、好意を抱く人もいる。

自然界への愛と、不健康な悪い習慣を少なくとも健康的な面を持つように形作るというはっきりとした実例があれば、自分でタバコを栽培することも可能だ。もちろん、アメリカのある地域（メリーランド州、バージニア州、ノースカロライナ州など）では、他の地域よりも簡単にタバコが栽培ができる（もちろん、タバコを吸うことは健康に良くないが、栽培することは別の問題である）。タバコを栽培するという発想に驚く人もいるだろうが、タバコは植物であり、自分で栽培したタバコを使用することは完全に合法だ（ただし、自分で栽培したタバコを税金を払わずに販売することは違法である）。自分が栽培することで、添加物を避けることができたり、店で値段がどんどん上がっていく1パックの料金の支払いを避けることができたりとメリットがある。言うまでもないがタバコに対する僕のアドバイスは、タバコを完全にやめることだ。しかし、熱心な愛煙家、特に孤独な愛煙家には、自分でタバコを栽培して自然とつながることの利点や、他の愛煙家や庭を手入れしている人たちとの会話から得られる利点を含む、いくつかの利点を享受することをお勧めしたい。また、「俺の邪魔をするな」という態度に偏りがちな人にとって、自分でタバコを栽培するようなことが魅力的であることにも注目してほしい。

潜在的な悪癖を趣味に変えるというテーマに沿った別の例として、それ自体が魅力的な趣味であると同時に、その趣味を共有する人たちとの交流の手段でもあるものとして、ビール造りやワイン造りがある。これは内発的な喜びを与えてくれるものであり、自然の作用（この場合は酵母の自然な作用）を利用し、他者との関係の基礎となり、「俺の邪魔をするな」というタイプの人にアピールする行動でもある。僕もこれに手を出したことがあるが、それによって広がる会話や社交行事が与えてくれる新たな展望には感動した。

もしも1日や2日、3日ではなく、数週間、あるいはそれ以上の期間、極度に孤独な状況にある人がこの章から助言を受けるとして、実現可能で効果的な例を二つ挙げるとすれば、自然界の力に触れることと、毎日の電話だ。これを実行すれば、その人は孤独から抜け出す「後押し」を受けることができるはずだ。孤独がもたらす惨劇を考えれば、これは実行すべき高い美徳となる行動だ。例えば、精神分析など、より装飾的なアプローチも推奨されているし、人に施しをするというシンプルなアプローチもあるかもしれない。しかし、華美なものはうまくいかないだろう（あなたがそれ自体に興味があるなら別だが、その場合、あなたはおそらくひどく孤独ではないだろうし、そうでなければ、孤独に対処することの方が、あなたにとっての優先事項だろう）。具体性に欠けた単純すぎるアドバイスも役に立たないだろう。少なくともこの領域においてて実際に役に立つのは、「野菜を食べなさい」といったタイプのアドバイスだ。多くの調査結果が示すように、親が子どもに野菜を食べるように勧めるのには理由がある。この章のアドバイスは、後押しとしては十分だと思うが、次の章では、さらにいくつかの「野菜」について説明しよう。

第8章　解決策
他者とつながる現実的な方法

沈黙や、対人関係の断絶は、前章までに示したように、人を混乱させ、時には死に至らしめる。だが、この見解を支持していない人もいる。歴史家で哲学者でもあるミシェル・フーコーは、『政治、哲学、文化（Politics, Philosophy, and Culture）』の中でこう述べている。「沈黙は、残念ながら私たちの文化から抜け落ちてしまったもののひとつだと思う。私たちには沈黙の文化がない……私は沈黙を文化的エートス〔習慣・特性〕として発展させることに賛成だ」[*1]。僕はこの有名な哲学者の考え方には概ねあまり感心しないし、特に、沈黙を重視する一般的な風潮には同意できない。しかし、フーコーのような人物を取り囲むあらゆる議論の中で、彼が沈黙を渇望していたことは想像に難くない。この点では、彼と僕は意見が一致するだろう。僕たちはまた、本を読み、考え、文章を書くために静かに過ごすことの価値という聖なる特権についても同意するかもしれない。読書や考え事や執筆など、こうした活動をしようとしているオフィスに2人の息子と2匹以上のペットが出入りしている身の上としては、フーコーが孤独を讃美したくなる衝動は理解できる。しかし、彼のような恵まれた立場の学者が沈黙を文化的価値に高めようとすることは、億万長者が富を嘆き、誰もがもっとお金を持たないようにするべきだと言っているようなものだ。

最近の記事にこんなアドバイスがある。「静寂とは、『私たちにできること』です。私たちが自ら求めることができるのです。私たちは毎日、何に耳を傾けるかを決めています。私たちの注意を引く雑音は何百とあり、私たちはその中から重要だと思われるものを選択して耳を傾けています。静寂もまた、探すべき重要なものだと考えてはどうでしょうか。私たちには生活の中に静寂とノイズのバランスを作り出す権利があり、そして自分には、その『責任』があると信じてみるのはいかがでしょうか」*2。別の記事にも似たようなことが書かれていた。これは学問の世界なら役に立つだろうが、他の多くの場面では、ものすごく嘘くさく聞こえる話だと僕は思う。記事にはこう書かれている。「人生の旅路において、内省の時間を作ることなしには、真の進歩はありません。孤独は不可欠なものです。自分自身を探求し、知るための時間と機会を与えてくれるのです」*3。この文章では、「進歩」とは「自分自身を探求し、知ること」となり、この二つが、あたかも同じものであるかのように述べられている。多くの臨床経験やその他の経験から、この二つは同義語であると同時に、少なくとも反意語であることが多いと僕は断言できる。そして自己満足的で自己陶酔的な態度は、多くの場合、いかなる種類の進歩も妨げるものだ。

さらに別の記事は、「孤独がなければ、人生は存在しなくなる」と主張している*4。これらの言葉は、本当の不幸というものを何もわかっていないことを示している。

哲学者フーコーとこれらの記事を書いた人たちは、沈黙や静寂が僕たちの文化から抜け落ちてしまったことを残念がっている点で一致している。自分が何を求めるかには注意が必要だ。沈黙は人を殺すことが可能なのだ。韓国語のムクサルとは、「沈黙で殺す」という意味で、2007年に韓国の大統領選で親米派候補が勝利した際、北朝鮮の独裁者である金正日総書記が不快感を示すために使った作戦だった。北朝鮮政権は、この出来事について何週間も沈黙を守っていた。比喩的に言えば、沈黙で殺すという試みである（北朝鮮指導部のやることの多くがそうであるように、この作戦は特に効果的ではなかった）。作家・詩人のオクタビオ・パスは、「人間とは、自分が孤独であることを知っている唯一の存在である」と言った。ここで彼は二つの重大な誤解を、いとも簡単に成し遂げている*5。まず、人間は好調で健康であれば「孤独ではない」し、少なくともひどい孤独に陥ることはない。そして、社会的に孤立している霊長類以外の動物に対して、自分が孤独であることを自覚していないから立ち直るべきだと説得しようとしても、失敗するだろう。なぜなら霊長類以外の動物は、骨と細胞で自分が社会的に孤立していることを知っているからだ。そしてその孤独感は、感情、行動、免疫機能、その他の健康指標にも反映されている。なぜなら人間以外の霊長類は、僕たちと同様に群れるようにできているからだ（他の多くの動物も同様だ）。

孤独に関する精神分析的な見方のひとつに、人にはもっと独りの時間が必要であり、そして「私たちはすでに、独りでいることに伴う厳しい恐怖を熟知している」、と主張するものがある*6。それに反して、僕は人間が孤独を熟知しているとは思っていない。こうした主張をする書き手は、孤独と沈黙の美徳に関する思想の亜流の極みのような人々だが、沈黙が比喩的にも、文字通りの意味でも引き起こす可能性のある問題や大惨事にさえ、皆、気づいていないか、あるいは十分に理解していないように思える。文字通りの例を挙げれば、ある中西部に住む男性は、妻が家出をし、そのことに心を痛め、家族や友人から引きこもり、再起不能になるほど落ち込んだ。彼は沈黙の日々を過ごし、それは大きすぎるほどの沈黙だった。

実際、彼は最後の日々を沈黙の中で過ごし、自分の農場で自殺した。これは文化批評や哲学とはかけ離れた、まさに本当に起きた事実だ。先ほど紹介した記事のひとつに、こんなアドバイスがあった。「孤独と沈黙の鍛錬は、健康的な人生において極めて重要な要素です。それを受け入れることを学びなさい」*7。これが適切なアドバイスとなる人も確かにいるのかもしれない。沈黙と孤独が積極的に役に立つタイプの人々だ。しかし、このアドバイスを笑う人もいることは確かだ。もしも彼らが笑う能力さえ持っていればの話だが（農場にいた男は、ほとんど間違いなくその能力を持っていなかったし、重度のうつ病患者の多くも持っていない）。最近のある記事では、この問題を的確に捉えている。記事には、「沈黙は、時に騒音と同じくらいに拷問である」と書かれている*8。

農場にいた男性の遺体は何日も発見されなかった。この厳しい事実は、スターリンの強制収容所の元囚人に関する本に書かれた、まったく別の文脈でのエピソードを思い起こさせる。元囚人のうちの一人の女性は、収容所を出た後に60代で結婚し、その経験をインタビュアーに語っている*9。仲間の囚人たちが、死後、何日も放置されるのを目の当たりにした彼女は言った。「少なくとも結婚していれば、誰かがすぐに埋めてくれるはずだわ」。これは結婚を奨励するのに必ずしも最高の言葉ではないが、この言葉には知恵がある。死後も世話を続けてもらえることは、まさに人生の支えとなるのだ。

哲学者フーコーのような思いつきの考えを、その違いを見分けるための厳密で体系的な方法をもたないまま、一般的に真実であるとか深遠であると勘違いしてしまうといった誤りは、特に学術分野においてよくあることだ。それに関連した間違いは、(相対的な)孤独を好むといった個人の気質的嗜好に過ぎないものを、普遍的な真理として仮定することである。フーコーのような理論家の一員による非常に手の込んだ考え、特にアメリカ中西部の農場を含む一般庶民の生活から切り離された考えは、男性の孤独という問題に対処する上で役に立たない可能性が高い。さらに、このような考え方の中には、単に役に立たないだけでなく、積極的に誤解を招くものもある。孤独の必要性について書かれた精神分析学の論文の一例を考えてみよう。この一節は、明らかに期待のもてない書き出しで始まる。「ダーウィン的な種の永続性はさておき……」。僕はダーウィンの考えを少しでも否定するような書き出しに続くものが啓蒙的な内容にならないことを知っている。その一節はこう続く。「死の本能は、日常的なレベルでは、外部からの刺激と常につながっているというストレスと、回復のための孤独とのバランスをとる必要性として理解するのが、最も適切である」[*10]。

こうした主張は雑草のように拡散しているが、そもそも死の本能などというものは存在しないし、仮にあったとしても、人が時折、休息を必要とすることと、なぜ関係があるのだろうか。

本書を通して、僕はシンプルで実直なアプローチを心がけてきた。このアプローチがすべての人の気質に合うわけではないことは理解しているし、その事実は、臨床の場で、患者や医師の間で、毎日、目にしている。だが、「文化的価値としての沈黙」や「死の本能」といった考え方は、洗練されているかもしれないが、それは人間の本質を誤解する代償には値しない。

前章で紹介したファーマーズ・マーケットに関する同じ記事の中で、執筆者は次のように述べている。「50年前と比べ、家族や隣人と一緒に食事をする機会が激減している」[*11]。そこで、また別の小さなソリューションを紹介しよう。これは確かに実現可能なものだ。ある時、僕の隣の家の住人が夕食に招待してくれた。その夜、僕も隣人もフェイスブックをやっていることがわかった。僕たちはこのサイトでお互いに「友達」になることを忘れないようにしようと約束し、僕たちのうちのどちらかが覚えていて、今では僕と彼はフェイスブックの友達になっている。僕たちの家は30フィート〔約9メートル〕ほど離れていたが、その後、フェイスブックで隣人を「見かける」頻度は、文字通りの近所付き合いよりも、はるかに高くなった。この点については、また改めて説明しよう。僕たちの隣人は、その後、わが家から半マイル〔約804メートル〕ほど離れた同じ地区の別の家に引っ越した。状況的には些細な違いだが、今ではフェイスブック以外で彼らを見かけることはないという点では、十分な違いだ。

家族がもっと一緒に夕食を取ったり、郊外や都会の歩道、あるいはバーチャルな歩道で、もっとおしゃべりしたりすることを期待するのは、絶望的に理想主義的で、浅はかなことなのだろうか。浅はかな理想主義だと非難されてしまうのは、僕が本書で奨励しているプロジェクトにとっては深刻だ。確かに他人とつながるための方法には、陳腐であったり、あるいは、うまくいかなかったりするものもある。しかし、この点に関して、僕は次のような最近の記事の主張に同意する。「豊かな人生を送るには、周囲の人々との関わりが不可欠であることを、古くから人類の知恵は理解してきた。それが現実であり、理想論ではない。エリート層の政治的大覚醒〔大覚醒（Great Awakening）は、18世紀中ごろアメリカ植民地に広まった信仰復興運動〕は、煌びやかな人生を送ることも楽しいが、心豊かな人生を送ること、そして心豊かな人生を送っている人々の輪の中にいることの方が結局は楽しいのだという新たな理解から生まれると考えるのが妥当だろう……そのためには、アメリカ的な生き方が、人々が共に生きるための異なる方法であり、地球上の国々の中で唯一無二のものであり、計り知れないほど貴重なものであることを、いま一度、認識する必要がある」*12。

僕は7人の友人で構成されるグループの一員であり、その全員が僕の勤める大学の関係者で、40代、50代、60代の男性だ。そして僕たちが集まるたびに（平均週1回）、アンハイザー・ブッシュ〔アメリカの大手ビール会社〕の株主は、より金持ちになる。僕たちは、特に健康に良いような活動を一緒にすることはなく、例えば、葉巻を吸うこともある。だが、説得力のある事実として、僕たちの妻が例外なく僕らの飲み会を公然と奨励していることがある。彼女たちは、僕らを一晩、家から追い出したいのだろうか。おそらく、それも一役買っているのだろうが、ほとんどの理由は、友情が僕たちにもたらすポジティブな効果を彼女たちがわかっていることだと思う。僕らは気分も良くなるし、帰宅後も、しばらくは自分の世界に閉じこもることもなくなる。妻たちは、僕たちがもっと飲むことを望んでいるわけではなく、その反対を望んでいる人もいる。しかし、彼女たちは僕らが定期的に交流することを望んでいる。それが僕らのためになり、ひいては僕たちや家族のためになることを知っているからだ。彼女たちにとって、僕らが飲むことにはそれだけの価値がある。ちなみに僕は、もうひとつの事実をすでに示唆している。僕らはそれぞれが結婚しており、少なくとも、もう10年になるということだ。

高校時代の友人についても本質的に同じ話をすることができる。僕たちは年に1回程度（例えば、インディ500）集まり、あまり健康的な行動はとらず、妻たちは皆、それを奨励している。この10人ほどのグループの全員が結婚しており、10年以上連れ添っている。通常の離婚率が約50％であることを考えれば、これは注目に値する事実だ。

僕のこの二つのグループは、「悪いものが良いものに変わる」という原則を説明するだけでなく、一部の男たちの間で信じられている、「僕の妻は絶対にそんなことを許さない」という神話を払拭するものでもある。実際はその反対だ。妻たちは、その行動を許すだけでなく、奨励し、喜んでくれるだろう。なぜなら、あなたの心の状態が改善され、結婚生活や家族にプラスの波及効果がもたらされることは、彼女にとってそれだけの価値があるからだ。

僕はこの二つの友人グループのメンバーであることに加え、他のグループにも参加していて、そのうちの一つは、最近一緒にサッカーをしている仲間たちだ。もしも、小学3年生やリトルリーグの野球で友だちがあたりまえにできるものなら、毎週のように行われる40歳以上のサッカーの試合でも、そうなるのは当然だ。ほとんど毎週、顔を出すだけで、1年後には何人かと友人になっている。つまり、クラブに加入するという方法だ（これも生産的な戦略だ）。顔を出すことは、成功のための試行錯誤のレシピだ。その主な理由の一つは、友だちを作るための舞台を整えるということだ。

友人との再会は力強いものだ。この事実は、精神科医のラリー・デューイが、退役軍人に関する優れた著書『戦争と贖罪（War and Redemption）』の中で十分に証明している。この精神科医は、戦闘の後に戦友と再会することについて具体的に記している。これは一般的な同窓会にも当てはまることだと思うが、再会は、「元の出来事に新しく健康的な意味を与え、しばしば、明晰さと平和と解放をもたらしてくれる」[*13]と彼は述べている。ある退役軍人は、戦友たちとの再会についてこう語った。「僕たちが一緒にいた3日間、話は尽きることがないかのようだった。昔のプレッシャーから解放されたことは間違いない」[*14]。再会がもたらす効果について精神科医はこう続けた。「記憶が処理され、よりよく理解される。友情が再確認される。悲しみが示され、それが認識され、理解される。心が安らぐ」[*15]。

この精神科医は、グループセラピーについて言及しているのではない（彼は戦闘体験に苦しむ人々には、グループセラピーも勧めているが）。彼は必ずしも、辛い経験が常に蒸し返されるような再会のことを指しているわけではない。彼はむしろ、仲間意識について書いている。この仲間意識は、（弱まるとはいえ）ひとりでいても感じることができる。すでに述べたように、ある小説家の友人は、人と接する必要性も、興味も、あまりないと言っていた。その主張に対して僕は、彼女が1日に何時間も、彼女が書いている人々の人生に浸っていることを思い出させることで反論した。作家のフィリップ・ロスが、新作『ネメシス（Nemesis）』についてインタビューを受けた*16。一人の登場人物の視点から書かないという彼の選択について尋ねられた際、僕の友人と同じように1日に数時間、一人で執筆しているロスは、こう答えた。「私は物語で起こったことを語る中で、『私たち』『私たちの』『私たちを』といった表現が気に入っている。それはコミュニティ全体が表現されるからだ」。

もしも、『私たち、私たちの、私たちを』的な僕の体験が、少しでも代表的なものであるとしたら、それは例えば、友人の妻が長い闘病の末に亡くなった後に週末に皆でレイクハウスに集まった時や、友だち同士でベースボールを見にドライブに出かけ、そのうちの一人が家庭内のトラブルから離れる時間を必要としていた時などであり、その時間は、苦しみや痛みから離れることができる。実際、苦しみや痛みによって追い詰められてしまう男性もいる。必要なのは、ただお互いが、そこで一緒にいることだ。すべてではないが、ほとんどの場合、仲間意識は有機的に生まれる。「僕たちはこのゲーム／このショー／このカジノ／この何かで、お互いに楽しんでいる」。したがって、「これからも一緒にいよう」。その結果、「困ったときにはお互い様だ」という流れで、暗黙の了解が生まれる。こうした交友関係は、真の友情において最もよく現れるが、後述するように、驚くほど束の間の関係であっても何らかの効果をもたらすこともある。

そうした束の間の経験が人々の生活に真の変化をもたらすのに十分かどうかというのは、正当な疑問だ。僕はこの疑問に対して明らかに肯定的な答えを得たと思っていて、その答えは、「気遣いの手紙」の研究から得られたものだ[*17]。この研究は、画期的な割には過小評価されていると僕は思うが、自殺念慮や自殺行動、あるいはうつ病のために入院した数千人の人々を対象に行われた。患者が退院してから約1ヵ月後、入院のフォローアップとして継続的な外来治療に関心があるかどうかを調べるため、患者に連絡を取った。このようなフォローアップは、最近の考え方やデータが示すように、優れた精神医療には絶対に不可欠なものだ。その理由のひとつは、精神科の病院を退院した後の特定の期間に、自殺の危険性が高いことが証明されているからだ。しかし、よくあることだが、多くの人が継続的なケアを断った（人々が治療を継続する可能性を高める技術は、再入院を避けるか、生死を分けるかの分かれ目となる、現在の精神保健研究の新分野である）。「気遣いの手紙」の研究の参加者には、継続的なケアを辞退したすべての人が含まれている。

これらの患者が平均してどれほど高リスクな患者だったかについては、改めて説明する価値がある。彼らはごく最近、精神科への入院を経験しており、それ自体が病気の重症度、ひいては自殺リスクの高さを示している。その上、彼らは継続的な治療を拒否していた。このことは、継続的なケアがもたらす効果の高い恩恵を受けられないことを示すだけでなく、リスクの再上昇を評価し、それに応じて介入をしてくれる人間との継続的な接触がないことを示している。さらに、ケアを断わったことによって、患者は「助けを否定」したことになる。これは、過去の研究で、臨床経過が比較的悪いことを予測させる行動であることが示されている。

そのため、すべての研究参加者は、いくつかの不利な点を抱えていた。そうなると、集中的に大規模な介入でもしなければ、何も変わらないのではないかと思う人もいるかもしれない。もっともらしい仮定だが、これは、後で述べるように、間違っている。

患者は、無作為に二つのグループに割り当てられた。ひとつのグループには何もしなかった。倫理的な懸念が生じそうなアプローチだが、このグループの患者がすでにフォローアップ治療に誘われ、それを拒否していたことを考えてもらえば、その懸念はいくらか和らぐかもしれない。もうひとつのグループは、同様に治療の誘いを受け、その後の治療を辞退した人々で構成されていたが、約5年間にわたって、年に数回、「気遣いの手紙」が郵送されていた。

手紙は3、4文の簡潔なもので、患者の健康に関心を示し、患者が治療を受ける決心をした場合には治療が可能であることを思い出させる内容だった。しかも、その手紙は個別化されていて、通常、患者が入院中に交流のあった医療専門家が直筆で署名をしていた。そして、送られ続ける手紙の内容を、少しずつ変えていく努力がされていた。いくつかの手紙には過去の手紙に対する質問やコメントへの回答が含まれていた。また、すべての手紙には研究者の住所が書かれた封筒（切手なし）が同封されていた。

研究者たちは、気遣いは自殺の危機に対する効果的な解毒剤になると考え、手紙の文言が十分に個別化されていなければ、気遣いの適切な感覚を伝えられないと考えた（理にかなった仮定だが、後述するように、この仮定が疑わしい可能性があることを、その後の研究が示している）。彼らの定義によれば、気遣いという重要な変数は、「感情面での生活を安定させる力として、自分以外の何か意味のあるものと結びついているという感覚」[18]である。注目すべきことに、この定義は自立性よりも相互性を強調している。効果的な解毒剤としての気遣いについて、研究者たちは次のように書いている。「（以前の論文では）600年にわたる自殺予防策を振り返り、何が本当に新しいのかを考えた上で、そのコンセプトを明確に表現し、次のように記している。『何世紀にもわたって、少なくともひとつの共通テーマがあることは確かだ。それは、人間的な触れ合いを提供すること、すなわち、自分を気に留めてくれている他者による慰めを提供することであり（しばしば権威的ではあるが、そうでないこともある）、その時代特有の前提や価値観に合った希望のメッセージを伝えるということだ』」[19]。第1章で述べたように、ジョン・シムは、1637年に出版された本の中でこれと同じ指摘をしている。

気遣いは重要だ。ほんの僅かであっても、目に見える効果をもたらしてくれる。気遣いの手紙を受け取った患者は、対照群の患者と比較して、退院後、5年間の自殺率が低かった。無作為の比較試験を実施した医療介入のなかで、今日までに自死に対して効果があった唯一の研究には、こうした気遣いのある追跡連絡が含まれている[20]。

僕は、対人関係の些細な経験が、些細であるにもかかわらず、健康に対して顕著な影響を及ぼすことがあるのかという問いを投げかけた。「気遣いの手紙」の研究は、それが可能であることを最も明確に示すものの一つである。

時折の短い手紙のような、ほんの少しの治療でも効果があったのと同様に、もっと少量の治療でも、良い結果をもたらす可能性はある。オーストラリアで行われた研究では、「気遣いの手紙」研究の特徴の多くが再現されたが、いくつかの側面が変更された*21。具体的には、手紙には個人名が書かれていなかった。実際、それは手紙ですらなかった。それらはダイレクトメールの葉書だった。葉書には、受取人の名前と住所以外に、個人に特化した特徴はまったくなく、患者の過去のコメントや質問についての言及もなかった。そこに書かれていたのは、「お元気でお過ごしのことと思いますが、必要であれば、私たちがここにいることを忘れないでください」というようなコンピューター化された文言だった。可愛らしい趣向として、それぞれの葉書には、幸せそうな犬のシンプルなCG画像も添えられていた。

気遣いのダイレクトメール葉書には、効果があった。葉書を受け取った傷つきやすい人々は、葉書を受け取らなかった傷つきやすい人々と比べて自殺行動が少なかった（そして何人かの参加者は、幸せそうな犬のイメージに好意的なコメントを寄せた）。それはまるで、僕たちの気遣いに対する理解がきっかけになったかのようだ。おそらく、ごく少量では十分ではないが、顕著な変化をもたらすには十分なもののように思える（ちなみに、これと同じような「気遣いのテキストメッセージ」に関する研究も進行中である）。

僕は、「小さな社会的つながりは、本当に違いを生むのか」という質問に対する回答として、気遣いの手紙や葉書に関する研究について論じた。この質問に対する肯定的な答えに戻る前に、僕はまず、この論点を現実の厳しい輪郭の中に位置づけたい。ここでの論点は、「みんながもっと仲良く、あるいはもう少し優しくなれば楽園が訪れる」というような、ポリアンナ的、あるいはユートピア的なものでは断じてない。前述したように、毎日、毎日、善良さのある行動をとり、それによってモラル性の高い習慣を身につけることによって、ゆっくりと着実に徳が培われることについて言及したとき、僕は、それを紙やすりと木材に例えた。サンドペーパーが木材の本質的な構造を変えるものではないが、それでも重要で目に見える効果を生む。この例えは、男性や、すべての人の社会的疎外感に対する気遣いの効果にも当てはまる。気遣いの手紙のようなものは、深い孤独やうつ病などの完璧な治療法としては提案されていない。むしろ、そうした病気のもつ鋭さを取り除くものとして、短期的には人生をより耐えやすいものにし、長期的には社会的なつながりの自然なプロセスが働き、事態をさらに改善するチャンスを与えるものとして提案されている。気遣いが、少なくともそうしたことができることを疑ってはいけない。気遣いの手紙の研究から得られた知見は、気遣いというひと手間が、破滅的な自殺志願者を、死の崖っぷちから、より安全な場所へと導いたことを示唆している。

ごく僅かなつながりが、大きな違いを生むことがある。気遣いの手紙や葉書の研究は、次のようなビーチで行われた研究と同様に、そのことを示している。研究者たちは、アクターたちに、海水浴客から数メートル離れた場所にビーチタオルを置かせた。アクターたちは、自分たちがいる場所の近くに高価そうな音楽プレーヤーを置くなど、いつもの方法で自分たちの居場所を作った。このようなシナリオの半分では、アクターたちは近くにいた海水浴客と楽しく、しかし、ごく短い世間話をし、それから居眠りをするふりをするように指示された。残りの半分のアクターたちも同じようなことをしたが、彼らは近くにいる人たちを無視するように指示された。

いずれの場合も、アクターたちが眠っているように見えた後、研究者たちは、他のアクターたちを忍び寄らせ、かなりあからさまなやり方で音楽プレーヤーを盗ませた。研究者たちは、盗難に対する海水浴客の反応に興味を持った。期待通りだったのは、ほとんどの場合、世間話（それもまた束の間のものだが）をした後のグループに対しては、海水浴客がその盗難行為に割り込んでくれたことだ。しかし、自分たちを無視したアクターたちに起きている盗難については、海水浴客は無視する可能性のほうがはるかに高かった。気遣いの手紙と葉書の研究と同様、ほんの短いつながりが、すべての違いを生んだのだ。

僕はさまざまな友人のグループに属しているだけでなく、実家の家族ともつながっている。実際、友人たちよりも実家の家族の方が、つながりを維持するのはちょっと難しいと感じているが、それをフェイスブックが助けてくれた。フェイスブックの目的は社会的なつながりであり、40代以上の人々のフェイスブック活用の増加を含め、多くの人々がその効果を証明している。1年半前、僕はフェイスブックをやっていなかったし、これからもやらないだろうと思っていた。今、僕は毎日サイトをチェックし、何百人ものフェイスブックの友達がいる。その多くは、僕が友人を誘い、その友人が他の友人を誘った高校時代の友人だ。僕のいとこや親戚もたくさんいる。「自分にはまだ早い」と思っている友人や家族には、次の実例を話し、相手を恥じ入らせて参加させている。なんと僕の母もフェイスブックをやっていて、彼女はとても気に入っているのだ。なぜなら、彼女はそこで子どもや孫たちと「友達」になれるからだ。

フェイスブックは、あなたのためだけに作られ、命を吹き込まれた新聞のようなものだ。友人や親戚の生活に関する最新情報が分刻みで提供され、新聞のように詳しく読むことも、好きなように読み飛ばすことも簡単にできる。また、新聞と同じように、街中の集まりやイベントの告知があり、そのうちのいくつかは僕も参加して楽しんだことがあるが、中にはフェイスブックがなければ知らなかったような楽しいものもある。新聞に例えることには、もう一つ理由がある。先に述べた、幸福な人が不幸な人よりも多くする傾向がある10ほどの日常的な活動についての研究を思い出してほしい。その行動の一つは、新聞を読むことだった。

フェイスブックや同様のサイトには、避けるべき落とし穴がある。それは、他者とのバーチャルな接触は、実際の対人での接触を補うものであって、それに取って代わるものではないということだ。精神科医のエリアス・アブージャウデは、その著書『強迫衝動的な行為(Compulsive Acts)』の中で、この問題の極端な例について記している。ある男性とその婚約者が、男性が「セカンドライフ」のようなウェブサイトを偏執狂的に利用しているとして、精神科医に治療を依頼した。そこでは、人々が、生活や家族などを持つ、バーチャル・アイデンティティを作り、そのキャラクターを通してバーチャルな生活を送っている。婚約者は、男性がバーチャルな生活全般とつながっていること、それに伴って実際の生活から切り離されていることを心配しており、特に、男性とバーチャルな女性との関係を心配していた。彼女の心配は、もっともなものだった。精神科医の治療努力にもかかわらず、その男性は治療を中断し、実際の妻になる女性とも別れ、バーチャルな女性を選んだ。

バーチャル・フレンドシップの数は増えており、必ずしも、そのすべてが、今、述べたような機能不全に陥っているわけではない。「Honey, it's me!（ハニー、私よ！）」というスマートフォンのアプリは、一日に3、4回、電話の持ち主に電話をかけ、バーチャルのガールフレンドからの録画済みのビデオ会話を提供する。そのガールフレンドは女優で、そのアプリには、「今日はホラー映画を見て、とても怖くなったわ。ハニーに会いたい！　おやすみなさい。夢で会いましょう」といった100以上の短い会話が録画されている。何十万人もの人々が、このアプリをダウンロードしている。ティーンエイジャーや20代前半くらいまでの若者には、ツイッター〔現X〕から、「いまどこにいるんだ。もう真夜中だよ。ママが怒っているよ」といった自動ツイート〔ポスト〕を手配することができる。これらのツイートは、実際の両親からではなくコンピューター・プログラムから発信されている。最近の記事に次のような見出しがあった。「持ち主に恋に落ちることができる『ロボット』は、世界中の何百万という孤独な心に終止符を打つかもしれない」[*22]。このロボットは、大きな枕のような形をしており、触覚や皮膚温度に反応するセンサーを備えている。その発明者はこう語っている。「人々は、すでにモノに溺れ、テクノロジーによって現実生活から身を隠している。だから、もしロボットや物体が感情的な欲求をすべて満たすことができるのなら、なぜ他の人間が必要なのか」。

それに答えるかのように、2日後には、「ガジェット『話すことの代わりにはならない』」という見出しの記事が掲載された[*23]。この記事では、ある心理学者の言葉を引用している。「『ガジェットからガジェットへ』は、『フェイス・トゥ・フェイス〔対面での接触〕』に取って代わらないのであれば、問題はない」。彼はこう続けた。「実際、ガジェット同士の連携は、対面でのアレンジに使われることで本領を発揮する。そうすることで、人々は両方の長所を得ることができる。つまり、デジタルによる解決策に続いて、人間関係の豊かさという報酬が待っているということだ」。

ローマ教皇は、少なくとも対面での人間関係の必要性については同意するだろう。教皇ベネディクト16世は、2010年にバチカンで開かれた会議で、インターネットが、「教育の非常事態」の原因であり、「孤独感や見当識障害」を増大させる可能性があると警告した。また、教皇は、これまでの声明で、現実と空想の境界線を曖昧にする新技術の危険な影響について懸念を表明していた。この考え方が、『ジ・オニオン』誌〔米国の風刺報道機関〕などで風刺されることは、容易に想像ができるし、僕の息子たちなら爆笑するだろうが、バーチャル・ワイフのせいで本物の婚約者を失った男性の例を見てもわかるように、ローマ教皇は、おそらく、この点で何かに気づいているのだろう。

第3章で述べたように、ここ20年ほどの間に、親友がいないと答える人の数は3倍に増えている。この同じ時期に、ソーシャルメディア技術が爆発的に発展していることを強調しておきたい。それは、後者が決して孤独の問題の完全な解決策ではないことを示唆するものだ。

前述の「恋愛ロボット」の発明者は、次のような質問を投げかけていた。ロボットで事足りるなら、なぜ他の人間が必要なのか。ローマ教皇は、それでは不十分だと考えている。どちらが正しいのだろう。

最も革新的なロボット発明者であっても、何年にもわたる進化の成果を凌駕するロボットを作り出せる可能性は極めて低い。顔を認識したり、互いの目を見つめたりといった社交に関しては、僕たちは、非常に複雑で繊細な回路を持っている。

研究者たちは、生後2日から5日の赤ちゃんは相互の視線に興味を持ち、生後4ヵ月の赤ちゃんの脳は、直視と逸らした視線とでは反応が異なることを示した。研究者たちは、「これらの研究で示された、相互の視線に対する非常に早い段階から見られる感受性は、間違いなく後の社会的スキルの発達の主要な基盤である」と結論づけた[*24]。自閉症や統合失調症など、社会的行動に重大な影響を及ぼす精神障害において、アイコンタクトや視線の異常が顕著に見られるのは、偶然とは思えない。

他人の顔から恐怖を認識することも、進化上、重要であることは明らかだ。脳には上丘と呼ばれる構造があり、サルはヘビを見たとき、ヒトは恐怖の顔を見たときに活性化する。研究によれば、「他人の顔から恐怖を察知する能力は、間違いなく生存に役立っており、いわゆるミラーニューロン（共感ニューロン）によって媒介されている可能性がある」という[*25]。この神経細胞の問題は、前の章でも触れたように、社会的センサーの不調を特徴とする症候群である自閉症の原因を説明する有力な材料となっている。

他人の顔から恐怖を感じ取るだけでなく、危険の原因を素早く察知することも重要だ。僕たちや他の霊長類は、この活動に長けており、他者の視線の方向を追跡できる自動的なシステムを持っている。会話の相手が、突然、あなたから目をそらし、他のことに目を向けたとしたら、あなたもわかるはずだ。「自分も目を向けたい」という衝動を抑えるのは難しい。同調は健全な社会機能にとって不可欠であり、同調における問題は、他のグループよりも、ある特定のグループに特徴的なものだ。本書が論じているように、そのようなグループのひとつが男性である。恐怖を察知し、視線を追うためのこれらのシステムは、機能するために不可欠なほとんどのものと同様、中断させにくい。例えば、「失顔症」とも呼ばれる相貌失認《そうぼうしつにん》という症状をもつ人がいる。この症状を患っている人は、家族や友人など、よく知っている人の顔さえも認識することができない。彼らは、自分自身を認識することも難しいかもしれない。神経科医のオリバー・サックスも、この症状を患っており、カフェの窓の向こう側にいる男性が、なぜ自分を真似ているのか不思議に思ったが、何秒も経ってから、それが自分の姿だと気づき、自分の顔さえ認識できなくなったというエピソードを語っている＊26。顔を認識できない人は、表情から感情を察知するような、関連した活動も苦手なのではないかと想像されるかもしれない。しかし、この症状を持つ人の多くは、他人の視線を追ったり、相手の表情から感情を読み取ったりする能力には、まったく問題がない。血液循環や呼吸と同じように、視線を追うことや感情を認識することは深層システムであり、中断させることは（不可能ではないが）難しいのだ。

その根底にある配線は、非常に複雑で、何百万年もの進化に基づくものであるため、ロボットなどがそれに匹敵するのは難しいだろう。しかし、人工的と呼ばれるかもしれないが、より支持されるかもしれない代替案もある。

「RentAFriend（レンタフレンド）」というウェブサイトがあり、ここでは文字通り、友だちをレンタルすることができる。このサイトの制作者たちは、出会い系サイトやセックス・サイトと区別することに注意を払っており、世界中で30万人以上の友だちがレンタル可能だと主張している。「Tele-talks（テレトーク）」も同様のコンセプトで、訓練を受けた世話好きな担当者が定期的に電話でサポートをしてくれるというものだ。1日に1回の電話で年間約569ドル。ウェブサイトに掲載されているバナーのひとつには、「あなたは一人ではない。もう孤独ではありません」と書かれている。

そのようなサービスに対して、懐疑的、あるいは否定的な反応を示すことは理解できるが、僕は、それらをすぐに価値がないと言うつもりはない。僕たちが他者とつながりたいと思う気持ちは、他者の視線を追う能力や、表情を読み取る能力と同様に深いものだ。僕たちが呼吸する空気は、生存や繁栄のために、完璧とは言えなくても十分に良いものである必要があるが、それと同様に、人とのつながりも十分に良好である必要がある。そして、「レンタフレンド」のようなサービスでも十分なのかもしれない。

行動活性化を勧められた患者からよく聞かれるのは、「この辺りには何もすることがない」という反応だ。この反応は、「友人に電話をする」という救済策に対する「電話をする相手がいない」という反応に似ている。そう、電話をする相手はいるし、そうだ、この辺りには何かすることがある。僕はタラハシーに住んでいる。僕ほど忠実で親タラハシーのタラハシー住人はいないだろう。しかし、僕でさえ、ここが大都市でないことは認めている。だが、それは問題ではない。この町には何十、いや何百も、やることがある。僕が院長を務めるクリニックでは、「やることがない」という不安と闘うために、そのリストを常備している。そして、「ああ、でも、僕にはお金がない」という不安をもつ人に対しては、無料で参加できるアクティビティ（半数以上だ）に星印を付けている。

次のことを試してみよう。近くの大学を選び、その大学のマスターカレンダー（大学の様々な活動を一つのカレンダーにまとめたもの）を開いてみよう。何もすることがない日を探すのは至難の業で、たいていは、どのアクティビティも無料だ。マスターカレンダーは大学に限ったことではなく、都市、地域団体、宗教団体など、どこにでもある。

「気遣いの手紙」の研究が示すように、ちょっとした社交は、自然との小さな相互作用と同じように、それ自体が重要である。実際、社交は、自然との小さな相互作用であり、それらは積み重なる傾向がある。この点に関する科学的根拠はわからないが、その相互作用は、加法的というよりは指数関数的に加算されるというのが僕の見解である。エスター・シーラー・ブッフホルツは著書『孤独の呼び声（The Call of Solitude）』の中で、「独房の窓越しの瞬きのやりとりや刑務官の親切から、刑務所内で生まれる奇妙で驚くべき人間関係」について触れている*27。人間にとって気遣いとは、焚付けにとっての火花のようなものだ。燃えやすい物に火をつけるのに、それほど努力は必要ない。一方、人気雑誌に掲載された「男の新ルール」のひとつに、「エレベーターは、男が冷淡でいるべき唯一の場所である」というものがある*28。多くの男性は、冷淡な態度と男らしい口数の少なさを混同している。冷淡な態度は意地悪だが、後者はそうではない。

冷淡な男はめったに謝らない。謝罪は、少なくとも僕たちの文化においては、過小評価されている作法だ。少なくとも最近の心理療法では、謝罪に重点を置いたものがある（弁証法的行動療法と呼ばれるこのセラピーが、対人関係に問題を抱える人々に効果的であることが示されているのは偶然ではないと僕は考えている）。誠意ある謝罪の重要な要素について考えてみよう（不本意ながらの謝罪や、その反対である、用意周到すぎてその価値を失った謝罪とは対照的である）。第一に、謝罪のためには、視点を変える必要がある。被害を受けた人の立場に立って自分の行為が与えた影響を理解することなしに、本当の意味での謝罪はできない。相手の視点を持つこと、そしてそれに近い共感は、対人関係の条件を整える。第二に、謝罪は、良好な関係を維持することには十分価値があり、それは謝罪が引き起こすかもしれない不快感や気まずさに値するという暗黙のメッセージを送る。プライドや怒りは脇に置いておく価値があると告げることができる（そして、それは何かの気持ちを物語っている）。第三に、それは信頼を意味している。謝罪は、「私は普段から正しいことをするようにしている。そして、そうでないときは、それを認めて償うことができると信頼してもらっていい」と伝えることだ。第四に、誠実な謝罪は、共同体を意味する。つまり、僕たちは皆、不完全であるという意味では同じであり、それゆえ、時には謝罪をする必要があるということだ。そして最後に、謝罪とは、互いの不完全さを許容しつつも、いわば、「法の支配」を遵守するという対人的な雰囲気を意味する。

謝罪は二人でするものだ。つまり、謝罪の申し出があったが受け入れられなかった場合、原則として、先ほど述べたような恩恵は得られない。最近のフロリダ州立大学のフットボールの試合で、友人たちといつもの席に近づいていったとき、僕は誰かが（たまたま、50歳くらいの素っ気なさそうな男性だった）僕たちの席に座っているのは間違いないと思った。僕は、友好的なつもりではいたが、かなり毅然とした態度でそう伝えた。彼の反応は非常に悪かった。彼は明らかに侮辱されたようで、僕らに対しても侮辱的な態度に出た。それでも僕は譲らず、皆でチケットを確認しようと言った。確認をしたところ、彼の席はそこで、僕たちの席はすぐ隣だった。彼が正しかったのだ。私が間違っていました……と、僕は申し訳なさそうに彼に言った。それに対して彼は怒っていた。全員が席に着き、僕と友人の心に、ふと、疑問が浮かんだ。誰がこの新しい不遜な（そして正しい）隣人の真横に座るのか。僕はあわててその場所に座った。本当は座りたくなかったが、友人たちには、もっとそうさせたくなかった。そもそも、すべては僕が始めたことだ。それで僕は彼の隣の席に座った。ここは外野席なので、彼と僕は、混雑したスタジアムで頬を寄せ合って座っていた。太ももと太ももを擦り合わせてと言うのが正確だろう。

この段階では、僕は心からの謝罪を表明していたが、その謝罪がまだ受け入れられていなかったので、先に述べたような恩恵は何一つ得られていなかった。僕はこのままではいけないと覚悟を決め、この出来事を忘れようと試合を観ようとしたが、すぐ隣にその男がいたため、忘れることができなかった。緊張した数分を過ごした後、彼は僕の方を向いて手を差し伸べ、こう言った。「出だしが悪くて申し訳なかったね」。僕は、「私もです。そもそも私の責任です」と答えた。そして、謝罪の恩恵が効き始めた。理解と、信頼と、仲間意識だ。

コメディアンのジム・ベルーシは、2006年に『本物の男は謝らない（Real Men Don't Apologize）』という本を出した。調査によると、実際、男性は女性よりも謝らないという。しかし、ベルーシのタイトルに込められたメッセージとは裏腹に、これは男性にとって危険なことだ。なぜなら男たちは、謝罪によって得られる多くの恩恵が受けられないからだ。

トマス・P・M・バーネット〔アメリカの軍事戦略家、政治学者〕の著書『戦争はなぜ必要か（The Pentagon's New Map）』〔邦訳講談社インターナショナル〕の主題は、「断絶を根絶すること」が、「現代の安全保障における決定的な課題」であるというものだ。さらに彼は、「グローバリゼーションの連結性を拡大することで、地球全体の平和と繁栄を拡大することができる」と続けている[*29]。バーネットの分析において地球全体に言えることは、地球上の何百万人もの孤独な男たちに当てはまるが、僕の分析では、男たちに限らず、すべての個人に当てはまるものだと思っている。

第4部

結論

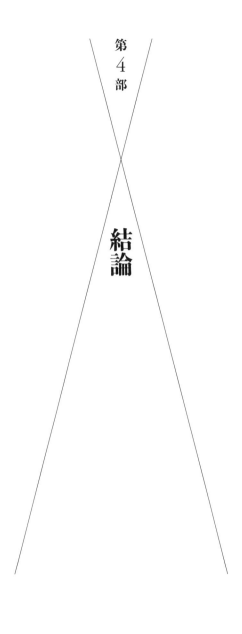

第9章 性差別、普遍性について、そして未来

哲学者・詩人のジョージ・サンタヤーナは、『アメリカにおける気風と意見（Character and Opinion in the United States）』の中で、次のように書いている。「私はアメリカ人について、南北、東西、男女、年齢、人種、職業、宗教を問わず、何百万人というアメリカ人が存在しないかのように単数形で語っている。もちろん、私が話すアメリカ人は神話的な存在だ。しかし、このようなテーマでは、たとえ話は避けられないし、おそらく率直にそうするのが良いだろう」[*1]。僕の本は孤独な男のたとえ話であり、その男は、神話的な、抽象化された生き物だ。しかし、抽象論は真実である可能性がある。実際、$e = mc^2$ のような優れた公式は、真理を最も純粋な形に抽出する。

本書で描かれる孤独な男は、アインシュタインの方程式のようには純粋でないが、十分に純粋な、真実の抽象概念だ。個々の人間を超えて、僕は女性よりも男性、そして他の男性よりも一部の男性に特徴的な、一連の傾向を説明した。それらの傾向が真実であることは、心理学的な科学研究、金融アナリストや中西部の農民の生死、指の長さ、何世紀にもわたるさまざまな人々の著作、ガズデン旗のガラガラヘビのようなアメリカの図象に内在するシンボリズムやイ

メージなど、多種多様な分野でそうした傾向が見られることからも裏付けられている。

本書に性差別的な意味合いがあるのは、ある集団を性別によって大まかにステレオタイプ化している点にある。そのグループとは、男性だ。しかし、他の二つの点では、本書は少なくとも性差別的ではない。まず、この本で語られている男の大まかなステレオタイプについて考えてみよう。本書は、男の美徳を宣伝しているとは言い難く、それどころか、男の弱さや脆さという特徴を明らかにしている。しかし、男性蔑視もしていない。本書は彼らを理解し、助けようとするものだ。第二に、この本で扱われている孤独のプロセスや問題、即ち、孤独が引き起こす結果や、その状況に対して適応できるかできないかという問題は、本質的に普遍的なものだ。本書が示すように、それは男性に多く見られる。しかし、それは彼らだけのものではない。したがって、男女を問わず、誰もが孤独な性が引き起こす深刻な事態に苦しむこともあり、そこから学ぶことが可能だと僕は考えている。

本書は、ジェンダーに焦点を当てているが、ジェンダーと民族性の相互作用にも焦点を当てていたことになるかもしれない。本書の仕事においては、実証に基づいた自殺率を基準とした。つまり、自殺による死者というカテゴリーで男性が女性を圧倒的に上回っているという事実は、何か重要なことを示唆しており、僕が主張しているのは、この点については、いままであまり注目されてこなかったということだ。当然ながら、それが男性の生涯にわたる孤独を、さらに加速させている。しかし、男性というカテゴリーの中には、自殺で死亡する割合が圧倒的に高い民族がある。その民族とは、白人だ。男性が女性より孤独であること。そしてそれが、感情的孤独センサーと社会的孤独センサーの不調和や、甘やかされること、「俺の邪魔をするな」という態度、地位や金銭への過度の執着、そして「頂上の孤独」の経験によって助長されること。そしてそれが、健康状態の悪化からNASCARへの執着に至るまでの結果を引き起こすことなど、本書のすべての主張に関して言えば、これは、特に白人男性の話であると言える。

コメディアンのルイス・C・K（白人）は、友人でコメディアン仲間のクリス・ロック（アフリカ系アメリカ人）と定期的に電話で話しており、ロックはよく、「今日も白人でいるのはどんな気分だい。まだ素晴らしいかい」と冗談を言っていたという。ルイス・C・Kは、こう答えた。「ああ、素晴らしいよ、クリス、君には想像もつかないだろうけど、つまり、道を普通に歩けるし、警官は親切にしてくれるんだ」[*2]。これはジェンダーと人種のあらゆる組み合わせの中で、白人男性が、第2章で説明した「甘やかされる」軌跡を辿っていくことを示す多くのエピソードの一つである。そして、その軌跡だけではない。この本で描かれている他のプロセスは、女性よりも男性に、有色人種よりも白人男性に当てはまる傾向がある。

しかし、エピソードに頼るまでもなく、この傾向は見られる。第3章で、僕は極端な政治グループについて述べた。彼らの唯一の明確な原則は、極めて最小限の連邦政府によって監督される（と呼べるのであれば）自由という概念である。僕が注目したのは、事実上、これらのグループのメンバーの100％が男性であるということだ。また、ほぼ100％が、白人男性であることも指摘したかもしれない。もっと希望のある例を挙げれば、アフリカ系アメリカ人男性は、白人男性に比べて、友人を訪問したり、訪問されたり、教会やその他の団体の行事に参加する傾向が高いことが示されている*3。さらに、アフリカ系アメリカ人とヒスパニック系アメリカ人は、ヨーロッパ系アメリカ人よりも教会に通う傾向が高く、教会に通うことは、自殺や孤独を含む、他の多くの問題に対する保護要因であることが示されている*4。白人男性と比べると、白人以外の男性は、家族のネットワークや宗教生活に孤独の緩衝材が組み込まれており、彼らはその恩恵を受けている。

本書で述べられている傾向やプロセスに影響を与える可能性のある人口統計学的な要因は、性別や民族性以外にもある。この脈絡で、出生順について考えてみよう。心理学者のフランク・サロウェイは著書『反抗者として生まれた（Born to Rebel）』で、長男の男性には、特に、「表現的」という特性とは明らかに異なる、「道具性」があることを示している。道具性の特徴は、第2章「甘やかされること」で述べたように、自己主張、自信、競争心、攻撃性などである。これに対して表現的特性とは、愛情、協調性、柔軟性といったものである。こういった区別は、もはや聞き慣れたものだろうが、結論としては、孤独な性別はひとつだが、その性別の中では、白人であり長男である者が、最も孤独の影響を受けやすいということだ。

ここでの推論は、確実性ではなく確率的なものであることを強調しておきたい。つまり、本書で説明されている現象は、女性よりも男性に多く、他の男性よりも白人男性に多く、後から生まれた男性よりも長男に多いという「可能性」を文書化したものだということだ。議論の確率論的な性質は、こうしたプロセスが、程度の差こそあれ、他の人口集団にも当てはまることを許容する、いや、むしろ予言する。

例えば、本書のいくつかの箇所で、妻に極度に依存し、助けが必要だと自覚していたにもかかわらず、医療を求めることを拒否した男性の自殺者について言及した。彼は他人を疑い、自殺するまでの数年間、社会的に孤立していた。この孤独な男は、実際のところ、ヒスパニック系アメリカ人だった。

この原稿を書いている今、僕は、未治療の病気のせいもあって家族と疎遠になった、重篤な精神障害者の事例の鑑定人を務めている。家族との最後の接触から8年後、その男性は自殺で亡くなった。多くの自殺者がそうであるように、彼の死も訴訟対象となっている。この孤独な男性は、実際、アフリカ系アメリカ人だ。

僕は本書を通して、もう一人の孤独な男性である、自ら命を絶った僕の父について話してきた。僕の父のケースは、先ほど話した要素のいくつかに当てはまる。彼は男性で白人だった。だが、他は当てはまらない。彼は長男ではなく末っ子で、4人兄弟の4番目の子どもだった。

最近の記事で、若い独身女性の収入が上がっていることが報じられた（ただし、女性全体の平均収入は、依然として男性より低いことを覚えていて欲しい）。記事にはこう書かれている。「この傾向は数年前に国内の大都市で初めて確認されたが、今では、より小さな地域や、より多くの産業に広がっている……最も差が大きいのはアトランタで、子どものいない若い女性の賃金は、同じ条件の男性の121％だった」*5。

これは複雑なニュースだ。所得の格差が縮小していることは希望の持てることだが、全体的には、男性に有利な所得の男女格差が依然として常態化しており、さらなる改善が必要だ。さらに本書の要点は、孤独の格差は明らかに存在し、現状では、男性の方がより孤独であるということだ。これは、本書で最も重要となるパラドックスである。地位やお金、優遇措置など、良いことは男性の方が多いが、自殺や孤独など、「悪いことも」男性の方が多いということだ。たとえば、女性の収入が上がり、それに伴う地位にこだわるようになれば、女性の孤独のレベルがじりじりと上がっていくことも考えられる。この男女格差は、女性が男性に「追いつく」ことによって「ではなく」、むしろ、男性が女性の立ち位置に「戻る」ことによって、縮小するべきであることを、僕は明確にしたつもりである。

クラッシュのフロントマン、故ジョー・ストラマーの生涯を追ったドキュメンタリー『未来はまだ書かれていない（The Future Is Unwritten）』の最後の一文に、「人々がいなければ、あなたは何者でもない」という、胸に響くストラマーの言葉がある。本書は、この言葉に込められた真理を明らかにし、この言葉が、なぜ、特に男性に対して、どのような結果をもたらすのかを理解し、そして未来が、まだ書かれていないものであることを男たちに訴え、警告を発しようとする試みである。未来は、妻と子どもと、家族と友人との関係が織りなす布地に、日々、書かれていくものだ。「人々がいなければ、あなたは何者でもない」のだ。

6. Buchholz, 1997, p.278.
7. Dern, 2010.
8. Brooks, 2010.
9. Cohen, 2010, p.73.
10. Buchholz, 1999, p.121.
11. McKibben, 2008.
12. Murray, 2009.
13. Dewey, 2004, p.141.
14. Dewey, 2004, p.142.
15. Dewey, 2004, p.145.
16. *Fresh Air*, 2010, October 14.
17. Motto & Bostrom, 2001.
18. Motto & Bostrom, 2001, p.831.
19. Motto & Bostrom, 2001, p.831.
20. Fleischmann et al., 2008.
21. Robinson et al., 2009.
22. Sales, 2010.
23. The Press Association, 2010.
24. Farroni et al., 2002.
25. Isbell, 2010.
26. *Fresh Air*, 2010, October 26.
27. Buchholz, 1997, p.272.
28. *Esquire*, 2010.
29. Barnett, 2004, p.8.

第9章

1. Santayana, 1921, p.167.
2. *Fresh Air*, 2010, July 7.
3. Snowden, 2001.
4. Dervic et al., 2004.
5. Dougherty, 2010.

28. Dalrymple, 2009, p.307.
29. オバマ大統領は、マクリスタル将軍自身というよりも、彼のスタッフが大統領の政策や人事について否定的な発言をしたことをきっかけに、将軍の指揮権を解いた。とはいえ、マクリスタル将軍が人間の可能性と功績の模範以外の何物でもないことに議論の余地はない。
30. Osnos, 2010.
31. Gamaldo et al., 2010.
32. Cukrowicz et al., 2006.
33. Krakow et al., 2001.
34. Raskind et al., 2003.
35. Troxel, 2010, p.580.
36. Buchholz, 1997.
37. Wrangham, 2009, p.30.
38. Zoroya, 2009.
39. Judt, 2010, p.21.
40. Lasch, 1979, p.4-5.
41. Burton, 1621/2010, p.20.
42. Reported in 2008 in the *Journal of Consulting & Clinical Psychology*.
43. アメリカ精神医学会の『精神障害の診断・統計マニュアル』(DSM)の新版が準備される中、批評家たちはこの改訂版が「悲しみ」を病気として扱っていることを非難し、ちょっとした騒動を引き起こしている。批評家たちが言いたいのは、親しい人との死別は自然なことであり、精神障害と見なすべきではないということだ。DSMの作成者たちもこの点には同意するだろう。彼らは通常の悲しみを精神障害とみなすつもりはない。その一方で彼らは、私の患者のような反応(かなり深刻な自殺願望を伴う再発性の激しい抑うつエピソード)は精神障害であると主張しており、私はまったくその通りだと思う。
44. Judt, 2010, p.164.
45. Rentfrow, Gosling, & Potter, 2008.
46. Witte, Smith, & Joiner, 2010.
47. Wilson, 2010, p.91.
48. McKibben, 2008, November, p.45-46.

第8章

1. Foucault, 1990, p.206.
2. Simmonds, 2010.
3. Dern, 2010, November 6.
4. Harounian, 2010.
5. Paz, 1961/1985, p.195.

11. Darwin, 1871/2009, p.110.
12. *Morning Edition*, 2010.
13. Rooney, 2010.
14. Robinson & Martin, 2008.
15. Rabin, 2008.
16. *Esquire*, 2010.
17. Lombardi, 2008.

第7章

1. Faulkner, 1957.
2. Faulkner, 1950.
3. Jaffe, 2010.
4. Weinberg & Hajcak, 2010.
5. Ehrenreich, 2009, p.104.
6. Kellert & Wilson, 1993, p.31.
7. Roach, 2010, p.57.
8. Roach, 2010, p.57.
9. Wilson, 2010, p.95.
10. Department of Work and Pensions, 2010.
11. Lyubomirsky, 2008.
12. Beck, 2010.
13. Vincent, 2008, p.282.
14. Curry, 2008.
15. Parker-Pope, 2009.
16. Conti et al., 2009.
17. De Botton, 2010, p. 7-9. Gravlax is a dish of raw, cured fish.
18. Marshall, 1976, p.294.
19. Wrangham, 2009, p.184.
20. Wrangham, 2009, p.135.
21. Beilock & Holt, 2007.
22. Crain, 2008.
23. Boswell, 1791/2008, p.747.
24. Dobson et al., 2008.
25. Louis C.K., 2010.
26. Cohen, 2010, p.41.
27. Cohen, 2010, p.74.

15. Baumeister, 2010, p.101.
16. Wilson, 2010, p.43.
17. Zhou, Vohs, & Baumeister, 2009.
18. E!, 2009.
19. Zhou, Vohs, & Baumeister, 2009.
20. DeWall et al., 2010.

第5章

1. Riesman, 1961, p.151.
2. Ehrenreich, 2009, p.189.
3. Osnos, 2010.
4. Tocqueville, 1840, p.104.
5. Murray, 2009.
6. Jones, 2005.
7. DeWall et al., 2011, p.61.
8. Danforth, 2010.
9. Maccoby, 1976, p.100.
10. Maccoby, 1976, p.110.
11. For example, Jorm, 1987.
12. Lasch, 1979, p.66.
13. Vincent, 2006, p.256.
14. Fredrickson, 1998.
15. Fredrickson & Joiner, 2002.
16. Burns et al., 2008.

第6章

1. See Cacioppo & Patrick, 2009.
2. Wilson, 1999, p.6.
3. Wallace, 1997, p.23.
4. Vitello, 2008.
5. March 13, 2007.
6. Lasch, 1979, p.100.
7. Lasch, 1979, p.104.
8. Joiner et al., 2006.
9. Milgram & Sabini, 1978.
10. Van Vugt et al., 2007.

29. Roan, 2008.
30. Judt, 2010, p.56.
31. *Fresh Air*, 2010, September 22.
32. Lasch, 1979, p.128.
33. Chabon, 2009, p.151.
34. Gilbert, 2006, p.20.
35. Langer & Rodin, 1976.
36. Constantin, 2010.
37. SouthCoastToday.com, 2010.
38. McKibben, 2008, p.45-46.
39. Goethe, 1906, p.64.
40. Indiviglio, 2010.
41. McPherson, Smith-Lovin, & Brashears, 2006.
42. Keel et al., 2007.
43. Buchholz, 1997, p.197.
44. Henrich et al., 2010, p.79.
45. Vincent, 2006, p.159.
46. Spencer, 2008.
47. Baumeister, 2010.
48. Cleckley, 1941, p.29.

第4章

1. Both studies described in Baumeister, 2010, p.65.
2. Baumeister, 2010, p.66.
3. For example, Burroughs & Rindfleisch, 2002; Kasser, 2002; Kasser & Ryan, 1993.
4. *Esquire*, 2010.
5. Kasser & Ryan, 1993.
6. Sullivan, 1953, p.32.
7. Chabon, 2009, p.138-139.
8. Akst, 2010, p.25-26.
9. Peterson, 2005.
10. Westerlund et al., 2010, p.6149.
11. Greene, 2007, p.235.
12. Greene, 2007, p.235.
13. Greene, 2007, p.236.
14. Beauvoir, 1949/2009, p.283.

35. Murakami, 2008, p.20.
36. Exley, 1968/1988, p.9.
37. Baumeister et al., 2003.
38. Dalrymple, 2009, p.313.
39. Buchholz, 1997, p.197.
40. Akst, 2010, p.25.

第3章

1. King, 1991, p.630.
2. Chabon, 2009, p.129.
3. Freud, 1917/1951, p.247.
4. Joiner, 1999.
5. Joiner et al., 1997.
6. Joiner, 1995.
7. Cauchon, 2009.
8. Shen et al., 2011, p.271.
9. Kitayama et al., 2010, p.560.
10. Henrich et al., 2010, p.76.
11. Akst, Summer 2010, p.26.
12. Kitayama et al., 2010, p.566.
13. *Fresh Air*, 2010.
14. Twenge et al., 2008.
15. Murray, 2009.
16. Kraus et al., 2010, p.1716.
17. Broesch et al., in press.
18. OECD, 2007.
19. Turnbull, 1972, p.101.
20. Eliot, 1948, p.91.
21. Judt, 2006, p.234.
22. Dalrymple, 2009, p.116
23. Wolfe, 1976.
24. Lasch, 1979, p.5.
25. Tocqueville, 1835/1862, p.293.
26. Desai, 2010.
27. Judt, 2010, p.154.
28. Zhou et al., 2008.

第2章

1. Keijsers et al., 2010.
2. Bornstein et al., 2008.
3. DeLoache et al., 2007, p.1579.
4. Hausman, 2000.
5. Kahlenberg & Wrangham, 2010.
6. Baumeister, 2010, p.82.
7. Baumeister, 2010, p.82.
8. Pierce et al., 2011.
9. Real, 1997.
10. Bedi, 2010.
11. Ely & Ryan, 2008.
12. Ericsson et al., 1993.
13. Sheets & Luger, 2005.
14. Poulin & Pederson, 2007.
15. For example, Tony Cassidy, presented at 2009 British Psychological Society meeting.
16. Solnit, 2009, p.7.
17. "Harper's index," 2010, p.11.
18. Baumeister, 2000.
19. Kroll-Zaidi, 2010, p.88.
20. Dunbar, 2010.
21. McCarty et al., 2000.
22. See Lloyd, 1995.
23. Mill, 2001, p.73.
24. *All Things Considered*, 2010.
25. Wrangham, 2010, p.107.
26. Brody, 2010.
27. Baumeister, 2010.
28. Foster et al., 2003.
29. Taylor & Armor, 1996.
30. Viding, 2009.
31. Louis C. K., 2010.
32. Mencken, 1919, p.141.
33. Seery et al., 2010.
34. Murakami, 2008, p.19.

35. Maris, Berman, Silverman, & Bongar, 2000, p.266.
36. Kierkegaard, 1989, p.75.
37. Orwell & Angus, 2000, p.125.
38. Joiner et al., 2002.
39. Joiner, 2009.
40. Nesse, 1991.
41. For example, Baumeister et al., 2002.
42. Ephron, 2008.
43. James, 1890, p.293.
44. Witvliet et al., 2010.
45. Burrough, 1998, p.118.
46. Peplau & Perlman, 1982.
47. Hawkley, Thisted, Masi, & Cacioppo, 2010; House et al., 1988.
48. Collins et al., 1993.
49. Hawkley, Preacher, & Cacioppo, 2010.
50. Joiner, 1997.
51. Kiecolt-Glaser et al., 1984, 1987.
52. Goodwin et al., 1987.
53. Berkman & Syme, 1979.
54. Asarnow & Carlson, 1988.
55. Lewinsohn et al., 1994.
56. Joiner, 2005.
57. Stirman & Pennebaker, 2001.
58. Sym, 1637/1989.
59. Ertel, 2008.
60. Ertel, 2008, p.1215.
61. Buckley, 2010
62. BBC News, 2009
63. Holt-Lunstad et al., 2010.
64. Epel et al., 2004.
65. Sapolsky, 2004, p.17324.
66. Kimura et al., 2008.
67. Williams et al., 2009.
68. KSDK.com, 2010.
69. American College Health Association, 2010.
70. Romano & Dokoupil, 2010.

註

第1章

1. Kirp, 2000, p.32.
2. Kirp, 2000, p.32-33.
3. Kirp, 2000, p.25.
4. Melville, *Moby Dick*, 1892, p.531.
5. Dodson, 2007.
6. Kawachi, 1996.
7. Xu et al., 2010.
8. "Mars vs. Venus: The gender gap in health." *Harvard Men's Health Watch*, 2010, p.1-5.
9. Wrangham, 2009, p.135.
10. Eberstadt, 2009.
11. Judt, 2005, p.331.
12. Kung, 2008.
13. Phillips et al., 2010, p.125.
14. Ojeda & Bergstresser, 2008.
15. Author's personal papers.
16. Keel et al., 2010.
17. Keel et al., 2010.
18. *Men's Health*, November 2010, p.179.
19. "Harper's index," March 2010, p.11.
20. Data from the US Bureau of Labor Statistics.
21. Cauchon, September 14, 2010, *USA Today*.
22. McCloskey, 2010.
23. American Association of Suicidology, 2009.
24. Lawrence, 2010.
25. Tony Judt, *The Memory Chalet*, p.189.
26. *Morning Edition*, 2010, November 16.
27. Burroughs, 2003, p.91.
28. For example, Koenig & Abrams, 1999; Le Roux, 2009; Mahon et al., 2006.
29. For example, Borys & Perlman, 1985.
30. Kershaw, 1997.
31. Wilson, 2010, p.39.
32. Joiner & Rudd, 1996; Joiner, 1997; Joiner et al., 1999, 2002.
33. Cohen & Wills, 1985.
34. Shneidman, 1996, p.14-15.

著者について｜**トーマス・ジョイナー**｜Thomas Joiner

フロリダ州立大学ロバート・O・ロートン特別教授賞を受賞した同校の心理学教授。メンズヘルスのエキスパート。『メンズ・ヘルス』誌の顧問であり、米国防総省が資金を提供した、軍隊での自殺率を下げる方法に関する7000万ドルのプロジェクト「軍人の自殺に関する研究コンソーシアム」の主任研究員を務めた。グッゲンハイム財団およびロックフェラー財団からフェローシップを受け、ウォール・ストリート・ジャーナル、ナショナル・パブリック・ラジオ（NPR）、ドクター・フィルを含むラジオ、出版、テレビなどのメディアに多数出演。フロリダ州タラハシー在住。1965年ジョージア州アトランタ生まれ。プリンストン大学で学び、テキサス大学オースティン校で博士号を取得している。

訳者について｜**宮家あゆみ**｜みやけ・あゆみ

ニューヨーク在住。ライター・翻訳者・編集者。神奈川県鎌倉市出身。ニューヨーク大学大学院卒。アメリカ文学専門誌『アメリカン・ブックジャム』の取材、執筆、編集ほか出版業務全般に携わる。訳書に『ブックストア――ニューヨークで最も愛された書店』『チャスとリサ、台所でパンダに会う』『モラルハラスメント　あなたを縛る見えない鎖』『ガール・クック』『マイ・ハート・ビート』『ドラッグ・カルチャー――アメリカ文化の光と影（1945〜2000年）』『シバの女王の娘』などがある。朝日新聞GLOBE紙面「世界の書店から」でニューヨークの回を執筆中。

男《おとこ》はなぜ孤《こ》独《どく》死《し》するのか　男たちの成功の代償

2024年 5月25日　初版
2024年10月 5日　3刷

著者　トーマス・ジョイナー

訳者　宮家あゆみ

発行者　株式会社晶文社
〒101-0051
東京都千代田区神田神保町1-11
電話 03-3518-4940（代表）・4942（編集）
URL https://www.shobunsha.co.jp

印刷・製本　中央精版印刷株式会社

ISBN978-4-7949-7419-8 Printed in Japan